JN114300

# リアル・タイム・ストラテジー

## AIと拓く動的経営戦略の可能性

アンドレアス・シューリー／フランク・ベッカー／フローリアン・クライン●著
モニター デロイト●監訳
岩崎晋也●訳

REAL
TIME
STRATEGY
When Strategic Foresight Meets Artificial Intelligence

ビジネス教育出版社

# 日本語版の発刊にあたって<br>～“リアル・タイム・ストラテジー”で<br>経営の難局を乗り越えるために～

COVID-19がもたらしたパンデミックは世界の様相を一変させた。楽観的な見立てをもってしても、経済活動がパンデミック以前の状態に戻るには数年単位の年月がかかることが予測される。そればかりか、すでにVUCA（Volatility＝変動性・Uncertainty＝不確実性・Complexity＝複雑性・Ambiguity＝曖昧性）の時代とよばれて久しい企業の経営環境を、一層予測困難なものに変えている。このパンデミックがもたらした変化は、COVID-19以前からあった深層底流と共鳴し、バーチャルとリアル、経済価値と社会価値など、一見相反する事象や価値観が衝突しながらも互いにその勢いを増幅させる、「両極化」の時代への変容を加速させている。

変化の時代を生き抜くリーダーには、長期的な視座を持ったうえで、日々の経営環境の認識を改めながら、先手を打っていくことが求められる。日本においては、菅義偉首相（当時）が2020年10月に打ち出した、脱炭素社会の実現を目指す「2050年カーボンニュートラル」宣言が経済界を揺さぶり、日本企業による脱炭素化に向けた積極的なアクションはいよいよ「待ったなし」の局面を迎えている。退路を断つべく打ち込まれた楔は、変革への機運を高める一方で、悲観的な見方をすれば、国際社会が掲げた「2050年までに温暖化ガスを実質的にゼロにするネットゼロ」へのコミットメントへの遅れを認めることの出発点ともなっている。気候変動への対策について、足元に生じるリスクやコストに気を取られ、長期視点で実現すべきことが蔑ろにされてきたことの結果でもあるが、数多のプレーヤーとそれぞれの関心事がせめぎあう不確実な状況下で、長期 - 短期という両極の間で意思決定していくことの難しさを如実に物語っている。

同様の難しさは、経営者にとっても相似形の課題として立ちはだかっている。この難局を乗り越えるためには、テクノロジーが広げる戦略の可能性を梃子に、長期的な視座での戦略オプションを瞬時にアップデートし、機動的に計画を修正していく能力が、この激動の時代に遍く企業体に求められている。この能力の強化にむけては、自社の理念体系、経営モデル、事業ポートフォリオ・事業 / 機能戦略上の様々な論点をつぶさに検討し、課題を洗い出し、変革していくことが必要で、そのそれぞれが重要な経営アジェンダである。そのなかでもとりわけ、デジタルトランスフォーメーション（DX）は、ほぼすべての日本企業の経営者に共通する喫緊の課題である。しかしながら、長期・合目的ではない部分最適志向の DX が失敗に終わることが多いことも、広く知られている事実であり、昨今の経営環境の変化は、この状況に拍車をかけている。

長期 – 短期の両方をみながら、経営判断に資する情報を集め、自社への影響をアナリティクスし、提言をしていく機能（企業インテリジェンス）についても、経営者の明確な意志と長期的な見通しのもとで組織横断的な DX を推進し、新しい時代に即した機構へとアップデートしていくことが求められている。世界最大のプロフェッショナルファームであるデロイト グループにおける戦略コンサルティング部隊「モニター デロイト」では、変革の北極星となるゆるぎない大義を定め、実効性の高い戦略とオペレーションモデル構築に繋げていく“Strategic Choice Cascade”という独自の戦略策定フレームワークを基点に、先進のAI・アナリティクス技術を活用し、本書の比喩で言うところの2つの敵である複雑性と適応性に立ち向かっていく術を、業界のリーディングカンパニーと実戦を通じて日々磨いている。その取り組みは多岐にわたり、経営ビジョン策定から、事業ポートフォリオ戦略、グループ再編/M&A/エコシステム構築、コスト構造改革、組織/オペレーション改革、事業再生、新規事業戦略、デジタルトランスフォーメーションなどを包括した支援を、デロイト グループがグローバルで有する様々な専門性を組み合わせ、豊富な変革実績と共に提供している。

そして、これらの一連の有機的な企業活動と、不確実性を増し続ける外部環境が織りなすコンテクストの変化のなかに、本書の主題が見えてくる。“Real Time Strategy”とは、掲げる大義から足元のオペレーションまで連なる価値の連鎖において、各所に散在する課題を、機械の助けを借りながら機敏にアドレスしていく新しい時代の経営機構と定義することができる。

なかでも、“Real Time Strategy”を可能にするケイパビリティ獲得に向けては、「企業インテリジェンス機能の有機的実装により経営モデルを変革する」と「“機動的な変革実行のための戦略”を持ち組織実装する」2つの視点が、変革のKeyとして重要となっていく。

## ■企業インテリジェンス機能の有機的実装により経営モデルを変革する：

“Real Time Strategy” の実装にあたっては、刻々と変化する外部環境情報を頻度高く収集し、自社の文脈にひきなおし、示唆として昇華していくインテリジェンス活動を強化していく必要がある。また、自社の経営環境に重要な影響を及ぼすドライバーの特定や、その延長線上にあるシナリオの設計・モニタリングを行っていくシナリオプラニングも有効な手法となり得る。ただし、これらの機能を単品で揃えるだけでは、「部分最適DX」と同じ課題に直面する可能性が高く、これらの機能実装と同時に、もたらされた情報や示唆が、経営層の意思決定に直結していく経営システムを構築していくことが、まずもって重要となる。

AIと人間が本当の意味で統合的に意思決定を行う仕組みやシステムは未だ存在しておらず、企業が「戦略」をもつこと、そのなかで人間が「意思決定」を担うことは重要であり続けるが、この文脈において、AIドリブンで獲得したインテリジェンスを、経営や企画部門が検討すべきアジェンダに昇華し、具体的かつ実行可能な戦略や施策に落とし込んでいくこと、そしてこのような仕組みが有機的に価値を発揮していく体制を整えていく、いわば「トラディショナルな」戦略策定・企業変革を、DXとセット推進していくことも、引き続き重要な経営マターである。

## ■“機動的な変革実行のための戦略”を持ち組織実装する：

データを駆動力として企業活動を有利に運んでいる日本企業

は実はそれほど多くない、というのが2021年時点のわれわれの見解である。10年前の水準と比べると進んでいるとは言える。しかし比較対象は“過去の自分（自社）”ではなく、現在の競争における相対的ポジションである。残念ながらこの点を誤解してしまっている企業は多い。

このような状況になっている原因は組織・人が変われない・変わらないからである。特に日本企業は変化（変革）することへの制度的・組織的障壁が高いことは多くの経営者が認めるところで、変化するための巧妙な戦略を持たないとすべてが絵餅となってしまう。本書を手に取っていただいた日本の経営者の方には、この点をまず本書内容の前提としてご理解いただけると幸いである。

いささか逆説的だが「Real Time Strategy」はデータ活用先進企業にとっては脅威であり、出直しを誓う企業には機会である、と言うこともできる。なぜならば、過去に渡る膨大な蓄積データの活用に加えて、もしかしたらそれにも増して、今起こっていることを機敏に捉えそこから得た学びを戦略に織り込むことができるようになり、それが企業活動にとっての価値を増し続けているからである。要は過去ではなく「いま」からの正しい取り組みのインパクトがより大きいとわれわれは考えている。モニター デロイトでは、戦略とAnalytics & Cognitiveを担当するメンバーが同じ組織下に配置され、互いの提供価値のオーバーラップを日々感じている。それは、いかに多くの過去ケース/データから成功確率の高い戦略方針を導くかということから、自社や市場、世界の隅々で「いま」起こっている変化をいち早く網羅的に捉え、あらかじめ描いた複数シナリオを参照しつつ素早く機動的に変化し実行できるかどうか、という方向である。こうした意味では、長期－短期の両視点のバランスを理解した上で（大局観を保持しつつ）、変革をいとわない組織文化を持つ企業にとってはこれほどよい時代はないかもしれない。

# 謝　辞

この本に貢献してくれたすべての同僚に。あなたたちは長期的な視点から物事を見る方法を教えてくれた。

マクシミリアン・ブレヒト、ナディーヌ・マンジャー、ニクラス・ヴィーテンには、執筆中、重要な指摘をしてくれたことに賛辞を贈りたい。

そして家族や友人たちに。あなたたちは長期的な視点から物事を見る理由を与えてくれた。

アリーナとクリスティーヌ、パロマには、長い間忍耐強くサポートしてくれたことに対して特別に感謝する。

# はじめに

これは史上類を見ない状況で書かれた、これまでの伝統に逆らう本だ。以下のページでは、戦略的思考と意思決定がまさに目の前で崩れようとしている状況が描かれる。

もっとも、これまでの戦略的プランニングという旧世界はなくなってしまったわけでも、なくなりつつあるわけでもない。それは最初にはっきりさせておこう。ゲームのルールは変わっていない。競争の仕組みや、長期的な優位をもたらす源は、いまも数十年前と変わらず有効だ。変わってしまったのは、世界のほうだ。グローバリゼーションや、人、マーケットのつながりが極度に増加（ハイパーコネクティビティ）したことにより、社会や経済の不安定さは劇的に増している。こうした状況のせいで、従来の戦略的プランニングの妥当性は失われ、寿命も短くなっている。つぎに、どんなポピュリズム政治家が現れるか、状況を一変させるようなどんなテクノロジーが開発されるか、デジタルネイティブの消費における嗜好がどんな予想外の変化をするかといったことを考慮に入れていなければ、5年あるいは10年単位で作成された高度な戦略的プランもまるで意味を持たない。この本の目的は、ビジネスに関わる予想外の変化が突発したときに、戦略の長期的な目標を見すえながら対処するために必要なものを確立することだ。

しかし、いまではより深刻な地殻変動も起こっており、人やとりわけ巨大で複雑な組織が行う重要な戦略的意思決定に影響している。発達した社会や組織では長きにわたり、きわめて重要な決定は王や大統領、あるいはCEOなどの個人、あるいは議会や執行委員会など比較的少数の集団によって行われてきた。意思決定者が判断する基準は、自分の経験や、「内輪」の人々のアドバイスだった。そしてアドバイザーは自分の経験や、統計局や学術的文献などによって確認された事実から知識を得ていた。

こうした対応策は、長い間おおむねうまくいっていた。しかし、これまでの意思決定のやり方が今後も有効だという保証はない。理由はいくつかあるが、例えば、グローバリゼーションとハイパー・コネクティビティもそうだ。状況の複雑さが増すにつれ、あらゆる要素を考慮して意思決定をすることは難しくなる。問題が多様であるのに対し、高い地位にある意思決定者が意識を向けられる範囲には限界があるため、無理なく学び、吸収し、対応できる分量は限られている。また、これは企業だけではなく社会全体の問題でもある。人類は気候変動のような、非常に複雑な累積する問題にうまく対処できていない。考慮すべき要素や観点があまりに多いことが、意思決定を危機に陥らせている2の理由だ。

確立された事実や意見、思考法など、意思決定の基礎となるものは、いまや意思決定者やそのアドバイザーの手に負えないほど多くなってしまった。この極度につながった世界では、ソーシャルメディアなど利用者の多い議論の場や、学問の世界といった専門家たちの討論の場で行われる議論は速度を増している。今日、わたしたちは誰もが事実や数値、フェイクニュース、個人的見解の津波のなかで溺れている。そうだとしたら、意思決定の専門家がその波の上を軽やかに泳いでいけるなどと期待できるだろうか。

テクノロジーがもたらしたこれらの問題に対して、わたしたちはテクノロジーにもとづく解決策を提案する。この本で語られるのは、周囲で起こっていることを（よりはっきりと、リアルタイムで感知することで）認識し､見えたものを（より広い、より包括的な解釈によって）処理し、読みとり、それへの対応を改善する方法だ。この両方を用いることで、複雑な問題に目を向けて理解する能力や、それにもとづいて行動する能力を高めることができるだろう。

高度な戦略的思考をビッグデータ､そして人工知能（AI）という新しいテクノロジーと結びつける必要性から、３人の著者が集まることになった。アンドレアス・シューリーはデジタルネイティブで、シナリオ・プラクティショナー、そしてシナリオ・プランニングの文化的な側面を研究している。フランク・ベッカーは複合科学の研究者で、テクノロジーに関する専門的な知見をもたらした。フローリアン・クラインは優れた戦略策定者、シナリオ・プランナーで、シナリオ・プランニングの進化を見守っている。わたしたちの見解を組み合わせることで、人による戦略思考とAIにもとづく認知の境界は消えてしまったこと、そして意思決定者とそのアドバイザーは将来、AIを使って先を見すえた決定をする能力を高められるということを示したい。

## 目　次

## 第3章 伝統的なシナリオ・プランニング・プロセス



## 第4章 変化しつつあるシナリオ作成プロセス



## 第5章 戦略家にとっての新しい武器

## 第6章 リアルタイム・シナリオ・モデリング



## 第7章 展望

# 第1章
# 不確実性を受け入れよう

# 不確実性から逃れることはできない

生きていくうえで、不確実性から逃れることはできない。それはわたしたちを取り囲み、難しい決断を強いる。また進化をもたらす要因ともなる。適者生存の条件には、ゲームのルールを理解し、将来の変化を予測し、先を見越した戦略を実行する能力も含まれるからだ。不確実性は心地よいものではないが、賢明な人物が競争を勝ち抜くための唯一のチャンスでもある。

歴史を通じて、人類はつねに不確実性に直面してきたが、その度合いや問題の形は様々だった。初期の人類は安全や食料、住居など、人間が基本的に必要とするものが得られないという不確実性に苦しめられていた。だが文明が発達した現代においては、社会は複雑化し、各国の経済はたがいに絡みあっているため、それとは異なる不確実性が重要性を増している[1]。今日の意思決定者はおおむね、将来のテクノロジーが生みだす環境や世界的な貿易体制、あるいは顧客のニーズの変化といったかなり抽象的な問題に関心を寄せている。これらは一見ばらばらな問題に思えるが、共通点がひとつある。どれも、わたしたちが何を不確実だとみなしているかを反映しているということだ。自分自身や仲間の生き残りを目指すとき、あるいは自社が参加する市場が今後成長する可能性を評価するとき、わたしたちは明確に規定された、特定分野の利害関係集団に関わる問題を予測し、それを解決しようとする。こういったものは、優秀なリーダーが有能なアドバイザーとともに解き明かすことができるタイプの問題だ。

だが、人類は近年現れた新たな問題への対処にかなり苦労している。そうした難題の共通点は、ある特定分野のステークホルダーだけでなく人類全体に関わっているため、不安定で複雑な、そして全体的なトレードオフが含まれていることだ。したがって、仲間の生き残りを目指すといった、伝統的な予測による問題解決法はもう役に立たない。また「より速く、高く、効果的に」といった単刀直入な発想では解くことができない。例えばサステナビリティや天然資源の枯渇、環境汚染、気候変動などをめぐる問題、さらには移民や世界的な規制など、社会が抱えるさらに深刻な問題がそれにあたる。過去数世紀を見ても明らかなように、人類がそうした難題を明確に解決したといえる実績はわずかしかない[2]。

人類がますます多くの難題に直面しているより深い理由には、種として非常に大きな成功を収めているという点もあるだろう。人は居住可能な地上のあらゆる場所に住みつき、未開の地は宇宙にしか残されていない。社会や経済はたがいにつながり、成長の限界にまで達している[3]。活動領域を広げる方法を早く見つけないかぎり、ますます「量的な成長」ではなく「質的な成長」だけを目指さなくてはならなくなる。

わたしたちは猛烈な速度で進歩する時代に生きている。すごい機能と計算性能を持った電話機が、数週間ごとに消費者の前に現れる。旅行をしていれば史上最も高い建物に驚かされるし、世界中を移動するのも簡単だ。一歩も後退せず、ひたすら前に進むというのがこの時代のスローガンだ。ソクラテスやアウグストゥスの時代に生きていた教養ある古代ギリシャ人やローマ人に未来を尋ねたとしたら、中世のような時代の到来を予測する人がひとりでもいるだろうか？　おそらく皆無だろう。

この時代の特徴としてはさらに、発達や成功だけでなく、失敗や誤解も挙げなければならない。わたしたちはいつも最善を得ようとするが、最善がいつも現実に適しているとはかぎらない。例えば航空業界では、計画から実行までのサイクルは長いが、超音速旅客機コンコルド[4]も、大型のエアバスA380型機[5]も、成功したとはいえない。移り変わりの早い業界で、すでに時代の要求に合致しなくなってしまった。将来を予見することは不可能だし、やがて可能になるとも思えない。それは不確実性のゆえだ。それでもどうにか対処し、不確実な状況下で決断をしていかなければならない。

世界中の哲学者が、わたしたちが直面する根源的な問題への解決策を探してきた。現代の西洋思想を形成する中心となった著述家のひとりがルネ・デカルトだ。彼は生涯を通じて、かなり疑り深い人物だったに違いない。哲学者としては、主に認識論（ギリシャ語ではグノセオロジー）を研究し、知識をめぐる基本的な問いに答えようとした。人はどのようにしてものを知るのか？　人はどのようにして何かに気づき、理解するのか？　人はどのようにして事実を明確に知るのか？　そして確信や主観は、確実性を得るうえでどのような役割を果たしているのか？

よく知られているように、若いころのデカルトは自分に妥当な判断をする能力があるのかという根本的な疑問に取り組んでいた。そして 1637 年に発表した『方法序説』の第４部で、その後の研究を基礎づける、「われ思う、ゆえにわれあり」という原則を確立した。

デカルトが表現したかったのは、「疑っている自分自身の存在を疑うことはできない[6]」ということだ。これが西洋哲学の基礎となった。彼はこの思想によって懐疑を振りはらい、意識の基礎を確立しようとした。デカルトは、ほかの意識は想像や混乱した心、誤りによる作りものである可能性があるが、自分の実在を疑うというまさにその行為は、少なくとも自分自身の意識が存在するという証拠になると主張する。思考する実体そのもののことを思考している実体は、あるとみなさざるをえない、というわけだ[7]。

その後 1765 年に、アントワーヌ・レオナール・トーマスがデカルトの著作について考察した論文を発表した。そこで彼はデカルトの意図を捉え、「われ疑い（ドゥビト）、ゆえにわれ思う（エルゴ・コギト）、ゆえにわれあり（エルゴ・スム）」と表現した[8]。

この思想は、全人類史のなかでも最高の洞察のひとつだ。疑いはわたしたちの内省と思考を促す。そして、内省と思考こそが人間を特徴づける。疑いなくしては、研究も、哲学も、もちろん戦略も存在しないだろう。

# 静的な戦略の罠

疑いがあるからこそ、わたしたちは多様な意見を持ち、選択をすることができる――そして、人生は選択であふれている。人生は自分が下す決断の終わりない連鎖だ。そのほとんどは些細なものだが、なかには重要な、そして人生を変えるようなものもある。

ほかの人が自分の代わりに判断をするという状況もある。こうした経験は一生続く。はじめからして、両親はわたしたちのために生まれる前から最善の選択をしている。多くの文化では名前をつけるのは両親の役目で、それによりわたしたちのアイデンティティの核が形成される。子ども時代はずっと、両親はわたしたちのために判断をしつづける。その際の判断基準はもちろん、まだ様々な難しい判断の背後にある複雑さを理解できていないわたしたちのためになることをして、守ることだ。子どもはまだ理性的にものを考えるには衝動的で経験も足りないか、もっと重要なほかのことで頭がいっぱいだ。医療を受けるときにも、やはり同じことがいえる。専門家はわたしたちの代わりに最善の行動を判断してくれる。わたしたちのまわりには善意を持った独裁者がたくさんいて、その多くは人生がより快適に、扱いやすく、整然となるように判断を下している。

意思決定者がわたしたちではなくほかの誰かに代わって一連の行動を選択した場合には、状況は複雑になってくる。教師は個々の生徒のことだけでなくクラス全体の進歩を頭に入れたうえでカリキュラムを組み立て、成績をつけなければならない。同様に、わたしたちが投票する政治家も、社会全体の利害を代表しているため、全員にとっての落としどころを探さなくてはならない。最悪の場合には、人の生命とより広い社会の利益の間で厳しい妥協点を見いださなくてはならないことさえある。例えばハイジャックされた旅客機が人口の密な地域に向かって飛んでいるときには、それを撃墜するかどうかを判断する必要がある。

また経営者、つまり経済学の用語でいう〝代理人（エージェント）〟も意思決定者だ。彼らは通常、企業の所有者つまり〝依頼人（プリンシパル）〟の利益を最大化することによって報酬を得ているため、古典的な難問が発生する。なかには短期的な狭い視野を持つことを誇る経営者もいるが、より慎重な者は会社を長期的に持続させるため、短期的な目標と他の利害のバランスを取ろうとする。彼らは株主と従業員、監督機関、そしてより広い社会――これらはまだごく一部にすぎない――の関心を考慮し、同時に企業が市場で競争力を保てるように努力する[9]。過去数十年の間に、純粋に株主価値を高めるという動機で利益を最大化しようとして失敗するという例は数多く見られた。ダイムラー・ベンツとクライスラーの合併が、「天国での結婚式」と謳われながら結局失敗に終わったことはよい教訓になるだろう[10]。それゆえ多くの経営者は、長期的に持続可能な利益を得るためには、株主の利益とステークホルダーの関心を組み合わせることが重要だと考えている。

この本の目的は、複雑な世界に存在する複雑な組織が、よりよい意思決定をできるようにすることだ。すでにおわかりだろうが、それだけでもかなり困難だ。しかしこの努力は、まったく新しいものではない。軍隊や国家、企業にとっての最善の行動を追求する戦略論は何千年も前から存在している。変化の速い世界を生きるわたしたちにとってはありがたいことに、基本的なルールはいまも生きている。大切なのは自分と相手を知り、先を読み、永続的な勝利の基礎を打ちたてるために自分の強みを生かして行動することだ。確かに、それはさほど簡単なことではないが。

勝利を得るための戦略を見つけ、実行するのはきわめて難しい。ひとつには、わたしたちはつねに不完全な情報や主観性、差し迫った時間といった制約のもとで戦略を立てているためだ。また、相手も自分と同じくらい賢明で、能力があり、機敏で努力を捧げていると想定しなければならない。最後に最も重要なことだが、現実はひどいものだからだ。

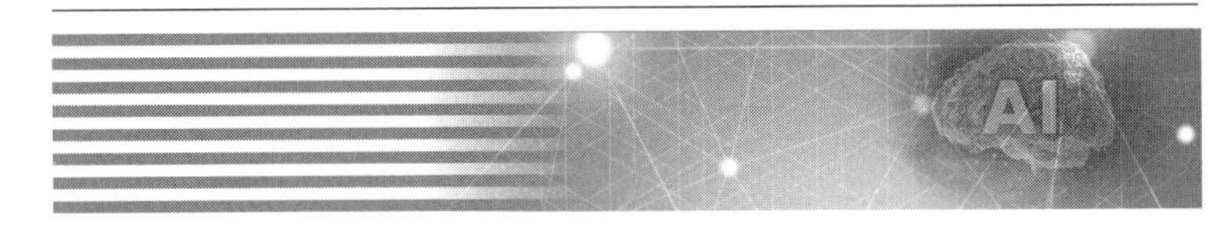


# 動的な
# 戦略的思考へ向けて

今日の世界では、意思決定者は不確かな状況で前に進まなければならない。社会的な価値と政治的文脈、そして市場の感情はいつも、地域内でも、一国内でも、全世界でも、たがいに絡みあっている。こうした一筋縄ではいかない要因のなかで生まれる均衡は安定性を欠いている。戦略家は最善のプランを描くとき、複雑で変動する状況を考慮しなければならない。

意思決定者は戦略を立てるときに、組織内の複雑な事情や厳しい競争環境だけでなく、何が起こるかわからない世界で行動するという困難を克服する必要がある。市場や社会は動いている。世界では高齢化やデジタル化が進んでいる。人々はどのニュースを信じるべきかわからず、神経をすり減らし、短期的な強欲と長期的な生き残りの追求の間で引き裂かれている。これらすべてが同時に起きているのだから、この世界が不安定で不確実で、複雑で一筋縄ではいかないのは当然のことだろう。

この状況の難しさの証拠としては、会社や公共団体、社会による明らかに疑問の余地のある戦略的選択が近年増えていることを考えてみればいい。多くの大企業が、テクノロジーや社会が進化しても市場を支配できるはずだという誤った判断のために没落してきた。かつて巨大な市場を作りだし、そこで君臨していたものの、いまは王座から転落してしまった企業は枚挙にいとまがない。コダック、ブロックバスター、ノキアなどはほんの数例にすぎない。アナログ写真の市場を支配していたコダックは、既存のビジネスを脅かす進歩が起こったとき、自社の独特のポジションを生かして新たな市場を形成するのではなく、それを阻害しようとした[11]。ビデオレンタル業界のマーケットリーダーだったブロックバスターは、ビジネスモデルや販売経路の変化を見逃し、結局、ネットフリックスなどに地位を奪われてしまった（ブロックバスターは、ネットフリックスを5,000万ドルで買収することも可能だったという）。携帯電話のパイオニアで、誰もが認めるマーケットリーダーだったノキアは顧客の期待に応えられず、ほかの企業に地位を奪われた[12]。グローバリゼーションの着実な進展や、自由主義と民主主義の優位、あるいはヨーロッパ各国のさらなる統合といった、以前は当然視されていたことももはや確実ではなくなっている。世界秩序の将来に関する見解は多様化している。

戦略とは長期的な成功を手に入れるために意図的な選択をすることだ。戦略（ストラテジー）は、古代ギリシャ語で「軍を指揮する技能」を意味する「ストラテゴス」を語源としている[13]。当時の将軍たちのように、企業の戦略家もやはり何をし、何をしないかを選択する必要がある。戦場を定め、軍を配備し、戦いの前には武器を選ばなくてはならない。しかし、戦略では現在の行動だけが重要なわけではなく、いずれ使うことになる能力をあらかじめ獲得することも必要になる。今日まいた種はすぐに実るわけではなく、役に立つのは将来のことだ。戦略的な選択は必ずしも意思決定者自身に有効に働くわけではなく、組織や後継者の将来の行動を決めるものでもある。多くの意思決定者は、直感だけでなく、戦略のフレームワークによって判断する。ただ問題は、持続可能な成功をもたらす計画を立てるには、戦略のフレームワークを適用するときに状況の変化や複雑さを理解し、組みこむ必要があるということだ。しかし、現代のように込み入った複雑な時代には、戦略的な目標と現実が衝突することはほとんど避けられない。リーダーはどの時代でも、計画を立てるときに不確実性や変化に直面してきたが、過去においてはこうした側面はそれほど重要ではなかった。戦争は、世界的なサプライチェーンが存在しないかぎりは、ただ敵軍と自軍だけの問題だった。今日では、戦争は関係国や直接の犠牲者をはるかに超えて波及する。少なくとも、世界的な報道やサプライチェーン、株式市場への影響は避けられない。地球の反対側にいる人々の意見は、かつては彼らがそこにじっとしているかぎり無視できるものだった。だがいまでは、そうした要因はつねに、ほとんどあらゆる文脈で潜在的に関連しあっている。

こうした状況の変化は戦略にはるかに深い影響を及ぼしている。自動車会社の専属銀行などはその明らかな例だ。聞いたことすらないかもしれないが、専属銀行とは、自動車メーカーと銀行のニッチ産業だ。車を買うときには利用することもあるだろう。専属銀行は自動車ブランドの子会社で、自動車販売店で優先的に購入者への融資を行っている。

専属銀行は車を乗り換えるためのリースやローンを提供する。融資はかなり好条件であることが多いが、それには十分な理由がある。ひとつには、購入者の支払が軽減されることでより高額な車を購入することを期待して、自動車メーカーの利益がつぎ込まれているためだ。これだけでもすでに明らかだが、専属銀行が好条件を提示できるからくりはほかにもある。それは情報だ。彼らは親会社とのつながりによって、通常の個人向け銀行よりもはるかに多くのデータを入手できる。これにより、個人向け銀行よりも車の現在または将来の価値をより正確に算出できるのだ。それゆえ普通の銀行のように車の残価が大きな財務リスクになることはないため、専属銀行は購入者に課すリスクプレミアムを低く設定できる。こうして、自動車メーカーと専属銀行、購入者のすべてが利益を得ている。

その結果、専属銀行のライバルはほかの専属銀行だけということになる。しかし、自動車メーカーには普通、ひとつの専属銀行しかないため、実際にはライバルは存在しない。専属銀行は親会社が製造する車の将来の価値をきちんと評価していれば、莫大な利益を上げられる。そのため、専属銀行は親会社の利益に数十年にわたって大きく貢献する。

この幸せなストーリーは、専属銀行に関わる予測のつかない出来事の連続がなければ、さらに続いていただろう。その出来事とは、ひとつには電気自動車の利用が、予測よりもはるかに急速に大規模に進み、自動車製造業を脅かしていることだ。現時点で唯一の不確実性は、これまで支配的だった従来の自動車から電気自動車に、いつどのようにして突然切り替わるか見通せないということだ。最近まで、多くの自動車メーカーは価格のシグナル効果を使うことで自分たちがその切り替えを制御できると考えていた。だが、技術や人々の意識の変化、政府の規制により、確実だと思われていたその考えは幻想だったのかもしれないことがわかってきた。電池に関する技術は予想以上に早く進歩している。その結果、電気自動車のバッテリーはかつて推定されていたよりも早く価格が下がっている。

それに加え、フォルクスワーゲン社のディーゼルエンジンに関する不正スキャンダルにより、世論は従来型の自動車に対して否定的になり、さらに重要なことに、主要な市場の政治家や政府がその世論に追随している。世論はまた変わる可能性があるという意見もあるだろう。それは確かだが、専属銀行はすでに損害をこうむっている。自動車の残価に関する予測が打撃を受けているのだ。こうした場合、自動車メーカーとの関係は競争上の優位ではなく、リスクになる可能性がある。親会社との関係で車の将来価値について誤った判断をしてしまうかもしれないためだ。専属銀行の予測モデルが急に確実性を失ったことで、全関係者が同時に影響を受けたのであれば、これはあまり意味のないことだと結論を下したくなるかもしれない。業界には新たな均衡が見つかるだろうし、そしてそれまではすべての市場関係者が同じように予測のつかない海路を進んでいくはずだ、と主張する専門家もいるだろう。しかし、このような狭い専門的知見は当てにならない。専属銀行を襲った雪崩は、単にいくつかのリスク指標を修正する必要があるといったものではなく、それよりもはるかに大きな出来事だ。自動車業界全体が再編を必要としているのだ。

かつて、自動車業界と密接に関わるほとんどの市場で、移動の手段を持つことには自動車の保有というオプションが含まれていた。しかし、この前提はあと 10 年保つだろうか。まず、自動車メーカーにとってかつては魅力的でなかった市場が、今後はますます中心になってくる。自動車メーカーはアジアの巨大市場と途上国の市場に注目し、そこで「運転する喜び」の訴求や、自社の商品が成功するだろうかと疑いはじめている。将来の市場では、新しい中間層の購買力や顧客価値、環境への配慮、規制が状況を決める。多くの自動車メーカーが拠点を置く成熟した経済では、さらにほかの要因もある。社会は高齢化し、都市化が進み、若い世代はデジタルネイティブとして成長している。車を保有する必要性はなくなり、車を保有する意味は変化している。かつてはステータスシンボルだったが、いまは浪費のしるしに変わりつつある。

誰もが気づいていながら話題にはしたくないこうした状況を、業界の全員が知っているなら、なぜ自動車メーカーやその金融部門はそれに備えることが難しいのだろうか。その答えは、複雑さと惰性だ。自動車メーカーのグループは巨大で、多角経営を行っており、社会に深く根づいた世界的な企業だ。文化的、組織的、技術的な変化を起こすには非常に大きな努力が必要になる。加えて、明確な目標が描けないまま変化を起こすことは――15年後の自動車業界の状況はわからないのだから――どんなに先見の明があるＣＥＯであってもなかなか前向きに取り組むことはできない。

さらに、根本的な原因はほかにもある。組織のなかの認知バイアスだ。一見、自動車メーカーが従来から行ってきた戦略的な計画はかなり効果的であるように見える。彼らはそれによって、かなりの企業価値を手に入れてきた。企業は自社をとりまく世界を、テクノロジーと経済というレンズを通して見ている。専門家は技術的イノベーションや自動車の需要によって成長の可能性を判断し、徹底的なアナリティクスにもとづく戦略的プランを使って３年、５年、10年の計画を立てる。その後はもう簡単で、その計画を最大限効率的に実行していれば安心だ。社内の有力者全員の賛成も取りつけてある。高額の報酬を得ているコンサルタントが時間と労力をかけて作成したのだから、計画には非の打ち所もない。

ところがかなり多くの場合、ここで意思決定のプロセスはおかしな方向へ進む。意思決定者は自分の戦略的プランを、それが自社のすべての資源を費やして作られたものだという理由で信頼している――何年にもわたって継続する戦略である以上、きちんとしたものでなくてはならない、という思いがこめられているのだから。一方で、計画立案者は自信や揺るぎなさを持って全力を挙げてプランを練る――経営陣が社運を賭けているのだから、自分たちがしっかりしなくては、と思うわけだ。

だが、このふたつの考えが重なると問題が起こる。この過程においては、関係者全員があらゆる手段に訴えて、最終的な計画に含まれる不確実な要素を過小評価しようとするだろう。深い思考や調査を重ねることで、いくぶんかは解決できるかもしれない。だが実際には、よくまとまった、わかりやすい、明確な計画をできるだけ早く立てるほかに、戦略策定者にはあまりオプションはない。それゆえ彼らは明示された、あるいは暗黙の推定を行い、仮説に従って計画を立てていくが、推定や仮説にすぎなかったはずのそうした判断が、いつの間にか事実とみなされるようになる。わたしたちはデータを選別する。そして斬新なものよりも、わかりやすい戦略的なオプションを優先する。その結果、明快さと厳密さを持ち説得力のあるものができるが、それは本質的に静的で単純化された戦略的思考の産物だ。静的な戦略は、複雑性を排除し、誤った自信を生みだす。少なくともより大胆な戦略的行動も考慮すべき場面で、安全で中庸な選択を重視しかねない。

静的な戦略的思考は人気がある。市場や社会、技術的な部分での今後の動向を把握できれば、この方法は考えるべき選択を減らしてくれるからだ。意思決定者とその部下は、計画をすばやく、集中して実行することだけを意識すればいい。こうした計画の過程は順調に進行するが、妥当性を失ってしまう危険がある。不確実性を無視するリスクは一見小さく見えるため、それを無視することを選ぶ。意思決定者とアドバイザーはどちらも、こうしたバイアスがあっても幸せでいられる。すべてが計画どおりに進めば、アドバイザーは自分の深い洞察力を業界に示し、教祖（グル）になることができる。そして意思決定者が最も効率よくそれを実現することでリーダーシップを示せば、全員にとってよい結果になる。

ところが運命のいたずらで予想外のことが起これば、意思決定者もアドバイザーも信頼を失ってしまう。最悪の場合、経営陣は職を失うことになるだろう。そして次世代の静的な発想の持ち主が後継者になる。コンサルタントはつぎのプロジェクトに取りかかり、マネージャーは別の部署に異動し、また日常が戻ってくる。市場の自浄作用により、誤った、遅すぎる、あるいはあまりに静的な戦略は淘汰されていく。結局、そのなかで成功する人が出現し、わたしたちは最も純粋な形の進化の過程を目の当たりにすることになる。

だが、経済と社会はこの回りつづける車輪の代償を支払うことになる。それには時間と資源、そして正しい戦略を手に入れるための努力が必要になるからだ。静的な戦略的思考と引き替えに、投資に対する利益は減少、または赤字化し、組織は以前よりも機敏さを失う。デジタルが機敏さをもたらしたこの時代になってようやく、戦略家は目を覚まし、計画を立案するよりよい方法を探しはじめた。こんな比喩が当てはまる。わたしたちはみな、何年も前から紙に印刷した、時代遅れのロードマップに代わるものがあることを発見していた。それは問題にその都度対応するデジタルの地図だ。それによって車の運転は効率が上がり、大きく改善された。では、変動の激しい競争環境の動的な地図によって、複雑な組織の運営は同じように改善できるだろうか？　そうした動的な戦略を打ちたてるには何が必要なのだろうか？

# 動的な戦略の要点

伝統的な戦略立案の欠点を考えると、企業の経営陣や戦略的アドバイザーへの一般の評価は、当然ながらあまり高くはない。よくいわれるのは、意思決定者は現実から切り離されており、誤った優先順位にもとづいて行動し、現場での真の問題に関わることに興味を持っていないということだ。多くの場合、そうした批判が的を射ていることは間違いないだろう。しかし、彼らの立場を完全に否定する前に、一歩引いて考えてみよう。不確実な世界で、複雑な戦略的決定を正しく行うためには、ほとんど超人的な戦略家でなければならない。それができるのは、聖人とルネサンス期の学者、そしてインディ・ジョーンズを足したような人物だけだ。

聖人である必要があるのは、意思決定者には全体を見渡せる、偏りのない、一貫した長期的視点が求められるからだ。彼らは自分の考えと優先順位を明らかにし、いつもそうした価値に従う模範として行動する。ルネサンス期の学者である必要があるのは、幅広い知識を持ち、様々な専門分野や理論、実践を橋渡ししなければならないからだ。最後に挙げるものも重要性では劣らない。インディ・ジョーンズである必要があるのは、世界を相手に真っ正面から戦わなくてはならないからだ。問題や人々に対処し、つねに冒険し、味方と敵のどちらにも同じように共感できる人物でなくてはならない。

つまり、意思決定の質を高めようとするとき、戦略家には追求すべき３つの理想がある。まず明確性——戦略的思考は明確な、一般に認められた仮定、価値、原則をもとにして始めなければならない。妥当性——組織内やその周囲の複雑性を受け入れ、対立する意見や不確実性を考慮しなければならない。現実性——戦略は実行し、遂行できるものでなければならない。彼らは実行可能な戦略的選択を徹底的に探し、不確実な状況のなかでそれを遂行するために力を注ぎ、時間の経過とともに増大する不確実性に対応して柔軟な変更を受け入れなければならない。

# 明確性：
# 長期的な視点で考える

戦略とは、選択をする[14]ことによって、持続可能な競争優位[15]を生みだし、長期的な成功を確保するという目的を達することだ。「そんなことは簡単だ」と思う前に、その何気なく思われる状態には数多くの脚注や条件、ただし書きがついていることに気づいてほしい。戦略の執行は芸術であり、また科学でもある。そして何が完璧な戦略なのかについて、人々の合意は得られたためしがない（完璧な戦略などというものがあるのかどうかについても議論がある）。

まず、結局のところ、戦略は人々やその好み、彼らが行う選択に関わるものだ。それゆえ、戦略には状況への対応や技術が欠かせない。戦略家は自分がどんな「思考の枠組み（フレームワーク）」を使い、どのように世界を見ているのか、周囲の環境についての洞察を自分がどのような方法で評価しているのかを意識していなければならない。同じくらい重要なのが、ほかの人々のフレームワークへの意識だ。つまり、自分に気づき、自分に厳しくし、また同時にほかの人々の価値や意見、先入観に注意し、共感する必要がある。

これはきわめて重要なことだ。戦略とは自分をとりまく世界から知覚したものの意味を理解することであり、そのための唯一の方法は、自分自身の判断力を用いることだ。周囲の世界を知覚し、判断する方法は人によって、さらには組織によって異なっている。人はみな感覚も価値観も、経験も異なっており、生きていくなかでそこに他者の発想を取り入れることで補っているのだから。わたしたちは自分で試した発想のうち、よいものを将来の参考のために吸収する。

最善の戦略を得ようとしているとき、究極的には、周囲の世界でわたしたちが知覚する物事の質と、フレームワークの妥当性の組み合わせが、ある決断が成功するかどうかを決定する。言い換えると、（自分のまわりで何が起きているかを察知する）優秀な認識と（その洞察がどういう意味を持つかを判断する）優秀な知性があれば優位に立てる。それゆえ、戦略的知性の総体という概念が、この本の基本的な発想のひとつになる。

第２章では、この複雑な世界に関する洞察を得て、それを判断するシステムを構築する方法を述べる。そして第３章では、複雑性の科学と人工知能の最新技術に焦点を当てる。しかしさしあたっては、そうしたシステムが何を達成する必要があるのかを考えよう――それは戦略家に、以下の４つの特徴を捉えた動的な〝地図〟を提供するものであるはずだ。

- **わたしたちの旅の始まりとなる、現在の競争環境。**
- **最善の行動を決定するドライバー。**
- **達成したい目標、目的。**
- **そしてその結果として、戦略的選択のリスト。**

最初の特徴は、わたしたちが理解する必要がある競争環境についてだ。いうまでもなく、自分がいつもナンバーワンでいられる規模まで市場を狭めることは簡単だ。しかし、自分の市場を理解していなければ、ナンバーワンであってもあまり意味はない。自分のセグメントではナンバーワンでも、ほかのセグメントがそこを乗っ取り、市場を奪ってあなたを追いだしてしまうかもしれない。こうしたことは歴史上何度も起こってきた。すでに紹介したように、デジタルカメラによってコダックが、そして動画配信プラットフォームによってブロックバスターが没落したことを考えてほしい。彼らは間違いなく市場のリーダーだった。それにもかかわらず、ゲームの仕組みが変化したとき、それに対処できなかった。

不確実性や変化は、ただ突然現れるばかりではない。ただし、目には見えているとしても、いつも明白だとはかぎらない。様々なドライバーのひとつひとつは、未来を形成するだけの力を持ってはいないかもしれない。しかし組み合わせられると、将来の道を示すものになる。周囲で何が起きているかを理解し、自分の目の届かないところまで見ようと意識を開いていることが重要なのはそのためだ。自分の狭い思考から離れ、心を開き、好奇心を持たなければならない。ほかの業界や世界に目を配り、何が人の意見を形成するのかを理解しなくてはならない。自分をとりまくドライバーを知れば、その意味はやがてわかってくる。

競争が行われる場所と変化するドライバーを知るだけでは十分ではない。自分が成し遂げるべき目的と、勝利への野望を持つ必要がある。戦略は進むべき道を示してくれるが、正しいルートを選ぶためには、目的地を知らなくてはならない。もちろん、野望はしっかりと心に抱いたまま、変化する環境に合わせて柔軟に対応することが必要だ。過去にはDVDプレーヤーのシェアを拡大することが重要だった時代もあるが、動画配信が行き渡った世界では、それは力を失っている。ここ6カ月でDVDを観た回数と、動画配信やオンラインでの鑑賞の頻度を考えてみればわかるだろう。このため、不確実性を克服するには、自分のアイデンティティを生かした目標を立て、自信を持ってそれを追求する必要がある。

目標を達成し、時代に取り残されないためには、勝者になり、その地位を維持するのに有効な数多くの戦略オプションを持たなくてはならない。そのなかには、将来がどうなろうとも実行すべき堅牢なオプションもある。また、要因が変化しても勝利を収められるような動的なオプションも必要だ。堅牢なオプションは一貫性をもたらし、動的なオプションは必要なときに機敏な行動を起こす余地を残してくれる。

戦略ではつねに、短期と長期の目標が交錯する。短期的な結果を最大化したいのはもちろんだが、将来の成功や利益を確保することも目指すべきだ。このふたつの視点を組み合わせることは、企業で意思決定を行ううえでかなり難しい問題になる。そのため、わたしたちの戦略的フレームワークでは、基本的な要素のひとつとして計画対象期間を定めている。そうすることで、選んだ道を正確にたどることが可能になる。しかしここから、人類が歴史の始まりからずっと苦闘してきた問題が生じる。いま使うのか、あとに残しておくかという、経済学で異時点間の最適化と呼ばれるものだ。農作物を収穫したばかりの古代の農民を考えてみよう。それをすぐに使って、腹を空かせた家族を食べさせることもできるし、収穫物のうちいくらかを将来のために貯蔵することもできる。また、投資判断により、収穫物をすべて新しい作物を植えるために費やすことも、あるいは自分の農地を売ってしまうということも可能だ。すぐに消費したり、資産を売却することは短期的には最も効果が大きいが、将来困難に見舞われるだろう。同じことが、より将来を見すえた判断についてもいえる。種を貯蔵した、より多くの作物を植えることは、将来のリターンを最大化するが、現在の問題を引き起こす。意思決定にはこうした決断がつきものだ。今日の世界はある意味で、短期的な思考によって推進されており、意思決定者は先を見越した計画を立てるよりも、目先の問題への反応ばかりを考えている。もはや将来について考えるという贅沢は許されていないかのようだ。多くの場合、現在のことで頭はいっぱいになっている。株式市場は数世代先ではなく、いまの瞬間の資産価値だけを評価する。これはすべての意思決定者にとって困難な状況だ。彼らはその問題に根本から取り組み、戦略的マネジメントの枠組みを作り直さなければならない。だが、この困難への解決策はもう用意されている。現在と遠い将来を同じ重さで考慮し、全体的で長期的な視点を取ることで痛みを受け入れることだ。これは痛みに加え、議論を引き起こすだろう。だがわたしたちの考えでは、それを行わないとしたら、それがすでに失敗なのだ。長期的な計画とは、危なっかしい家ではなく、永く残る城を建設することでなければならない。

確立された発想や何度も行われてきた過程を変えることは、

一見とても複雑なことに思えるが、この本では、単純で伝達可能な方法を提示している。周囲の複雑さからずっと逃げつづけることはできない。それに対処するためには、複雑性を切り分け、消化しやすいように整える必要がある。しかし、そのためには全関係者が参加して偏見なしにすべての要素を考え、偏りのない子どもの目で世界を眺め、ほかの人の意見に耳を傾けなければならない。いつも細部まで観察し、同時に広い視野から全体として何が起こっているのかを見る必要がある。これを表現するのに最も適した比喩はパズルだろう。わたしたちはひとつひとつのピースを理解し、なおかつピースをつなげた全体の画像を理解できなければならない。さらに、その過程を信頼するだけでなく、その過程が信頼に足るものであるようにサポートする必要がある。鎖の強さは、その最も弱い部分で測られる。長期的な目標の達成を疑えば、それを達成できないだけでなく、現在だけがよければいいという罠からは逃れられないだろう。その間にほかの誰かが前へ進み、未来を作っていく。

結局のところ、意思決定者は彼らの行為がもたらす利益を受けとるか、少なくとも理解していなければならない。そのため、この本は投資家たちも読者として想定している。その目的は、長期的な思考と行動を補佐することだ。それによって長期よりも短期を優先する近年の傾向をバランスを取れたものにしたい。だが、長期的な視点を持つことの利点とはなんだろうか？　わたしたちの考えでは、利点は３つある。第１に組織の内に向けても（長期的な利益をもたらすことで）、外に向けても（社会的な価値をもたらすことで）組織のサステナビリティを増すことだ。第２に戦略を強化できる。そのほうが理解しやすく、従うのが容易になるためだ。第３に、自分がより明確に語ることができるため、戦略が成功する可能性が高まる。

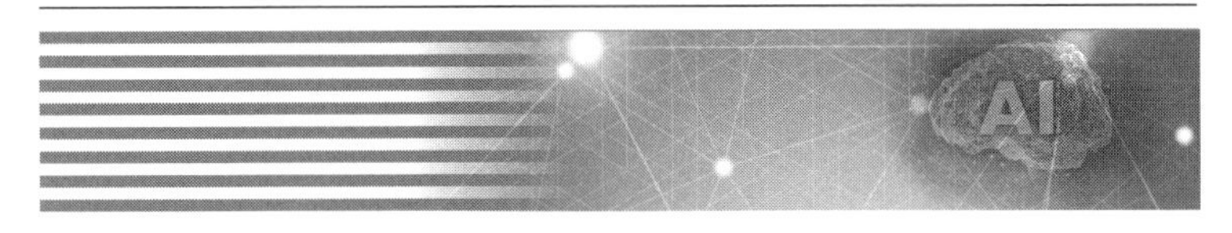


# 妥当性：不確実性を受け入れ、複雑性に対処する

戦略立案や実行には、一見ストレスがないように思える。市場を調査し、確固たるデータと難解な市場モデルにもとづいて結論を下す。それを組織にもたらしてその成果を評価し、必要なら修正する。自分でやりたくなければ、コンサルタントに戦略の立案を依頼してもいい。紙の上で考えるだけなら、戦略とは簡単なものだ。一般に受け入れられた市場の論理にのっとり、それを未来にあてはめてみるだけのことだ。だが理論的にはそうだとしても、複雑性と不確実性が増加しつつある状況を考慮に入れると、それほど単純なことではなくなってくる。戦略的マネジメントの過程を通じて、立案者はそれらを避け、単純な世界観に頼ろうとする。多くの場合、世界が今後も変化せずそのまま続くと想定してしまう。組織の内部に関しては、意思決定をするときに複雑性や不確実性を部分的に制御し、要因として考慮することもできる。だが、より困難で恐ろしいのは外部環境における複雑性や不確実性だ。これを乗り越えるためには、自分で現場に出て、将来の動向を感じとって意思決定をしなければならない。どんなアドバイザーもコンサルタントも、意思決定者の代わりにこの役割を果たすことはできない。

複雑性と不確実性はしばしば企業に失敗をもたらし、従来の方法を修正するように迫る。しかし、企業が変化の必要性を見逃すこともあるうえ、修正の必要性を認めたとしても、大きな変化を含む決断やその実現はできない場合もある。外部環境や組織内部に起因する複雑性や不確実性は大きな困難を生みだす。環境的な不確実性と複雑性は果てしない。調べ尽くすことはほとんど不可能だ。周囲で起こっていることの範囲や深度を、物事を過度に複雑にすることなく把握し、理解することは容易ではない。同時に、組織的な活力のなさや部門の縦割りによる弊害という問題もある。真の対話によって様々な意見を掘りおこし、受け入れる必要がある。

こうした障害を克服するには、不確実性を受けとめ、複雑性を手の内に入れなくてはならない。やるべき仕事は不可能に思える――さらなる調査を行って不確実性のレベルを下げつつ、システムや意思決定は複雑にならないようにしなければならないのだから。解決策は、テクノロジーと人材というふたつの要因にもとづいた、統合されたインテリジェンス機能を構築することだ。

テクノロジーの面では、進歩により、かつては不可能だったことが可能になっている。オートメーションの精度も向上してきており、AI が賢く自ら学習し、仕事を効率よく遂行するアルゴリズムを実現している。戦略家にとっては、AI は高い分析力をもたらし、それを広範囲に適用して強力なパターン認識を得ることができる。簡単に多くのデータを観察し、機械が解釈し、まとめられたアウトプットが手に入る。これは人間の能力を超えたことであり、今後もできるようにはならないだろう。しかし機械にはいまや高速でどこまでもアナリティクスを続ける能力があり、それを使えば劇的な変化が訪れる。

ここで、倫理的な問題も出てくる。わたしたちはアルゴリズムの判断に従うべきなのか、それとも手に入る最高のツールを使わず、決断をする立場に自分が留まるべきなのか。

テクノロジーが唯一の差別化要因であるため、おそらく少数のAIによる独占が起こるだろう。それらは人に代わって判断を下す。またすべてのコンピュータが同時に、完璧な回答に達するため、多くの戦略は同じ結果になるだろう。しかし、永遠に成功しつづける、完璧で支配的な戦略などというものはない。それはわたしたちの友である、複雑性と不確実性のためだ。そのため、おそらく人間は重要な地位に留まるだろう。経験にもとづいた連想や判断を行うことができるのは人間だけだ。人間は広い視野から物事を見て、機械のアウトプットと自分の判断や直感を組み合わせ、最善の結果を得ることができる。

複雑性を制御しつつ不確実性を受け入れるためには、意思決定者に力を与え、クリティカル・シンキングの文化を醸成する、組織的なサポート環境が必要だ。こうした文化は探究し、共感するマインドセットを浸透させるだろう。わたしたちは温かみのないローデータだけでなく、温かい人間の感情や直感を意識する必要がある。それゆえ、意思決定者は自分の努力に集中しつつ、周囲との協調を学ばなければならない。また集団思考やサイロ思考の罠に陥らないために、多様性が求められる。これは紙の上でなんらかの割合を達成することではなく、思考における多様性のことだ。よい判断をするためには、つねに集中し、注意を怠ってはならない。そのため、判断をサポートする最高のツールを手元に置き、自分自身の人間としての判断と組み合わせる必要がある。

うまく不確実性を受け入れ、複雑性をコントロールすれば、現実をよりよく理解できるようになり、戦略は効果的になる可能性が高まる。それによって、障害に対する予測が以前よりも正確になるため、戦略の実行は加速する。

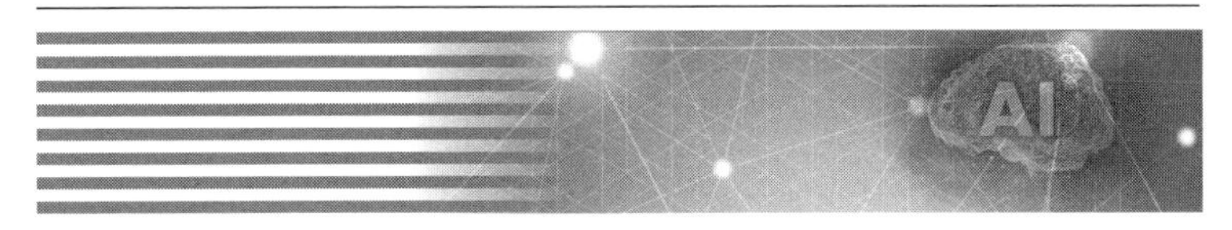


# 現実性：<br>意図を持って遂行する

アフリカに、「明日は、今日準備をした人のものだ」ということわざがある。けれども、よい計画や戦略が実行されず、引きだしにしまわれたままになってしまったり、現実にそぐわず失敗に終わるという例はあまりに多い。動的な戦略の DNA の核となる部分は、実行可能であることを目指す、行動志向という点にある。効果をもたらす戦略はすべて、３つのＰ、つまり**意図**（Purpose）、**原則**（Principle）、**プラグマティズム**（Pragmatism）にもとづいたものであるべきだ。

- **意図：**情熱には意図があり、それを行う理由を理解していなくてはならない。なんのために戦っているのかわからなければ、戦いには参加できない。動的な戦略はすべて重要な戦略的課題から始まるが、そうした課題は参加者がその必要性を理解し、自分のこととして引き受けなければ解決することはできない。

- **原則：**料理をするのと同じで、レシピを確認しながらであれ、頭に入った手順どおりにするのであれ、適切に行動し、目標を達成し、ひどい事態を避けるためには主要な原則がいくつか必要になる。

- **プラグマティズム（実際主義）**：さらにキッチンでの比喩を続けるなら、そこそこ、ではなく最高においしい料理を作ろうと思うなら、シェフは芸術的な手際とプラグマティズムを組み合わせることで創造性を発揮しなくてはならない。動的な戦略では、型にはまった手法を越え、直感に従い、プラグマティックに（実際に即して）判断することが求められる。

急を要する戦略的問題に対応した動的な行動志向の戦略を定めることの正しさは、直感的にもわかるだろう。しかし多くの場合、それを成し遂げるには伝統的な仕組みやマインドセットを劇的に変化させることが必要になる。動的な戦略を実行するうえで大きな困難となるのは、確立された、静的な上意下達のシステムやマネジメント手法を変えることなのだ。これはしばしば、実際に戦略を立てるよりも難しい。共通の認識にもとづく新しい文化の創造や、意図的な意見交換、原則にもとづきつつ実行可能なマネジメントが求められるからだ。意思決定者だけでなく組織全体がAIなどのテクノロジーの利用法を理解し、周囲の状況をより広く知る必要がある。意思決定は十分な情報を得たうえで、つまり確実なデータベースをリアルタイムで確認しながら行わなくてはならない。そのためには、テクノロジーとその産物への信頼は欠かせない。さらに、テクノロジーに取って代わられるという恐怖を捨て、テクノロジーによって強化された意思決定過程がもたらす新しい機会への好奇心を持つべきだ。新たなツールと広範囲な認識から、部門の縦割りを超えたより自由な議論ができる文化が生まれる。もう、ヒエラルキーのトップにいる最高権力者だけが知恵の泉から恵みを得られるという時代ではない。現実的で実行可能な戦略では、主流派とは異なる考えを持っていても排除されることはない。相反する見解もまた資産のうちなのだ。AI を利用した意思決定ではデータ収集の時間は短縮されるため、様々な洞察の意味を考察し、信頼と意図的なコミュニケーションにもとづく開かれた議論に集中できるようになる。

戦略は純粋な科学でも純粋な芸術でもなく、その両者の結合であるため、戦略の実行にあたっては毎回そのふたつのバランスを取る必要がある。科学的な側面は集中と厳格さ、一貫性をもたらす。あらゆる科学と同じように、原則は過程を理解するための核心であり、あらゆるものを包含している。しかし、純粋な科学的手法だけでは狭すぎるため、将来を見通すためには芸術が必要になる。戦略の芸術的な側面は創造性や対話、そしてある程度の天分から生みだされる。これによって戦略には斬新な見解が取り入れられ、戦略的な問題の底にあるより広い背景が与えられる。科学的手法の限界を超えるために、プラグマティズムや、意思決定者の直感が必要になることもある。とはいえ、戦略を規定し、実行することは特別な仕事だ。その重荷は、意思決定者の内部グループや（組織内外の）専門家、あるいはステークホルダーなど、いくつかの集団で共有したほうがいいだろう。柔軟性を確保しつつすべての目標を達成するためには、向かう方向を指ししめす星を決める必要がある。

狙いを定めて重要な戦略を実行することで、行動は早くなり、競争において優位に立てる。戦略を間違った方向へ進めてしまう恐れもあるが、方向修正によるコストを減らすという利点もある。

シナリオ思考のマインドセットとAIを組み合わせることで戦略の実行を促し、成功に近づけることを以下の章で述べていこう。

# 第2章
# 伝統的なシナリオ・プランニングの妥当性

# シナリオとは何か

私生活でも企業でも、公共の場でも、重要な決定には大きな責任が伴う。そのため多くの意思決定者も気づいているように、未来の勝者になるためには動的な判断をし、場合によっては現状に別れを告げる必要もある。しかし、彼らが直面している環境はあまりに変化が早く、やってくる困難を自信を持って回避することは難しい。変化が起こることを示すいくつかの手がかりや指標を見つけ、読みとることができるだけだ。何かの力が働いていることに気づいたときには、現場で行動に移すには手遅れという場合も多い。現実は直接左右することのできない外的な条件によって定められており、それにどうにか対処するしかない。これはかなり狭い世界のことだという人もいるだろう。だが、新しいテクノロジーや変化する市場など、様々な要因のために不確実な条件の下で大きな影響を及ぼす決定をしなければならないのは、経営幹部クラスや高位の政治家ばかりではない。わたしたちはみな、日常生活のなかでそうした決定をしている。自分の仕事やキャリア上の選択を考えてみよう。文化によっては柔軟な土壌があり、大胆なキャリアの変更ができる場合もあるが、多くの場合は職業選択は一生のことであり、およそ40年ものキャリアに影響を及ぼす。ある仕事が人生を通じて個人的、専門的な目標を達成するための最善の選択だと確信するには、何が必要だろうか。自分の選択が最善だと確信できる人など、ほとんどひとりもいないのではないだろうか。ある会社を合併する、あるいは工場に投資する、という CEO の選択は誰もが行っている決定によく似ている。一方は会社の将来を決めるもので、他方はひとりの人間の将来を決めるものだ。だが、決定がもたらす結果を知らないまま判断しなければならない点では変わりはない。ここで、シナリオを使い、シナリオ・マインドセットを適用すれば、決定の重荷は軽くすることができる。公共部門でも民間でも、非営利組織でも、シナリオは意思決定者に欠かせない戦略的ツールだ。それは経営幹部が難しい戦略的な決定をする際にも、誰もが突きあたる実生活での決定をする際にも、変化や不確実性に対処する役に立つ。大きな意味を持つ決定は、長期的な影響を及ぼすことが多い。そのためわたしたちは、それを避けて目の前のことに懸命になり、短期的な決定ばかりをしようとする。そして多くの場合、将来の収穫を得るための計画を怠り、既存の手段に頼ってしまう。シナリオを使えば、目の前の問題や対応にしか意識が向かないという過ちを避けることができる。今日の問題だけを見ていると、やがて来る変化を過小評価してしまう。問題は、DVD に販促用の特典をつけるかどうかではない。そもそも DVD が売れるかどうかなのだ。ネットフリックスはこの問いに、動画配信という解答を与えた。それは産業の構造そのものを変化させ、動画配信ビジネスを行う多くの競合他社に道を開いた。ビル・ゲイツがこの問題について語った言葉は有名だ。

「人はつねに2年以内に起こるだろう変化を過大評価し、今後

10年間で起こるだろう変化を過小評価する。無為に過ごしてはならない[1]」

意思決定においては、正しい問いを立て、未来を正しく予測する必要がある。

未来は不確実だが、シナリオは可能な未来への洞察を与えてくれる。不確実性という嵐のなかで、帆を張って船出することを可能にする。旅の途上でも、展開していく未来の可能性やそれを形成する力へと組織や個人の目を開いてくれる。シナリオはこのようにして、心のなかの地図を変える。人の心は、決定のガイドとなる地図のようなものだ。ところがわたしたちはしばしば、GPSを備えた現代の旅行者というより、その土地を見たこともない人が推測で作った地図に頼っている大昔の探検家のような行動をしている。16世紀か17世紀に、そこに行ったこともなく、風聞をもとにしてオランダ人地図製作者が作った地図だけを携えてアメリカ大陸の海岸に到達した探検家を想像してみよう。問題は地図の不正確さそのものではなく、その地図を使って何をするかだ。実際には何もないところに川が描かれていれば、問題が起こるだろう。意思決定でも事情は変わらない。わたしたちは心のなかの地図に従って決定をし、自分の推測を変えようとはしない。だが、地図を作成するときに誤った事実を手に入れると、できあがった地図も、それを見て進んだ方向も、さらには決定や行動まで誤りを含むことになる。そしてその地図が正しいと思っている場合、その思いこみを正すのはかなり難しい。シナリオ・プランニングの出発点は、こうした人の心の地図を修正することだ。さらに、シナリオを作る過程で現在の混沌から将来の秩序が生みだされることで、自信を持って将来に関する意思決定できる。シナリオはアナリティクスしやすいように複雑な現象を分割し、それによって動的な戦略的プランニングを選ぶことのできるツールなのだ。これにより、現在の懸案事項に加えて将来予測される大きな変化を考慮することができる。

ロイヤル・ダッチ・シェルのフランス人経営幹部ピエール・ワックは、いち早くシナリオ・プランニングを制度化して民間企業に取り入れた。彼にとって、シナリオは「ビジネス環境の変化速度が自分自身の対応速度を上回っている」ときに意味を持つものだ[2]。シナリオ・プランニングを用いることで、株式市場の四半期だけでなく、より長期的に考えつつ、同時に短期的な思考や行動を取り入れることができる。こうして、短期的に起こる、あまりに近くて見逃してしまうような差し迫った出来事を顕微鏡で見ることと、裸眼では見えないほど遠い将来の出来事を望遠鏡で見ることの両方の利点が得られる。さらに、シナリオはまったく異なる視点を可能にする万華鏡も与えてくれる。

シナリオは万人向けのツールではない。「思考不可能なものを思考」し、不確実性を受け入れるときには、開かれた心と想像力が絶対に欠かせない。これはシナリオ・プランニングという方法の考案者のひとり、一流の未来学者だったハーマン・カーンの言葉だ。彼は当初、1950年代にランド研究所で軍事戦略家として働いていた[3]。シナリオ・プランニングによって不確実性を受け入れることで、組織や個人が、長期にわたって優勢だった権威や学派に異を唱えることが可能になった。だが、開かれた心や想像力を持つだけでなく、確実な事実をもとに考えなければならない。そして自分のまわりで起こっていることやその仕組みを知らなくてはならない。ピエール・ワックの言葉にもあるとおりだ。

「シナリオは事実の世界と認識の世界というふたつの世界を扱う。事実を探究しつつ、意思決定者の頭のなかの認識に狙いを定める。目的は戦略的な重要性を持つ情報を集めることによって新たな認識を生みだすことだ[4]」

環境への認識を改め、世界の仕組みに関するあらゆる仮説を疑うことにより、万華鏡のような、世界の多様な見方が手に入る。既存の仮説を疑うのはまさにこのためだ。状況や仕組みに対する知識があったとしても、ありきたりな主題から自由になるには開かれた心がなくてはならない。シナリオ思考は科学よりも芸術に近いのだ。科学的な原則には従うが、同時に開かれたマインドセットと型にはまらない思考が求められる。

シナリオが扱うのは、不確実性と混沌とした状況だ。しかし、人による不確実性の捉え方や対処法の違いは、シナリオ・プランニングに反映される。そのため、学術理論としても実務で用いるうえでも、シナリオに関する正確な定義はない。〝シナリオ〟という言葉はしばしばプランニング、予測、アナリティクスといった言葉とセットで用いられる。そこでこれまでに、経営者が重要な決定を模索し、下すときに使ったいくつかの定義を（年代別ではなく、意味別で）見ていこう。先に引用したハーマン・カーンがシナリオ・プランニングの創始者といわれている。彼はシナリオを、「原因となる出来事から決定の時点までの可能な出来事の連なりを組み立てるための、将来における一連の仮説的な出来事」と定義した[5]。現代の戦略論の創始者で経営学における最も重要な思想家と考えられており、また戦略コンサルティング会社であるモニター・グループ[6]の設立者でもあるハーバード大学のマイケル・E・ポーター教授[7]は、「将来起こりうることの、内的な一貫性を持った見解であり、予測ではなく、将来の結果のひとつの可能性」であると定義している[8]。大きな影響力を持つシナリオ・プランニング専門のシンクタンクであるグローバル・ビジネス・ネットワーク（GBN）の創始者であるピーター・シュワルツは、シナリオの重要性は「自分の決定を実行していく可能性のあるいくつかの将来の環境で、自分の認識に秩序を与えるためのツール」である点にあるとする[9]。彼によれば、「シナリオ・プランニングの過程では、思考不可能なものを系統的に思考する。それは、普通ではない場所で知恵を探す行為だ。将来を確実に知ったうえで決定しようとしても、その根拠となる十分な情報は決して得られない。それゆえ、可能性のあるどのような将来にも対応した、幅広い決定を準備することが重要になる。将来に関しては、たまに完全に正しい判断をするよりも決して間違わないことのほうが重要だ[10]」。

　これらの定義を比べてみると、いくつかの類似点に気がつく。

シナリオ・プランニングの実践者たちは、経験から、将来何が起こるかを正確に知ることは不可能だとみなしている。アルベルト・アインシュタインも述べているように、正確な予測とは手に入らないものなのだ。

複雑な現象に関与する要因があまりに多いと、科学的方法はほとんどの場合うまくいかない。天候のことだけを考えればいい場合ですら、わずか数日後のことを予測することもできない。それでも、天候には因果関係が存在し、その主だった要因はおおむね知られているのだと、わたしたちは誰ひとり疑うことなく信じている。こうしたことに関しては、正確な予測をするのは不可能だ。それは関係する要因があまりに多様なためであって、自然に秩序がないからではない[11]。

アインシュタインの言葉は、失敗に終わったたくさんの予言や予測とも合致している。世界は最悪や最高の事態が起こるにはあまりに複雑だ。歴史を振り返ってみよう――例えば、CDが出現したときはどうだっただろうか。将来のCD販売数が推測され、それを根拠にして巨額の投資が行われた。iPodやネットフリックスがやがて登場するとわかっていたら、投資は行われただろうか？　行われなかったはずだ。しかしインターネットの成長が始まり、MP3がまだ開発中だった当時、そのような技術が現れることが推測できただろうか？　不可能とはいわないまでも、困難だったに違いない。それゆえ意思決定者が決定をするときに必要なのは、この決定によって会社あるいは自分が勝利を収められるのは、将来どのような事態が現実化した場合だろうか、と思考することだ。そして、見過ごされることが多いためにより重要なのが、この決定が完全な失敗に終わるのは何が現実化した場合だろうかという問いだ。線形予測はおそらく取るべき方法ではない。揺るぎなく堅牢な決定や戦略は、シナリオによって提示される可能な、複数の異なる未来を見すえてなされるべきだ。そうすることで、会社や個人は戦略の設定や意思決定を柔軟に行うことができ、またシナリオに触発されて、将来の必要性に関して創造的な思考を生みだすこともできる。シナリオでは、事実と虚構を結びつけることで複数の世界が構築される。それらはたがいにはっきりと異なっているが、どれももっともらしい。シナリオはストーリーやナラティブという形を取って、未来の世界の最終的な状況と、そこに至るまでのひとつひとつの発展について述べる。シナリオ作成では、流れや出来事、影響を観察し、それらを関連したパターンにつなぎ合わせて実現可能なストーリーが生みだされる。重要なのはそれが実現する可能性の高さではなく、あり得るシナリオだ。シナリオは、新たな技術と歴史的な決定論を結びつけ、実りある関係を作りだすことを目的としている。もっともらしいという言葉の意味は、それが現実に起こっても不自然ではないということで、それが起こる可能性の高さは含まれない。シナリオは決定論的な混沌――この世界はあまりに複雑で、信頼できる確固たる予測を立てることは不可能だ――のなかで役に立つ。これまでに可能性にもとづいて世界をモデル化する手法はあったが、すべての必要なデータを処理するだけの計算力はなかった。

今日の世界は急激な変化に見舞われており、処理装置の速度も上がり、またAIが大きく成長したため、第３章で述べるように、もっともらしく、かつ可能性の高い出来事が予測できるようになってきた。しかし、いまは将来のテクノロジーによって信頼できる予測ができるようになるといったことは脇に置き、あり得るシナリオの原則に従って考えよう。自然法則は正しいという推定に従ってはいるが、未来を覗くことができる水晶球は誰も持っていないのだ。誰かがおおむね正解といえる推測をすることもあるだろうが、その人のつぎの予測がまた実現するという保証はない。株式市場の暴落を言い当てた〝グル〟はたくさんいたが、その成功は続かなかった。〝グル〟もやはり人間なのだ。そのため、シナリオ・プランニングではあり得るシナリオを主要な方法とする。可能性の高さではなくあり得るシナリオに集中することで、長期的なリスクを過小に、あるいは過大に評価してしまうという傾向を避けるためだ。ノーベル賞受賞者で心理学者、行動経済学者のダニエル・カーネマンと、その共同研究者で心理学者、意思決定に関する研究者であるエイモス・トベルスキーは、ビジネスや経済研究の分野で有名なプロスペクト理論でこれを鮮やかに描きだしている。この理論は、個人のリスクの取り方は出来事の予測される可能性の違いによって異なっており、効用の期待値を最大化することは重視されないという考えにもとづいている。利益を得られるという予測のもとでは、人はよく知っているが利益の小さい選択を、よく知らないが利益の大きい選択よりも好むことでリスクを避ける。損失を被るという予測のもとでは、人はよく知らないが大きな損失の可能性がある選択を、よく知っている小さな損失を招く選択よりも好むことでリスクを取ろうとする[12]。つまり、可能性の高さはつねに最善の判断材料ではなく、より大きな背景を考えなければならないのだ。シナリオ・プランニングというツールはまさにこの点で優秀であり、適している。

以下では、アウトサイド・インと不確実性の受け入れというシナリオ・プランニングの核となるふたつの原則について説明する。意思決定者は状況に動的に対応し、市場で勝利を収めるために、幅広い戦略ツールを使う。例えば、ボストン・コンサルティング・グループ（BCG）が開発したBCGマトリックスや、ポーターのファイブフォースなどがある[13]。それらは企業内部の視点から出発し、外部の力を自社の競争的ポジショニングに組みこもうとするものだ。しかし、これらのツールとは違って、本書では組織内やその周辺ではなく、シナリオ作成の過程を外的な環境の分析から始める。アウトサイド・インという思考法をシナリオの重要な原則としているためだ。どんな戦略を取るにせよ、外的な要因は重要性を増していくため、アウトサイド・インこそが戦略を練るための最適な視点となる。発展するための過程に内的な要因を取り入れないというわけではないが、シナリオ作成の出発点にはならない。さらに重要なのが、不確実性の受け入れという原則だ。戦略策定の判断材料はいくつもあるが、不確実性と不安定性、複雑性はとりわけ重要だ。不確実なものはかなり不安定であることも多く、これを意識することでシナリオ・プランニングは自然と複雑になっていく。そしてそのことが、複雑性を制御するのに役立つ。不確実性は現れる場所も方法も様々だ。戦略コンサルタントとしてよく利用するのが、2×2のマトリクスで、これによりふたつの軸に意識を集中し、問題を理解することができる。不確実性に関して、意思決定者に必要になるのはふたつの主要なドライバーだ。まず、わたしたちはこれから何が起こるかを知っているだろうか？　知らないなら、すでに不確実性に直面している。だが、不確実な状況でも行動に支障がない場合もある。旅慣れた人にはいつものことだが、飛行機が離陸する前には安全のためのアナウンスが流れる。何が起こるかは誰にもわからないが、緊急の場合に備えた客室乗務員の指示をみな冷静に聞いている。しかし、どうすればいいかを知らない場合もある。何が起こるか、あるいは起こりうるかを知らず、しかもそれへの対処法も知らないとき、わたしたちは完全な不確実性に直面する。シナリオこそが、そうした完全な不確実性を軽減する唯一のツールだ。わたしたちは経験から、この結論を導きだした。不確実な事態では、ほとんど対処できない、制御しようとも思えないほどの混沌が生じる。こうしたときにシナリオは、構造的アプローチを用いることで参加者の認識に秩序を与え、不確実性に対処するために有効な手段になる。シナリオは関係者が関わり、学ぶことを可能にするために、面白いと同時に、刺激的であり得るシナリオがなければならない。また将来に関する納得できる仮説を立て、また戦略の問題に関わるリスクとチャンスを際だたせることが求められる。

だが意思決定者は、自分がシナリオ作成の過程に参加していないと、シナリオ内での現実の展開に慣れることができず、状況の不確実性を理解する方法もわからないため、前向きになれないだろう。シナリオは、組織学習の重要なツールでもあるのだ。参加していないと当事者意識が低くなり、シナリオや必要な戦略を生みだすことができなくなる。また、シナリオは時間の経過のなかで認識を深めていき、変化に適応するためのツールだ。最終的な答えではないため、継続的に確認し、それに合わせて修正していく必要がある。シナリオ・プランニングとは、現場の人々によって推進される方法論なのだ。

シナリオ・プランニングの目的は、将来何が起こるかを確実に予測することではなく、将来の方向性を変えてしまうような大きな要因を際だたせ、それによって現在の前提を超えた思考を促すことにある。シナリオの狙いは、行動の面でも認識の面でも、そうした力を目に見える、制御可能なものに変えることだ。これによって、変化を促す力が出現したときにそれを認識し、将来へのよりよい意思決定を助ける。それは、シナリオを利用するマインドセットを持った組織に優位に働く。そうした組織は、起こりうる出来事やそれがもたらす結果が数あるなか、そのすべてに対して計画を立てているわけではないにせよ、それらを想定しているからだ。シナリオがあれば、無計画がもたらす狼狽にも、過度な計画がもたらす無気力にも陥ることはない。これは大きな優位になる。とりわけ混乱した時代には、短い時間での対応が求められるため、そうした組織は競合上の〝ポールポジション〟に立つことができる。わたしたちはシナリオによって、あらゆる決定に影響を及ぼす可能性のある膨大な数の要因について、複雑な状況のなかで対処する方法を見つけることで、考え、自信を持って対処できるようになる。まとめるなら、シナリオは詳細でもっともらしい様々な未来を考えだし、どの未来でも機能する、堅牢で役に立つ戦略を生みだすためのものだといえるだろう。

シナリオは仮説であり、予測ではない。ここで考えているのは、単数ではなく複数のシナリオのことだ。シナリオは、多様だが想像可能ないくつかの経路を示すものであるべきだ。揺るぎなく将来の役に立つ決定や戦略を追求するなかで、ある程度の数の異なったシナリオが生まれてくる。それらはたがいにかなり異なっている。数多くのシナリオを考えることは、予期せぬ結果への理解を高め、影響を最小限に留めることにつながる。複数のシナリオのそれぞれが、異なった未来への予行演習になる。それらはとりわけ意思決定者に、あまりに複雑で不確実なため、将来を予測できない世界の真実を教えてくれる。そのため、将来何が起こるかについて間違った推測をすることなく、様々なシナリオにもとづいて、高いレベルの不確実性に向きあったときに決定を下す方法が理解できる。

未来を想像するのはそれほど難しいことではない。文学の世界やハリウッドでは、未来に関する荒唐無稽な空想が盛んに生みだされている。空想科学小説（SF）という立派な名前で呼ばれることもあれば、非現実的でありえない出来事と呼ばれることもある――もっとも、その空想が現実になれば話は別だが。

例えば1865年に、フランスの小説家ジュール・ヴェルヌは月面への着陸とそれにまつわる様々な出来事について語る『月世界旅行』という小説を発表したが、それは現実の予言になった。作中では、3人の人物が月へ旅をする。ヴェルヌはその費用が5,500万ドルになると推測しているが、これは1969年の金額にして130億ドルほどであり、実際にかかった160億ドルからそれほど離れてはいない。ほかにも、SFが現実になった例として、『スタートレック』で描かれた3Dプリンターや、1958年の小説『マイノリティ・レポート』の、空中に浮かぶディスプレイを操作する技術などがある[14]。

こうした例からもわかるように、未来について考えることは、いま世界で起こっていることへの正しい理解と純粋な創造性というふたつを基礎としている。しかし、想像の未来に信頼性を加え、それに従って行動するように関係者を納得させるのははるかに困難だ。それだけの信頼性を得るには、今日の世界と、将来それを変化させる可能性のあるドライバーに対する深い理解が要求される。シナリオ・プランニングはロケット科学とは違うが、開かれた心と不確実性を受け入れる能力が必要になる。

# シナリオは予測や予言とどう違うのか

歴史上、人はいつもわくわくしながら未来について考えてきた。人には運命を知りたいという強い衝動があり、そのためにこそ未来志向が求められるのだろう。SF作家のブルース・スターリングは、未来志向に時代を超えた定義を与えている。

未来志向は認識を改めるための方法である。それは、人生はこれからも変わるし、いまも変わりつつあるし、これまでも変わってきたということを意味する。それはその方法と理由を示す。古い認識は妥当性を失っており、新しい認識は実現する可能性を持っている[15]。

これまで、未来志向はしばしば宗教やスピリチュアルと結びつけられてきた。古代ギリシャには、デルフォイのアポロン神殿に仕えたピュティアという巫女がいた。彼女は足元の裂け目から水蒸気が立ちのぼる場所で三脚の椅子にすわっていた。ガスを含む水蒸気を吸って忘我の状態になりながら、経験を積んだ神官だけが読み解くことのできる神託を告げる[16]。いまではこの神託を信じる人は少ないだろうが、当時の人々が求めていたのは、理論にもとづいた将来の説明だった。シナリオは、思考の過程には矛盾と逆説が必要になるというヘーゲルの思想に従っている。一方で、意思決定のアナリティクスや予測の手法では、ライプニッツのように、真理や現実の記述はひとつであることが求められる[17]。

ここまでに紹介した広範囲な概念のほかにも、シナリオについて理解するための発想や概念は数多く存在する。それゆえ、わたしたちがどのような意味でシナリオを理解し、この言葉を使っているのかをはっきりさせるべきだろう。同じシナリオについて語りながら、わたしたちが考えるシナリオとはまるで異なる発想と区別する必要がある。シナリオは単なるデシジョンツリーの枝分かれしたルートではない。わたしたちが作るのはひとつではなく複数のシナリオのセットであり、それらは未来のことを述べたり、予測することも、それぞれが起こる可能性を提示することもない。未来の出来事を提示したいのはやまやまだが、おとぎ話のように未来が見える水晶球を持っているわけではないのだから。水晶球があるなら、コンサルティングや執筆はやめて、株式市場でひと儲けしたほうがいい。未来について多くのことを考えてはいるとはいっても、それを人よりよく知っているわけではないのだ。シナリオを使うことで、未来に影響を及ぼす不確実性への理解を深めることはできるが、確率については重視しない。シナリオは、特定の条件下で様々な要因が行う相互作用を取り入れた観察可能な数のストーリーを語ることによって、大量のデータを単純化する。未来をより高い確率で予測しようとした過去の試みは技術的な能力不足によって失敗したが、いまやシナリオ・プランニングの可能性は広がり、技術の進歩によって確率を取りこむことができるようになった。ムーアの法則に従って、コンピュータやAIの性能が向上し、ニューラルネットワーク[18]による機械学習が進んだためだ。また、わたしたちはまだこの発展のスタート地点におり、2週間に1度は混乱が起こり、状況ががらりと変わる。量子コンピュータ[19]の発展により、純粋理論を越える出来事が現実になり、確率計算の精度はさらに高まっている。

シナリオ・プランニングの主な原則は、それが科学というより芸術であるという点にある。だから、芸術からの類推で説明しよう。シナリオの目的は未来の正確な絵を描くことではない。それでも、正しいキャンバスに正しい色で、正しい筆づかいで描く方法は手に入れられる。同じ眺めを見て、同じ色の絵の具を用いても、ひとりはゴッホのような、ひとりはピカソ、ひとりはルーベンス、そして4人目はウォーホルのような未来を描くだろう。そして同じ絵でも鑑賞者によって解釈は異なっているように、シナリオもまた異なった解釈をされる。それでも、いったん背後の状況を理解すれば、芸術とは違って天才的な技量は必要とされない。だが芸術と同じように、わたしたちがこの本で伝えようとしているいくつかの基本的な原則は知らなくてはならない。

シナリオは単純ではないから、自分の好きな未来を思い描き、必ずそれが実現すると期待してそれにすべてを賭けることもできる。だが、シナリオは既存のマインドセットや発想に挑戦するためのものだ。いくつかのストーリーという形を取っているシナリオでは、思考は影響や不確実性が大きく、従来の計画策定手法では見逃されることもあった側面に意識を集中する。そのためには、4つの種類の未来を区別しなければならない。

- **可能な未来**——未来についてわかっていることと予想にもと

づき、ある程度の可能性で起こりそうな未来。

- **もっともらしい未来**——現在わかっていることにもとづき、起こりうる未来。だが必ずしも起こる可能性が高いわけではない。
- **蓋然性のある未来**——不確実な出来事を取りこむことなく、現在の流れや、それを外挿したとき、起こりそうな未来。
- **好ましい未来**——あり得るシナリオや可能性とは関係なく、自分の判断にもとづき、起こってほしい未来。

未来を見通し、堅牢な戦略的プランニングの基礎になる正確な予測を生みだすための様々な技術がある。外挿法、感度アナリティクス、複雑なシミュレーション、危機管理計画などだ。それらは蓋然性のある未来にもとづいている。一方、シナリオでは、もっともらしい未来を考慮する。危機管理計画では、不確実な出来事のなかでも限られたケースについてのみ考え、そのなかで何か不都合が起こった場合の解決策を探る。シナリオはそれとは対照的に、かなり多様な不確実性やその相互作用を考慮に入れる。経済的な予測は線形射影にもとづき、最も可能性の高い最終状況までのひとつの経路を導く手法だ。感度分析の設定ではほとんどの指標は固定されており、ひとつまたは少数の変数が動くのみだ。限られた変化しか起こらない環境ならばともかく、複雑で変化の早い環境にはこの方法では対応できないだろう。シナリオ分析では、様々な変数が同時に動くため、安定した状態は保たれない。シナリオ分析が目指すのは、主要なドライバーの変化に対応した、もっともらしい未来を表現することだ。未来予測の場合には定量化されたモデルが使われ、不確実な部分は予測のなかで暗示されるにとどまる。それに対し、シナリオ分析では何が不確実であるかが明示され、それがどう転ぶかは当てにならないものとして扱われる。担当者は、それぞれが明確に異なりつつ、どれももっともらしい、既存の前提に疑いを投げかけるいくつかの可能なシナリオを作る。未来予測では多くの場合、定量化された手法により、第三者によって関係者から独立した思考が行われる。定量的予測を用いる目的は、行為についての議論やその擁護をすることだ。専門家がこのようにして行った判断だけを受け入れると、様々な要因への理解が欠けているために、最適な決定ができなくなることがある。天才物理学者スティーヴン・ホーキングは、「あらゆるものはすでに決まっており、人はそれをいっさい変えることができないと主張する人々でも、通りを渡る前には左右を確認していた[20]」と述べている。未来予測は真実と間違えられることがあるが、それは将来の世界が現在から変化しないかのように、今日の前提を投影したものにすぎない。シェルの元グループ・マネージング・ディレクターであるアンドレ・ベナールは、シェルの理念をこう表現している。「経験から知ったことだが、シナリオによる手法を使うと、以前使っていた未来予測による手法を使った場合よりも、従業員が未来について考えるようになる[21]」

歴史を眺めても、様々な予言や予測によってひどい失敗がもたらされ、あらゆる関係者に大きな影響を与えてきた。デンマークのノーベル賞物理学者ニールス・ボーアの有名な言葉がある。「予測は難しい——とりわけ未来に関しては[22]」

- 1903年、ミシガン貯蓄銀行の頭取は、ヘンリー・フォードの弁護士ホーレス・ラッカムに対し、フォード・モーター・カンパニーへの投資をやめるよう忠告した。「馬はこれからもずっと存在する。だが自動車は、ただ目新しいだけの一時的な流行にすぎない[23]」
- 1946年、20世紀フォックスのダリル・ザナック社長はテレビとの競争に関心を示さなかった。「テレビはせいぜい半年ほど市場をにぎわすが、その後、消えるだろう。誰だって毎晩合板の箱を眺めていたら、すぐに飽きてくるはずだ[24]」
- 予測を誤ったのは経営者ばかりではない。有力な戦略コンサルタントも同様だ。1980年代初め、アメリカの巨大電気通信企業AT&Tは、マッキンゼー・アンド・カンパニーの戦略コンサルタントに、2000年までの携帯電話市場の予測を依頼した。そして、90万台という携帯電話の利用数予測をもとに、市場からの撤退を決めた。だが実際には、予測の100倍を超える1億900万台が利用されるようになった。現実の携帯電話の普及に気づいたAT&Tはマッコウ・セルラー社を126億ドルで買収することになった。当初の予測では、電話機の重さやバッテリー持続時間の短さ、まばらな通信網、1分当たりの通話料金の高さといった障害が考慮されていたが、そうした状況が変化することを予期していなかったのだ。それに対してシナリオ分析では、そうした障害は不確実性とみなされ、様々な仮定をシミュレートするために取り入れられる[25]。

ほかにも、20世紀初頭の戦争で飛行機が使われなかったことや、小型車の需要が伸びることを想像できずに没落したアメリカの自動車会社の例もある。産業を問わず、おおむねどの時代でも、すべてを知り尽くしたグルが確信を持って行った予想が、それよりはるかに大きな変化や、あるいはまったく逆方向へ動くという実例がある。予測の多くが外れる一方で、確かにかなりの正確性で実現する予測もある。しかし、それが運のためなのか高い予測力によるものなのかは不明だ。いずれにせよ、プリンストン大学のバートン・マルキール教授の言葉を挙げておこう。「目隠しをされたサルが新聞の株式欄にダーツを投げても、専門家が慎重に選んだ銘柄と同じくらいの成績を挙げるだろう[26]」この言葉を確かめるために、数多くの調査が行われることになった。シカゴ・サンタイムズでは、サルのアダムにウォールストリート・ジャーナルから5つの株式を選ばせたところ、ほとんどの年でダウ平均を上回る成績を挙げた。アダムだけではない。ロシアのチンパンジー、ルーシャは30銘柄から8銘柄を（各銘柄を表す積み木のブロックを選ぶことで）選択し、ロシアの全ファンド・マネージャーのなかで上位5パーセントに入っている。アメリカでは、チンパンジーのレイヴンが130のインターネット企業のリストに向かって矢を投げた。レイヴンのポートフォリオは初年度に79パーセント、2年目には213パーセント成長し、2000年には、アメリカの数百人のファンド・マネージャーのなかで22位になった。優秀な投資家はサルばかりではなかった。韓国ではオウムが6週間の株式投資ゲームに10人の株式仲買人に混じって参加したところ、くちばしで選んだ株式によるポートフォリオで3位に入った[27]。2012

年には、こうした結果に触発されたエーオンヒューイットとロンドンに拠点を置くキャスビジネススクールが、ランダムに選ばれた〝サルの〟ポートフォリオ（1968年から2011年までの毎年1,000万のポートフォリオ）と13の株式市場の指標を実験的に比較したところ、驚いたことに（というべきか）、ほとんどのサルのポートフォリオは指標を上回った[28]。

いまから考えると、上に挙げたいくつかの例はあまりにひどく、想像すらできないことのように思える。だが、予測が行われた時点では、その背後にある前提は正当なものだったのだ。そこに欠けていたのは、「what if（もし～ならどうなるか）」と仮定する思考だ。だが、シナリオ思考を用いれば、戦略的プランニングにそれを取り入れることができる。

シナリオを考慮しないほとんどの予測テクニックは、主に回帰分析によって行われている。シナリオと予測、そして予言は

表1　予測、予言、シナリオの区別

| | 予測 | 予言 | シナリオ |
|---|---|---|---|
| 未来の種類 | 最も起こりそうな未来 | いくつかの変数にもとづいた過去の継続または変化 | もっともらしいと思われる未来 |
| 焦点 | 確実性に焦点を当てる | 行う人の意図次第で、確実性または不確実性に焦点を当てる | 不確実性に焦点を当てる |
| 説明 | 定量的 | 定量的で、歪められている | 定量的あるいは定性的 |
| 核となる強み | 短期間の、不確実性の度合いが低い事柄 | 強い政治的圧力がかかった短期の事柄 | 中長期的で、大きな不確実性がある事柄 |

出所：Adapted from Lindgren, M., & Bandhold, H. (2003). Scenario planning: The Link between Future and Strategy. New York: Palgrave Macmillan.

いくつかの基準で区別することができる（表1）。

複雑なシミュレーションによるモデルでは、コンピュータのアルゴリズムにより、可能性のある結果がかなり多様に取り入れられている。しかし新しい規制やイノベーションをモデルに取りこむことはできないため､判断材料は過去の出来事のみだ。だがシナリオ分析なら、数字による客観的なアナリティクスの弱点を、主観的な判断を取り入れることで克服できる。

確実な情報には表やグラフ、数値、あるいは少なくとも適切な学術用語による定量化が必要だと一般には信じられている。しかし、未来に関する問いはあまりに複雑で、学術用語や定量的な仮説では表すことができない。ソクラテスは、「よい判断は数字ではなく、知識にもとづく[29]」と考察している。シナリオは高度に形式化された方法ではない。むしろナラティブの言語を使って思考を構造化するソフトな方法で、しばしばストーリーやその他のナラティブという形を取る。それらは理解を助け、正しい決定に必要となる知識をもたらす。シナリオの作り方について、以下に詳細に説明しよう。

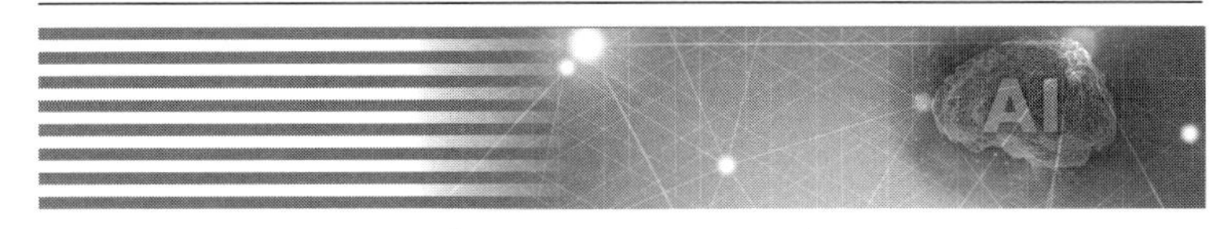

# シナリオ・プランニングの短い歴史

望ましい未来の状態を描くのは人間の文化の一部だ。シナリオやストーリーは、将来起こることやそれが社会や組織、制度にどのような影響を及ぼすかを間接的に探るために何世紀もの間利用されてきた。現在までのところ、意思決定のツールとしてのシナリオの進化は５つの段階（波）に分けて記述することができる。そのうち４つは準備段階で、５つめは将来の基礎となるものだ。第１波は〝古代〟の、シナリオ・プランニングとして十分に形の整っていないものだが、すでに「what if」の問いへの回答を与えている。第２の波はハーマン・カーンとランド研究所だ。形式化された手法により現在の状況の先を視野に収めるもので、現代のシナリオ・プランニングはここから始まった。第３の波はビジネス界でシナリオ・プランニングを提唱したイノベーターであるシェルで起こったシナリオの発達だ。第４の波はGBNなどのコンサルティング会社によるシナリオ・プランニングの世界的な普及だ。第５の波は現在起こっているもので、シナリオ分析は大規模なデジタル革命によりかつてないほど速度と信頼性が高まり、安価になりつつある（図１）。

第１の波では、シナリオはユートピアやディストピアという形態に含まれる可能な未来だと考えられていた。例えば、プラトンは古代の理想的な国家[30]を記述し、トマス・モアの『ユートピ

図1　シナリオ・プランニング年表

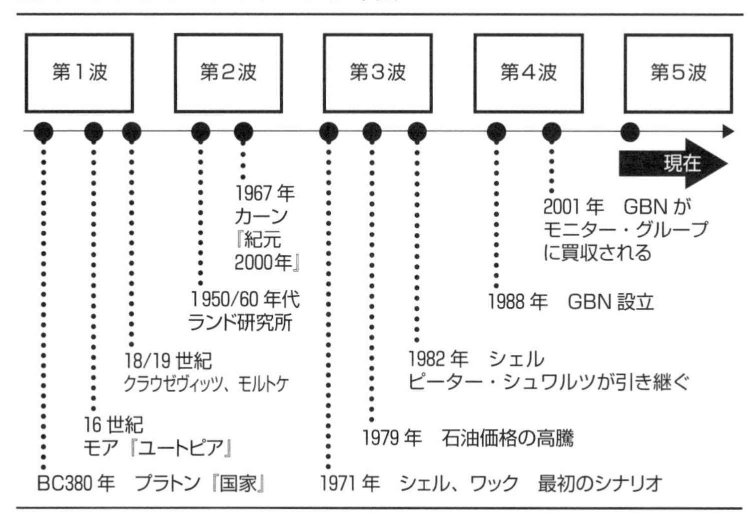


ア』[31]では16世紀の理想的な社会が描かれている。一方ジョージ・オーウェルはディストピア小説『一九八四年』[32]で暗い監視社会を表現した。シナリオを戦略的プランニングのツールとして用いる起源は軍にある。軍事戦略家は実際の行動に先立って仮定にもとづいたアナリティクスをするために、シナリオを用いて軍事シミュレーションを行った。軍事には長い歴史があるが、シナリオが文書に現れるのは、18世紀から19世紀にかけてのプロイセンの将校カール・フォン・クラウゼヴィッツ[33]とヘルムート・フォン・モルトケ[34]の著作が最初だ。また、戦略的プランニングの原則を述べたのも彼らが初めてだった[35]。

第2の波は現代のシナリオの形式で、第二次世界大戦直後に始まる。アメリカ空軍はシナリオを敵軍の競争反応を想定するという目的で使った。目指したのは将来の最善の武器システムを探ることだった。その任務には高いレベルの不確実性がつきまとった。とりわけ武器開発の過程は(現在でもそうだが)リードタイムが長く、その結果もかなり不確実だった。コンピュータ・シミュレーションが可能な今日でも、軍事プロジェクトは複雑で、失敗は大きなニュースになる（例えば、軍事輸送機エアバスA 400 M[36]）。さらに、第二次世界大戦後には冷戦の開始によって国際政治が過渡期にあり、将来の政治状況は不透明だった。武器の効率性は武器そのものの性能と、敵国の対応によって決まる。そのため米軍は、あらゆる思考を含みつつ、それらを整理し、武器システムの候補の結果や効果を試すことのできる方法を必要としていた。こうした要求から、1950年代から60年代に、ランド研究所によってデルファイ法が開発された。ランド研究所は1946年にアメリカ空軍とダグラス・エアクラフト社によって新しい形の軍事テクノロジーを研究するために設立された組織だ。ここでは、異なる意見を統一するために、計画的に相互にコミュニケーションを取る。専門家は複数回の質問に答えるが、その際、前回寄せられたすべての専門家の予測とその理由が匿名で提示される。こうした過程を経ることの意図は、専門家たちに自分の回答を練り直すよう促し、それらを集団としてひとつの答えにまとめていくことにある[37]。ランド研究所の武器開発プログラムへの参加者のなかに、ハーマン・カーンがいた。デルファイ法やシステム分析の手法に触発され、「ランド研究所の民間防衛と戦略的プランニングの一流権威者」だった彼は〝未来・現在〟思考法という方法を考案した。それにより、深いアナリティクスと想像力が融合され、未来の人々によって書かれたとも評される報告が生まれた[38]。カーンは事実と論理をつなげることで、アメリカの軍事戦略が正当な根拠によって適切な思考を経たものではなく、希望的観測や、さらには空想にもとづいたものだったことを示した。これが、考えられないものを考えることや「計算ミスによる核戦争」の結果起こるシナリオを作成するといった彼の業績の基礎になった。1950年代にはすでにこの方法が存在したが、カーンが一般に注目されるようになったのは、1960年に『On Thermonuclear War／熱核戦争論[39]』を発表してからのことだ。この研究は、人々の認識を促すことで核戦争を抑止することが目的だった。1950年代に防空ミサイル防衛コマンド（大規模な初期の警報システム）の任務でこの思考法を使いはじめたとき、ハリウッドでは〝シナリオ〟という言葉はすたれていた（〝スクリーンプレイ〟という言葉に代わっていた）ため、カーンはそれを自分の方法の名前とした。映画や演劇で脚本を意味していた〝シナリオ〟という名称には、シナリオの持つフィクション的な性格を示し、正確な予測ではなく調査の必要なストーリーとして理解してほしいという意図が込められていた[40]。

1960年代にカーンはランド研究所を去り、ハドソン研究所を設立した。この研究所の目的は、考えられないものを考えるクライアントをサポートするために、未来についてのストーリーを作ることだった。民間に移ったカーンは、シェル、コーニング、IBM、ゼネラルモーターズなどをクライアントとしてシナリオを発達させた。1967年には『紀元2000年』を出版し、「いかにしてひとりの人物の思考が企業の計画の潮流を作りだしたか」を明らかにした。テッド・ニューランドはこの本を、従業員に未来について考えさせるための出発点とみなした――こうして、シェルのシナリオ・プランニングは刷新された[41]。

カーンと同時に、同僚のオラフ・フェルマーとテオドール・ゴードンもランド研究所を離れ、未来研究所を立ちあげた。彼らはスタンフォード研究所（SRI）やカリフォルニア工科大学の研究員とともに、政治や経済における様々な要因の影響をこうむる民間の顧客に対して長期的な計画を提示した。彼らはシナリオ・プランニングによって大規模な社会的変化をアナリティクスし、それに対処するための計画を立てた。例えばアメリカの教育環境について、SRIは人口増加や環境破壊など数多くの要因を考慮し、2000年までの５通りのシナリオを作成した。そのなかから〝公式〟の未来がひとつ選ばれ、それ以外のものはほぼ無視された。ニクソン政権が成立したとき、〝公式〟の未来がアメリカ合衆国教育省にもたらされたが、現政権の政策とあまりに齟齬をきたすため実現は不可能だとみなされた。だがSRIや、ウィリス・ハーマン、ピーター・シュワルツ、トーマス・マンデル、リチャード・カールソンら最先端の未来学者は諦めることなく、アメリカ合衆国環境保護庁などに関わる仕事をした。シナリオ分析を推進したのはカーンとSRIだけではなかった。マサチューセッツ工科大学のジェイ・フォレスター教授も同じような思考法で需要と供給について記述していた。彼の方法は、シナリオによってモデルを作成することにより、同時に成長の性質への理解を促し、議論を活性化することを目指している[42]。

シナリオ・プランニングの第3の波は、ロイヤル・ダッチ・シェルで始まった。1955年まで、シェルは物的な計画しか立てていなかった。だがその後の10年間で、計画の中心はプロジェクトごとの財務に移っていく。1965年に、シェルは採掘からガソリンスタンドにいたる石油のバリューチェーン全体に関する情報を提供する統合プランニングシステムを導入した。それは全世界での活動を含む6年間の計画だった。初年度はかなり詳細に立案されるが、その後5年間の計画は幅広い。シェルは石油業界で長期的にビジネスを行っていることから、6年計画では短すぎると判断した。そこで1967年に「2000年」という研究を立ちあげ、西暦2000年の世界の姿を研究しはじめた。これによって、石油業界の毎年の成長はおそらく2000年までは続かないことがわかった。また、石油価格は不安定になり、ライバルとなる代替燃料は買い手市場から売り手市場に変化すると推測された。さらに、石油業界では企業が巨大化し、余裕をなくして敏捷に動けなくなり、恐竜のように急速な状況の変化について行けなくなるだろう。そのためシェルは、各国の多数の傘下企業に、15年という期間で計画と予測を行うホライズン計画に参加するよう促した。ハーマン・カーンの方法に触発され、シェル・フランスの主任エコノミストだったピエール・ワックはシナリオを作りはじめた。彼は経済学者だったが、経済学のモデルは思考法としては貧弱で、直感をあまり頼りにしないため、高い付加価値のある方法ではないとみなしていた。当時のフランスは、天然ガスが手に入るものの利用は進んでおらず、天然資源に関する政治的な議論の将来も不透明だったため、実験場として最適だった。最初の試みは、洞察も既知の範囲内から出ず、すでに知られた不確実性をつなぎ合わせただけの失敗に終わった。しかし、方法を適用することへの理解は得られた。その後、彼のチームはフランスのエネルギー市場をとりまく様々な不確実性への理解を掘りさげていった。

ホライズン計画の失敗により「2000年」計画の調査結果の正しさが証明されたため、シェルは1971年に企業の計画と将来の発展に関する思考法を改善するため、実験的にシナリオ分析を用いるようになった。初年度は慎重を期して、それまで使われていた統合計画機構も同時に行った。グループ・プランニング部門の共同研究者だったピエール・ワックとテッド・ニューランドは石油価格に影響を与える様々な要因や出来事などの力をさらに広く調べはじめた。目的は、石油業界に混乱や変化が起こったとき、対処するための十分なリードタイムを取ることだった[43]。

第二次世界大戦後、石油価格の上昇は緩やかだった。石油は先進国経済の潤滑油であり、各国はその価格の低さに大いに依存していた。ところが、グループ・プランニング部門が設立されたころには変化の兆しが現れていた。アメリカでは石油確認埋蔵量が減少し、OPECの加盟各国は輸入国に対して価格を上げることでアラブ世界に優位をもたらそうとした。ワックは、シナリオを使えばシェルの管理職の注意を引き、戦略的な行動を促せることに気づき、シェルでの最初のシナリオ・プランニングの際にそれらの要素をすべて組みこんだ。彼らは2000年までという長期間に石油価格を動かす可能な要因を調査した。アナリティクスにより判明したのは、先進国が大きく依存する石油価格を上げることで、石油輸出国が市場で強い力を得る可能性があるということだった。ただし、将来何が起こりうるかはわかったが、それがいつ起こるかについてはなんの指標も見つからなかった。だが、石油価格の契約については、1975年にテヘラン協定の再交渉が行われるため、大きく価格が上がることが推測できた。そこで調査が行われ、ふたつのシナリオが作成された。ひとつは新しいテクノロジーが生みだされ、非OPEC諸国で新たな石油資源が発見されることで安定した石油価格が継続する世界。もうひとつは反対に、OPEC諸国が石油価格をつり上げた世界だ。シェルの意思決定者たちの前でそれを発表すると、重役たちはシナリオ・プランナーの話を注意深く聞き、その成り行きが持つ自分たちのビジネスへの大きな影響に気づいた。だが、決定を行使するための根拠がまったくない不確実性に直面していたため、従来どおり、何の変化も起こさなかった。そのため、ワックは未来をより鮮やかに、想像しやすい形で提示するためにストーリーを使った方法に転換し、シェルの意思決定者たちが自分たちの置かれた不確実な状況への理解を深められるようにした。これはタイミングのよい行動だった。1973年には第四次中東戦争が勃発し、石油価格は4倍に跳ね上がり、インフレが進行した。これにより市場の様々な参加者が過剰反応し、インフレ率をさらに高めた[44]。

1974年半ばまでに、石油の需要は生産可能量を下回り、ドミノ効果によってデフレを引き起こした。シェルは計画のおかげで変化する環境にいち早く適応した。シナリオ・プランニングをそれまで以上に活用したからだ。彼らは経済が再膨張することには気づいていた。ただそのタイミングはわからなかった。経済成長に失速の兆しが見えたとき、シェルの経営者はビジネスプランに従って変化を予測し、石油価格が跳ね上がった1979年には利益を確保した。このシナリオと経営者の機敏な対応によって、大手国際石油資本7社〝セブン・シスターズ〟のなかで弱小だったシェルは、上位2強の一角にまで成長した。さらに、シナリオによる戦略的優位によって、シェルは当時の石油企業のなかで最大の収益を上げるようになった[45]。シェルはシナリオ分析によって石油業界における地位を確保した。そしてビジネス界でもシナリオの中心的な利用者となり、そのさらなる発達を促した。いくつかの行動で業界全体が大きな変化を被る石油業界は、シナリオを適用するにはうってつけだった。テクノロジーがもたらす変化によって、過去の知識がひっくり返ってしまうことさえある。石油開発によってアメリカで起こった石油ブームもそのひとつだ。アメリカの石油生産がサウジアラビアの減産を補えるなど、数十年前には誰ひとり考えもしなかったことだった。

シェルがシナリオを利用していたのと同時期に、ゼネラル・エレクトリック（GE）も世界やアメリカ国内の政治的、経済的進展に関してシナリオを使っていたが、GEのイアン・ウィルソンのチームは一般にはあまり知られていないのに対し、シェルはシナリオの利用によって名を上げている。直感的な論理に従うシナリオはしばしばシェルの手法とみなされている[46]。この成功により、多くの企業が長期的な思考を取り入れ、シナリオ・プランニングを行うようになった。1970年代の石油危機後、アメリカでシナリオを利用する企業は倍増した。そのころにシナリオを使っていたのは、航空産業や石油産業など、長いリードタイムを必要とする大資本の産業だ[47]。例えば、エアバスA380は1980年代にフィージビリティスタディが行われた。その後、エアバスは最大のライバルであるボーイングと大型輸送機を共同開発しようとした。ところが1995年にこの交渉が決裂すると、エアバスは自前での開発を目指して大型機部門を設置した。この飛行機の初飛行は2005年4月27日で、2007年10月に最初のA380がシンガポール航空に引き渡され、10月27日にシンガポールからシドニーまでのSQ380便で就航した[48]。1980年代初めには、フォーチュン1000の全企業のうち半数がシナリオ・プランニングを取り入れていた。しかしこの成功は長続きせず、1980年代の景気後退で社員の数が減らされ、コストカットが行われると、シナリオは下火になった。その原因は景気後退だけではなく、過度に単純化されたシナリオの利用によって、プランナーがシナリオというストーリーと定量化された予測を混同したことも一因だと主張する人々もいる[49]。

1980年代なかばにシナリオ・プランニングの第4の波が始まった。ピーター・シュワルツは、シェルのシナリオ・プランニング部門を（1961年から1982年まで率いた）ピエール・ワックから引き継いだ。ワックはシェル・フランスでの最初の10年をチーフ・エコノミストとして過ごし、その後シナリオ・プランニングを行っていたロンドンのグループ・プランニング部門のリーダーになった[50]。シュワルツは1972年にスタンフォード研究所に入っている。そこで戦略的プランニングと未来学を研究し、シナリオ・プランニングを開始した。スタンフォード研究所で戦略的環境センターの所長になったが、1982年にシェルに移籍し、シナリオ・プランニングのチームを率いた[51]。シュワルツのもとでも、シェルのシナリオ作成は成功した。チームは石油価格が1バレル16ドルまで下落する可能性を含む3つのシナリオをシェルに提示した。経営陣はこれを真摯に受けとめ、価格が下落すると会社は投資を控えた。1980年のイラン・イラク戦争後、同業他社が石油の備蓄を増やしたのに対し、シェルは1986年に価格が下落する前に過剰な在庫を整理した。この下落を予測していたシェルは、35億ドルの投資で油田を購入し、ライバルに対して長期的なコスト優位性を保つことができた。シェルでのシナリオ分析の成功により（彼はソヴィエト連邦の崩壊も予測していた）、シュワルツはさらに多くの企業に長期的な計画を提供するようになり、1987年には4人の同僚とともにコンサルティング会社GBNを設立した[52]。目的は、変化する、不確実な世界で訪れるチャンスを企業が捉えられるようにすることだった。彼らはコンサルティングにとどまらず、先見の明がある指導者を育成し、彼らのネットワークを確立した。彼の同僚には以下のような人々がいた。

- ジェイ・オグルビー：イェール大学の元哲学教授でSRIで価値とライフスタイル研究のリーダーだった。
- ネイピア・コリンズ：シェルのグループ・プランニング部門で30年間勤務し、ピエール・ワックの当初のシナリオ・プランニング・チームにも参加していた。

- スチュアート・ブランド：カウンターカルチャー雑誌『ホール・アース・カタログ』の創始者、編集者。知性と見識を持つ世界中の人々が参加するオンライン・コミュニティであるWELLやロング・ナウ協会の共同設立者でもある。
- ローレンス・ウィルキンソン：映画、テレビ、デジタル・エンターテインメント会社コロッサル・ピクチャーズの社長[53]。

シェルでの実績が実業界に認められ、GBNは最初から多くの顧客を獲得した。また戦略論の権威マイケル・ポーターは、影響力のある著作のなかで、外的な力が企業をとりまく環境の基礎となると述べていた。こうした状況で、意思決定者たちはアウトサイド・インの思考を意識するようになり、純粋な外挿法よりもよい計画立案の方法を探しはじめた。これによってより多くのコンサルティング会社が再度シナリオを取り入れ、シナリオ分析はふたたび盛んになった。GBNは一般の議論からは離れたところでさらに思考を深めるために、様々なマインドセットと背景を持つ人々を集めた。そして奇妙とはいわないまでも多様な要素を含んだ、シナリオ分析を体系化したコンサルティング会社とみなされた。ピーター・シュワルツの『シナリオ・プランニングの技法[54]』はおおむね、世界中のリーダーや組織にシナリオ分析という発想と言葉を知らしめた重要な著作だと考えられている。GBNの本社はカリフォルニア州エメリービルの、ベイブリッジの脇の工場跡地にあった。100以上の顧客を抱え、民間ではIBMやAT&T、さらにアメリカ国防省、CIA、シンガポール政府、全米教育協会など、公的部門にも強い地盤を持っていた[55]。GBNは2001年に戦略コンサルティング会社のモニター・グループに買収され、さらに2013年には世界的なプロフェッショナル・サービス・ファームのデロイトに買収された[56]。

GBNはコンサルティング業務だけでなく、映画製作によって大きな知名度を獲得した。ドリームワークスとともに、彗星が地球に衝突すると知ったときに人々がどう行動するかを描いたSFパニック映画『ディープ・インパクト』の製作に携わった。この映画はシナリオ作成の基本的構造、つまり「what if」の問いによって作られている。ピーター・シュワルツなどGBNの社員はその大きな貢献により、映画のクレジットで紹介されている。『マイノリティ・リポート』では、ピーター・シュワルツほか20名の未来学者がチームを組み、2058年の世界のシナリオを作った。シュワルツによれば、基本的なストーリーを除き、映画内のあらゆる細部を未来学者のチームが考えたという。彼らは『スニーカーズ』や『ウォー・ゲーム』などの映画にもコンセプト段階で協力している[57]。

かつてシナリオを利用していたのは、資源を持ち、新しいツールを試すだけの動機がある大企業が主だった。だが数十年を経たいまでは、過程の無駄が省かれ、情報技術が発達したことにより、小規模なビジネスでも簡単に利用可能になっている。デジタル革命が起こる前にも、ピーター・シュワルツが『シナリオ・プランニングの技法』に書いたように、スミス&ホーケンのような小企業に適用されたこともあるが、かなり稀な例だった。

シナリオ・プランニングは歴史的に激しく浮き沈みしてきた。今世紀最大の破壊的な惨事のひとつである9.11のテロ攻撃によって、様々な出来事が連鎖的に発生し、その影響はいまも続いている（ヨーロッパ難民危機や中東情勢の不安定さ、ISISの勃興など）。不確実性のレベルは高まり、意思決定者は外的な混乱に答えを与えてくれる確固たる結論に頼った。コンサルティング会社ベインが隔年で行っている経営ツールとトレンドに関する市場調査では、調査対象の経営幹部のうち70パーセントがシナリオ・プランニングを導入しており、1999年の30パーセントから上昇している。シナリオ・プランニングは2007年の世界的な経済危機が始まった時点でも広く使われていた。しかしベインの報告書によれば、その後はほかの経営ツールとともに利用が減少した。デロイトの企業戦略の専門家で著書もあるマイケル・レイナーは、「洪水の保険のようなものだ。洪水があった翌年に、みな怖くなって保険を買ったんだよ[58]」と語る。だが、本書をここまで読めば、それは根本的な原因を放置したまま対症療法に頼っているにすぎないとわかるだろう。理想をいうなら、プランナーが一連の出来事について思考し、直接行動できるように、シナリオ・プランニングは大きな出来事のあとに行われるべきだ。だが、現状ではプランナーはそれを不確実性のなかで前に進むために症状を抑える薬として使っている。ベインによる経営ツールとトレンドに関する調査を以下のように表にしてみた（図2）。

図２　経営ツールの利用

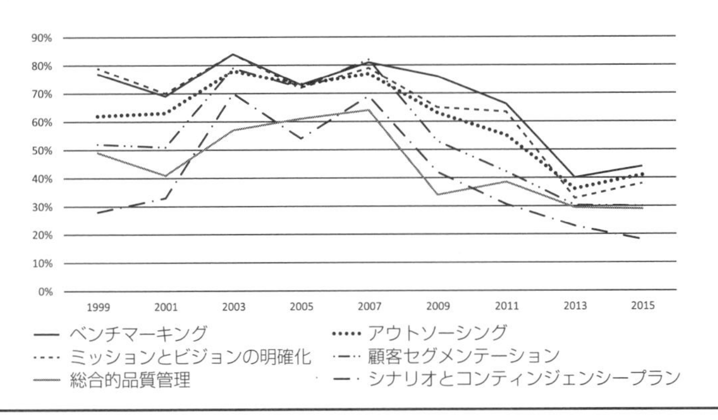


出所：ベイン社の経営ツールとトレンド調査にもとづき、本書の著者が作成した図

2008年にコンサルティング会社マッキンゼーが行った研究「世界的なトレンドのなかで各企業はどのように行動しているか」によると、ビジネス界の経営幹部たちはシナリオ・プランニングを、あらゆる角度から情報の波が押し寄せ、壊滅的な結果をもたらす突然の混乱が生じる世界で勝ち抜くために、欠かすことのできないツールだと評価している。調査に参加した経営幹部のうちほぼ70パーセントが､過去５年間で企業戦略におけるグローバルトレンドの重要性は増した、あるいは大幅に増した、と回答している。それでも、この調査では混乱の認識と実際の行動の間にギャップがあることがわかる。経営幹部の75パーセントほどが、技術的イノベーションの加速と情報の増大が自社の利益に影響を及ぼすと述べているが、そのふたつの動向に対応した動きをしているのはわずか50パーセントにすぎない[59]。

2010年には、マッキンゼーの報告「グローバル・フォース：イントロダクション」によれば、経営幹部は行動においてビジネスに影響を及ぼす世界的なドライバーをますます意識するようになっている。回答者のおよそ75パーセントが、先進国から発展途上国の市場に軸を移していると答えている。また66パーセント近くが、世界経済の緊密なつながりを取り入れており、およそ50パーセントが、必要とする資源の増加に対し供給が制限された場合の対処をしている[60]。

シナリオ・プランニングの第5の波は出現したばかりだが、今後の意思決定を大きく変えていくだろう。AIの発達と新しいデジタルテクノロジーの出現はシナリオの作成方法だけでなく、その読み方も変える。以下では、この第5の波がどのように登場したか、そしてどのように戦略決定を変えるかを見ていこう。

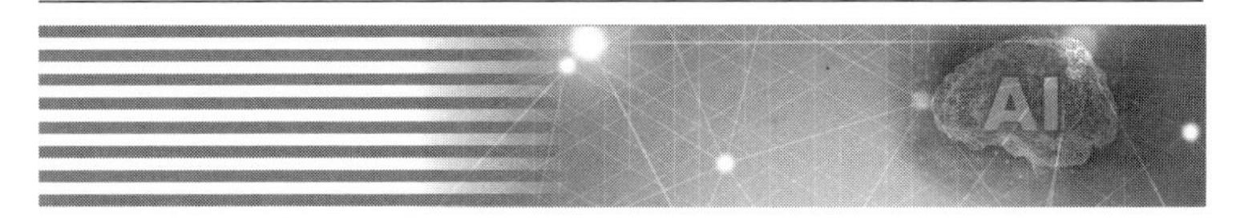


# シナリオ・プランニングの適用

シナリオ・プランニングの最終的な目標は、SFのような未来のストーリーを作ることではなく、世界と自分たちをとりまく環境についてより深く理解することだ。利用法は明確で、不確実性や競争が存在する幅広い状況に適用できる。戦略の提示は、直近または将来の意思決定を改善するのに有効だ。シナリオ・プランニングは複雑に変化する世界の長期的な見通しを秩序立てて構成でき、行動の確固たる足場になるからだ。そのため、市場参入や製品ラインの変更、大規模な投資といった、長期的な視野を持つ大規模な問題に関する戦略的な疑問にとりわけ効果を発揮する。そうした決定は組織の成功や存続に大きな影響を及ぼす。さらに、すでに述べたように、シナリオは企業の戦略ツールであるだけでなく、プライベートな事柄での大きな決断にも役立つ。ビジネスでもプライベートでも、多くの問題は答えが出て結果がわかるまで時間がかかる。シナリオは、戦略や戦略的な問いを立てる必要がある様々な領域で利用できるのだ。シナリオを使うことで特定の問題に光を当て、意思決定を促進し、戦略的な課題を設定できる。また、個々の意思決定に役立つだけでなく、シナリオ作成を超えた戦略的な会話のためのプラットフォームとして、意思決定者同士が推測を述べ、見解を一致させる場ともなる。さらに、「what if」を考えるという原則にもとづき、いくつかの要因が組み合わせられたときに事態はどう展開するかを調べることで、リスクやチャンスを評価できるため、シナリオはリスク管理ツールとしても使うことができる。将来起こりうる結果をシミュレートし、成功するために当初の発想をどう修正すればよいかがわかる。世界に対する認識とリスク軽減を結びつけることによって、シナリオはまた、既存の戦略をテストし、その堅牢性、つまりそれがある事態の展開に対してどの程度的確に対応できるかをアナリティクスするために使うことができる。戦略や戦略的な発想をシナリオに取り入れ、ストレステストで発見したその弱点を埋めれば、その戦略が抱える将来の問題の芽を潰すことも可能だ。

様々な角度から適用することで、シナリオには多様な役割があることがわかってきた。テクノロジーの未来予測を行っている未来学者スティーヴン・M・ミレットによれば、シナリオは将来のビジネス環境を描きだし、それにより戦略的選択の評価を行うことで、戦略的思考に役立つ[61]。シナリオ・プラクティショナーのギル・リングランドは、将来の議論のツールとして有効であるためには、シナリオは組織の懸案事項に組みこまれる必要があると述べている[62]。コンサルタントのマッツ・リングレンとハンス・バンドホルドにとって、シナリオは戦略的な堅牢性と現実への対応を高めるものだ[63]。トーマス・J・チャーマックとルイス・ヴァン・デル・メルヴェというふたりの研究者は、シナリオを「意思決定者の推測を変化させることによって、組織学習を可能にする戦略的な会話」とみなしている[64]。ここから、シナリオにはふたつの面で効果があると考えられる。それがもたらす成果はもちろんだが、作成の過程そのものも重要性ではまったく劣らないのだ。

企業のM＆Ａにおいては、長期的な射程を持ち規模が大きいため、多くの場合、環境や様々な要因がどう働くかを深く理解しなくてはならない。これまでにも、1907年のシェルとロイヤル・ダッチの合併など、豊富な成功例がある。統計データによれば、1990年から1999年の間に行われた、59産業1,305件のM＆Ａで、株主には平均して3.5パーセントの利益が生じている[65]。一方、ダイムラー・クライスラーのように、完全な失敗で悲惨な結果をもたらした例もある。ダイムラーとクライスラーは完全な統一を達成できず、この合併の目的だったシナジー効果は生まれなかった。また、合併に関連した株主の損失は増加しているという研究もある。1998年から2001年までに、買収側の企業の株主は、M＆Ａの発表時に買収額１ドルに対して平均12セント、合計で2,400億ドルの損失を出している。1980年代には損失の合計は70億ドルで、買収額１ドル当たりの平均は1.6セントだった[66]。こうした成功例と失敗例を考慮したとき、企業は合併を進めるべきなのだろうか、それとも思いとどまるべきなのだろうか。M＆Ａの取引はポートフォリオ戦略の結果であり、意思決定者はポートフォリオの構築を検討する必要がある。もうひとつ企業にとって重要なのが調達であり、自社で製造するか外部から購入するかを判断しなければならない。既存の分析方法だけでは、こうした問いに答えるのは難しい。M＆Ａの交渉のような、大きな、長い射程を持つ決定に影響する不確実性をすべて明らかにするのは、これまでの調査だけでは不可能だ[67]。企業レベルの決定だけではない。プライベートでも、学歴や結婚、転職といった数多くの例がある。いずれも、シナリオを利用することで対処は容易になる。

シナリオ作成プロセスには多くの側面があり、チームで創造性を出しあい、組織が現在直面している、あるいは今後直面する可能性のある不確実性を協力しあって調査しなくてはならない。シナリオは当初、意思決定のツールとして発展してきたが、現在では調査が主となる場合と意思決定を志向する場合に分けることができる。

シナリオを用いた調査により、既存のシステムの複雑性を減少させ、意思決定を促すことができる。秩序だった方法で未来についてのメンタルモデルをより正確に構築し、それまで意識されていなかった可能な未来について考慮することで、過信に陥る危険が減らせる。さらに調査に特化した適用方法として、組織学習への利用がある。シェルの元コーポレート・プランニング部門責任者アリー・デ・グースはこれを、「マネジメントチームが自社やマーケット、競合他社に対して抱いている共通のメンタルモデルを変えるための過程」と定義している[68]。組織学習を適切に行うための過程には、3つの段階がある。第1にメンタルモデルの描きだし、第2に既存のメンタルモデルへの挑戦、第3に既存のメンタルモデルの改善だ。これらの段階はすべて、メンタルモデルの調査や熟考、構築のツールとして利用できるシナリオ・プランニングによって行うことができる[69]。

だが、シナリオを作成する以上に困難なのが、経営者の気持ちや思考を変えることだ。それゆえ、意思決定者やリーダーをシナリオ作成に参加させ、自分が想像したり思いだしたりしにくいものを過小評価する「利用可能性バイアス」を克服しなければならない[70]。シナリオ作成に参加することで学び、それを自分のこととして考え、利用可能性バイアスを克服することができる。経営者が作成に携わっていないシナリオは、拒否されて失敗に終わるだろう。シナリオの教祖ピーター・シュワルツは、シナリオを戦略的会話における積み木と定義している。そのひとつひとつが、重要な問いに関する組織学習を刺激するからだ。経営幹部はそれを通じて変化を理解し、予測できるようになる[71]。

シナリオ作成の参加者は、トピックに関する情報を集め、認識を新たにするとき、現在の思考を超えた戦略的な思考に目を開かれるため、未来を見る立場が根本的に変化する。ここまで到達することが、シナリオ・ファシリテーターが直面する大きな困難のひとつだ。経営者が不確実性に形を与えることができたとき、シナリオは成功したといえる。これは現在の発展について正確なアナリティクスを行い、経営者の認識が間違っていたり、十分に事実にもとづいていないときには世界についての前提を変えることができるかどうかにかかっている。また、信念を確認することで仮説が確固たるものになることもある。

シナリオ分析を調査目的で適用することで、結果としてイノベーションや創造性、新たな解決策が得られる。いくつかの異なる、もっともらしい未来を見通すことは、脅威やチャンスを見つけるのに有効だ。そのなかで、成功をもたらすイノベーションに欠かせないチャンスと出合えるだろう。これと密接に結びついているのが、外的なリスクからビジネス上のリスクを察知することだ。また、未来の世界で成功するための新しいアイデアを生みだす、シナリオにもとづいたイノベーションを生みだすこともできる。参加者は与えられたシナリオのなかで実際に自分が行動することを想像し、そのシナリオ内で勝者になるためには何が必要かを考える。一方、意思決定志向のシナリオ分析では、関係者に共有される新たなビジョンが生まれる。シナリオ作成の過程では、安全な環境のなかで、極端な場合を思考し、平均的な戦略の議論では無駄と思われてしまうようなアイデアを交換し、通常の計画を超える範囲まで考えることができる。シナリオは全体として、問題を理解するのに有効だ。既存のアイデアと新しい認識や洞察を結びつけることで、人々の協力によって、それまでは誰も思いつかなかった解決策が生まれる。さらに、シナリオによって堅牢で柔軟な戦略を作ることや、不確実な状況での決定が可能になる。成長のチャンスや将来起こりうる罠を見つけられる。不確実な環境で成長しようとするとき、企業の前には重要な決定を迫られる場面が現れる。ビジネスがコモディティ化されるのではないか。デジタル化による混乱が生じるのではないか。あるいは、新規参入者が現れるのではないか。また、シナリオ・プランニングによって、新しいマネジメントチームの視点を統一することができる。新任のCEOはマネジメントチームの視点をテストし、彼らが考える未来が自分と合っているかどうか、戦略を変更すべきか、マネジメントチームは成功を収められるかどうかを確認できる。

シナリオによって意見の異なる人々をひとつにした、おそらく史上最高の例は、1991年に南アフリカで作成されたモン・フレールのシナリオだろう。それに携わったのは様々な社会から来た22人の著名なリーダーからなる多様なグループだった。コミュニティや連邦の活動家、政治家やビジネスリーダー、さらには学者など、あらゆる思想を持つ人物が集まっていた。当時、ネルソン・マンデラが釈放され、アフリカ民族会議などの政党や組織が合法化され、全人種による最初の選挙が計画されていた。挙国一致で、アパルトヘイト体制の終結後のことが議論された。彼らは４つのシナリオを作成した。

- 現実逃避（ダチョウ）：南アフリカではこの危機を解決するための交渉は行われず、国民を代表しない政府が存続する。
- 死に体（レームダック）：交渉による解決が行われるが、新しい政治権力への移行は遅く、決断力に欠ける。またこのシナリオには富の再分配が含まれている。
- イカロス：早い権力移行が行われるシナリオで、国家は持続不可能な、ポピュリスト的経済戦略を取る。
- フラミンゴの飛翔：持続可能な政府戦略が達成され、発展と民主主義への統合されたルートを進む。

のちに、モン・フレールのシナリオは広く公開され、南アフリカ全土で国の将来についての議論を促す共通の言語、マインドセットになった。このシナリオは大きな成功を収め、南アフリカがその後達成する民主的な「虹の国」への道を開いた[72]。

業務上、頻繁にシナリオを使うのは産業団体や（数十億ドル規模の多国籍企業から、中小企業までの）企業だ。しかし、シナリオは企業だけではなく、政府や政府機関、あるいは非政府組織（NGO）など、ほかにも様々な場所で使うことができる。シナリオの過程には多くの組織を取りこみ、共通の理解を引きだすことができるため、単一の組織に限定する必要はない。また、家族やキャリア計画など、個人的な決断にも利用できる。作成過程への参加者と完成したシナリオの読者は様々だ。専門知識を持つ読者向けの場合もあれば、より広い、一般的な読者に向けた場合もある。

以下のチェックリストを活用し、状況がシナリオに適しているかを確認してほしい。シナリオはこのような場合には使うべきではない。

- 組織やその戦略の中心的な問題を扱っておらず、明確で単純な解決策が見つかる。
- 戦略的問題の結果が内外の要因によって予測できる。
- 意思決定者が現状を好み、変化を推進しない。
- 計画段階で緊急性のレベルが高く、参加者に一歩離れて潜在的な展開の可能性を考える余裕がない。
- 必要なものがそろっても望まれた結果が得られないとき。

シナリオはどんな意思決定にも適用できるが、シナリオを使うべき状況の重要な特徴について強調しておきたい。

- 解決法がはっきりとしない戦略的な課題である。
- 環境はかなり不安定で不確かであるか、大幅な変化をこうむっている。
- 意思決定者がシナリオをサポートする。
- 変化と議論に対して開かれた組織。
- 推進するために必要な資源が手に入る。
- 満足のいく、合理的なオプションがない。
- 共通の理解や共有された願望や見解がない。

シナリオは強力なツールだが、思考を変える（あるいは少なくとも既存の見解やマインドセットへの疑問を引き起こす）、または既存の見解を妥当なアナリティクスによるチェックによって確固たるものにし、よりよい結果をもたらす行動を促す場合にのみ有効だ。

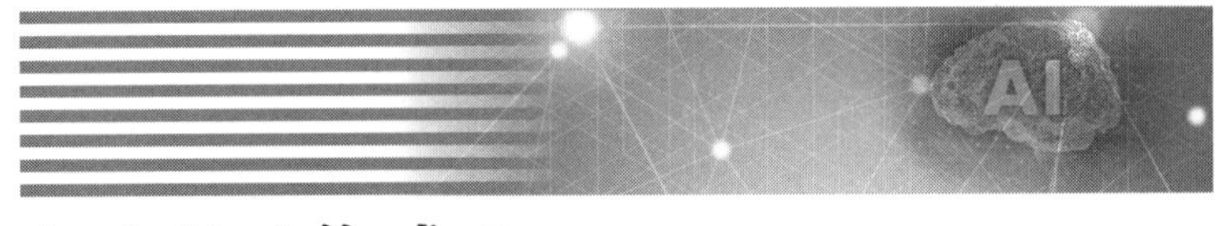


# シナリオ作成のガイドライン

ピエール・ワックによれば、シナリオ・プランニングは「変化と複雑性、そして不確実性のなかで」創造性を与え、起業家的な思考を促す方法だ[73]。わたしたちの考えでは、これが達成できるかどうかは以下の７つの原則に従うことにかかっている。

- 長期的な視野に立つ
- アウトサイド・イン思考
- あり得るシナリオ
- 全体的な視点を持つ
- 不確実性を受け入れる
- ズームアウト・ズームイン
- 機械の客観性と人間の直感の融合

作成するシナリオの数と、多様で開かれた、創造的なチーム構成もまた大きな意味を持つ。

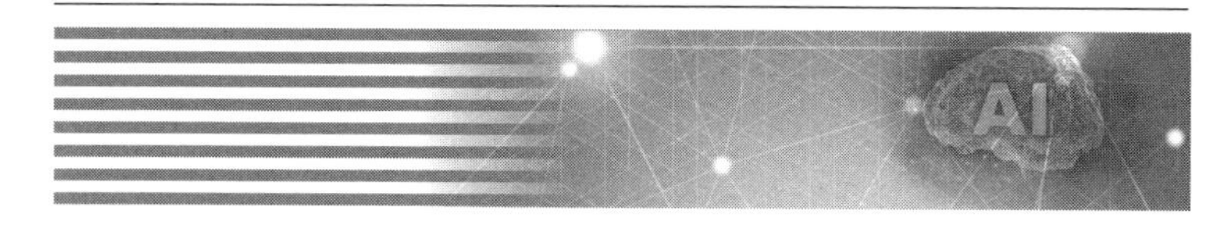

# 長期的な視野

組織における日々の業務は、しばしば短期的な行動と緊急の必要性に左右される。企業ならば株価、政府ならば選挙といった、短期的に目に見える結果を出したいという期待に追い立てられ、計画の射程は近視眼的になり、戦略を短期的な計画のなかに制限してしまいがちだ。だがシナリオ・プランニングではそうした短期的な欲求の先を見すえ、新しいオプションやチャンスについて調べ、「what if」の問いを抱くことが求められる。参加者は、現在の状況の先まで思考しなくてはならない。さもないと、「口にパンチをもらうまでのことは、誰だってプランを練ってくる[74]」というボクシングの元世界ヘビー級チャンピオン、マイク・タイソンの言葉どおりになってしまう。長期的な視野は、急を要す問題ほど重要でないように思えるかもしれないが、好ましい状況を保ち、重要な変化を促すために欠かせない。長期的な視野が組織に活力を与えるのは、以下の理由による。

- 根本的な問題により情熱的に、前もって対処する。
- 困難やチャンスが訪れたとき、それをより明確に認識する。
- シナリオがなければ生じていない、長期的な結果や潜在的な予定外の結果を考慮する。

こうした要因は、より多くの、(例えばドイツ経済を支える中堅企業など) 中小規模の企業でシナリオ分析を使うための根拠になる。こうした企業はすでに完全なマインドセットを持ち、数カ月、あるいは数週間ではなく、数世代先のことまで考えている。オーナーは大株主であることが多いので、高いリスクを引き受けることができる。シナリオはこうした企業の意思決定をサポートする完璧なツールだ（第3章ではこの点を時間という観点から詳しく考察する)。

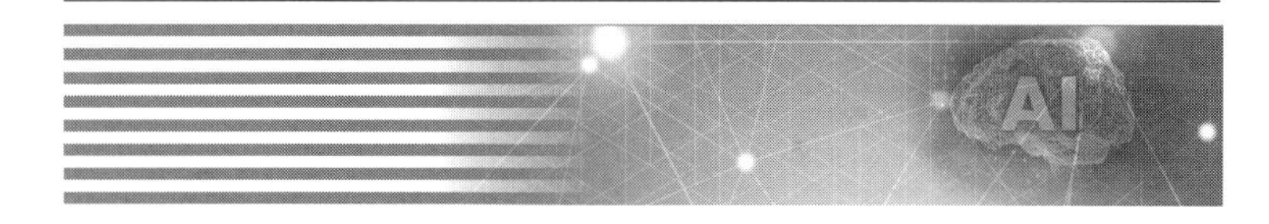


# アウトサイド・イン思考

個人であれ組織であれ、予想外の出来事が起これば慌てふためく。通常はほとんど、自分自身の分野や組織で意識されている、認識可能な要因だけが頭にあるからだ。意思決定の過程は多くの場合、自分で制御しやすい内的な要因から始められ、その後、自分が構築しようとするより広い世界へと向かうという順序で行われる。顕在化した需要に応じるというサイクルにとらわれた組織にとって、組織の視野に収まっている制御可能な領域は狭いため、不意打ちを食いやすい。アウトサイド・イン思考はそれとは逆に、組織に長期間にわたって大きな影響を及ぼす、外的な要因を評価することが出発点になる。例えば、一見大きな意味はなさそうだがサービスの提供に優位に働くかもしれない技術的イノベーションや、予想外の社会的必要性を生みだしうる地政学的変化などだ。アウトサイド・イン思考はそうした〝意外な〟可能性を予測し、それに備えるのに役立つ。それは図３のように、「組織環境の同心円」のフレームワークで説明することができる。

- 中心には組織の特徴やそのときの特定の問題がある。
- 間にある円は、パートナー、顧客、ライバル、あるいはある程度の影響を与えるその他の関係者と共有する場を示す。
- 外側の円は文脈的な環境で、価値観や、世界的あるいは地域

図3　組織環境の同心円

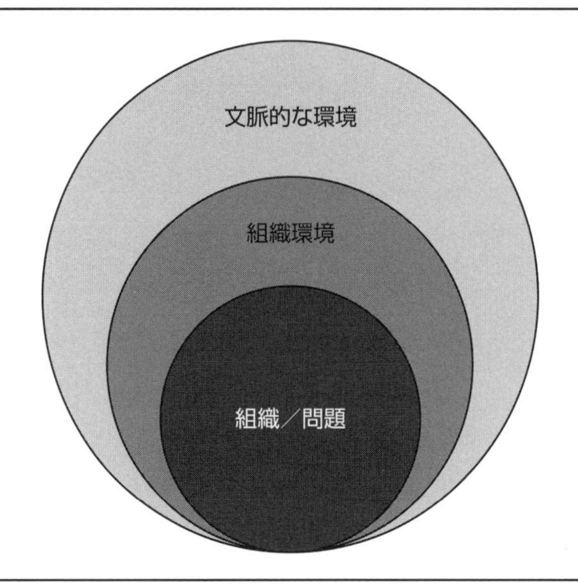


的な政治状況、サステナビリティなど重要なドライバーが含まれる。こうした、直接制御することのできない社会的、技術的、経済的、環境的、政治的な要因がシナリオ・プランニングの主な焦点となる。

外のふたつの円はすぐに融合させ、境界を消すことができる。しかし、区別しておくほうが生産的だ。それによって直接的な外部だけでなく、長期的なプランニングではしばしば考慮されない文脈的な状況の修正につながるからだ。より広い世界的な文脈や業務環境の外的な変化はシナリオ思考によって調査することができる。中心の組織の次元が意味を持つのは、シナリオが作成されたあとだ。通常、計画を立てるときは組織に焦点を置いて始まり、その後外的環境を考えることが多い。そのためアウトサイド・イン思考は奇妙な印象を与える。だが意図が理解できれば、アウトサイド・イン思考を用いることで、以前はわからなかった様々な未来の変化や戦略に関する、利用可能で創造的なアイデアを生みだせる。伝統的なプランニングでは多くの場合、すべての次元を取りこまず、企業、仕事の環境、文脈的な環境といった、ひとつの次元のみで思考されていた。

## あり得るシナリオ

確率が高いシナリオだけではなく、あり得るシナリオに焦点を置く利点は、信頼区間にある出来事ではなく、確率の低い幅広いリスクやチャンスを見つけられることだ。あり得るシナリオとはさらに、シナリオが実際に起こりそうな、妥当で論理的な流れに沿って作られることも意味する。つまり、様々なドライバーの相互作用との結びつきは論理的で、常識にもかなっていなければならない。それは過去からスタートして現在から未来へと、今日認められている知恵を反映して進行する。あり得るシナリオは重要な手段であり、ある程度確率の高い予測を立てるよりも役に立つ。シナリオの狙いは、組織に重要な影響を与える可能性があるチャンスを際だたせることだ。それぞれのストーリーは入念な調査で補強され、鮮明にするために細部まで描かれ、将来起こりうる意外な出来事や想像を超えた事柄が追求される。現在の決断がその後どう展開するかが、シナリオの世界でテストされる。もっとも、いまでは確率とあり得るシナリオというふたつの思考法をつなぐ特効薬がある。これについては次章で、AIの助けを借りて時間が経ったのちの確率を調べることでより堅牢な戦略立案に役立つことを詳しく示そう。

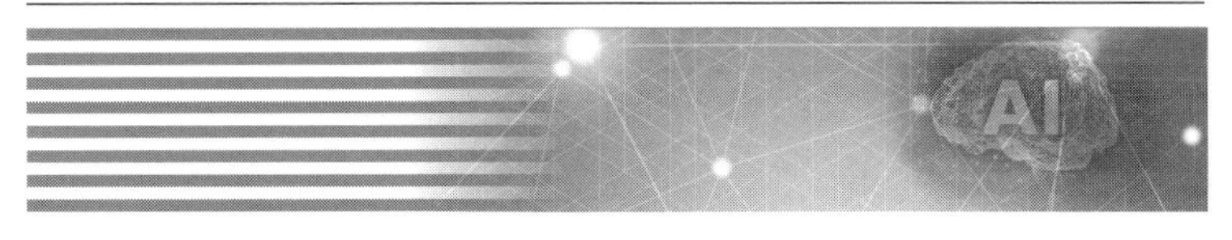


# 全体的な視点

様々な視点――戦略的な問題や困難に新しい光を当てる様々な声――を導入することで、未来に関する自分自身や他者の信念への理解は深まる。これは多くの企業が得意とする、数名が独占するマネジメントとは異なるものだ。熱烈な賛同ばかりに囲まれていたら、反対の声は簡単に無視されてしまうだろう。あえてそうした声を目立たせることで、参加者は新鮮な発想に触れ、新たな視点から、より広いイメージを見ることが可能になる。

シナリオ・プランニングは、様々な（そしてしばしば大きく異なる）視点を調整するプラットフォームを提供する。これによって組織の周辺視野は広がり、新しい脅威やチャンスが明らかになる。シナリオによって全体を見ることによって、既存の信念や仮説を確かめるようなものを探し、解釈する確証バイアスは克服できる。

## 不確実性を受け入れる

不確実性は多くの人にとって恐ろしいものだろう。未知はひどい出来事の原因になるし、将来についての決定権を完全に失ってしまうかもしれない。不確実性はリスクをもたらすが、それはまた、ビジネスで利益を上げるうえで重要な要素でもある。リスクに対しては､起業家的な決定が求められる。この世に無料のものなどないのだから、リスクなしで利益が得られるという甘い話には注意しなくてはならない。技術系スタートアップ企業や製薬業界などでは、リスクを許容し、様々な状況に対処できるようにいくつものオプションを用意する。だが意思決定者はたいてい、変化や不確実性を否定するか、あるいはどんな可能性も逃さないほど幅広く取り入れてしまうかの両極端になる。シナリオを作成することで、不確実性を受け入れ、同時に複雑さを軽減することで実行可能な計画を立てることができる。不確実性を受け入れると、自分がはっきりと知っていることがいかに少ないかを認めざるをえなくなる。古代ギリシャの哲学者ソクラテスは、それを「唯一の真の知恵は、自分が何も知らないことを知ることにある[75]」と表現した。不確実性を受け入れ、変化を予測することで、異なる意見を比較して戦略的意思決定を行うことができる。そして未来が近づいてきたときに、どのオプションを取り、どれを捨てるかを決めればいい。

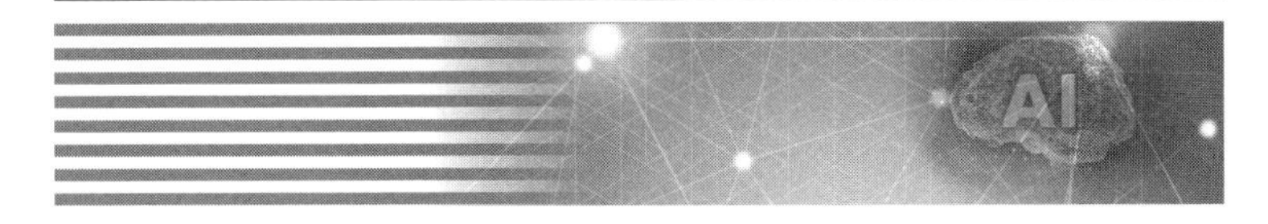


# ズームアウト・ズームイン

意味があり、アクションにつながるシナリオを作るためには、ズームアウト・ズームインの手法を取る必要がある。それによって、ただ異なる未来についてのストーリーを語るだけではなくなる。ズームアウトして戦略的なビジョンを手に入れ、意思決定者をコンフォートゾーンの外へと連れ出し、ズームインによって行動を引き起こす。ズームアウトするときには、しばしば10～20年の長期間で行い、行動へとつながるズームインでは6～12カ月の期間で見る。シナリオ作成の開始にあたり、まずは現在の状況からズームアウトし、世界は今後劇的に変化していくと予測する。これによって、気づきや先の見通しが得られる。ズームアウトすることで、破壊的なシナリオは不可能なものであり、正確な予測ではないことがわかる。劇的な変化について判断するときには、長期的な視野で、想像や可能性の限界に迫るような、できるだけ極端なシナリオを考えるのがいい。こうしてズームアウトをしたあとで、今度はズームインを行い、行動と前進に焦点を置いた、短期的行動の戦略的構想を作成する。ズームアウト・ズームインの手法を取る目的は、伝統的な、誤った自信を与えかねない3～5年計画に異議を投げかけることにある。この手法はシリコンバレーの多くの企業で採用されている。ズームアウト・ズームインは戦力の逐次投入に陥るリスクを回避するのに有効で、企業をシナリオ・プランニングへと向かわせる[76]。

# 機械の客観性と人間の直感の融合

シナリオには専門性と知識が必要になる。人の専門性はしばしば狭いが、機械やアルゴリズムは（具体的なデータが与えられれば）様々な情報や視点を結びつけ、客観的にアナリティクスできる。しかし過去には、複雑なアルゴリズムや機械を取り入れることの価値が理解されず、また複雑すぎるという理由もあり、シナリオ・プランニングは主に人間によって行われていた。AIの登場による革命以来、機械の客観的な判断を人間の意思決定に置き換えることが目標とされたが、むしろ人間が意思決定において力を発揮することがわかってきた。認識と事実を結びつけるシナリオ・プランニングには、最終判断において人間の直感がつねに含まれている。技術的な革命については後の章でさらに述べよう。

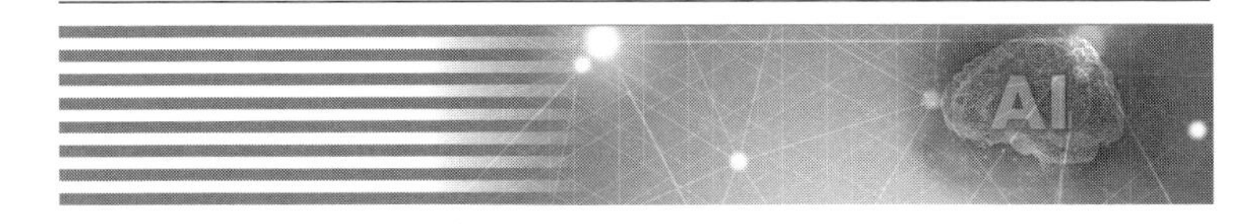

# シナリオの数

いくつのシナリオを使うべきかという問いに関する議論は、多くの調査でなされている。様々な研究者や実務家が「単一の問題を扱う、あるいはそれに焦点を置く際、いくつのシナリオを作成するべきか」という問いを考察している。ピエール・ワックは多くても４つまでと示唆している（さもないと意思決定者が扱えなくなってしまう）。また、有効なシナリオは３つまでだという。その理由は以下のとおりだ。

ひとつめは驚きのないもの（そのシナリオのどこが、どうして弱いのかをはっきりと示す）、そしてさらにふたつ、重要な不確実性に焦点を当てて世界の異なる見方を示すものがあればいい[77]。

ロイヤル・ダッチ・シェルでシナリオ・プランナーとして働いたのち、GBN の設立にも貢献したキース・ヴァン・デル・ハイデンは、２から５個のシナリオを使うのが有益だと勧めている。それらは未来の不確実性を反映し、複数の観点からコンセプトを作ったり議論したりし、具体的な現実世界の枠組みのなかで現在の結果を示し、因果関係にもとづく、直感的に使いやすい推論のモデルを使うことを可能にすると彼は考えている[78]。

ピーター・シュワルツは４個のシナリオを使うことを勧めて

いる。あまりに多くのシナリオを作ると、それぞれの違いが曖昧になり、意味を失って有効でなくなってしまうからだ。シュワルツの経験では、４つを超えるとチームがシナリオを覚えていられなくなるという問題が起こった。これは人の記憶力に関する研究とも合致している[79]。例えば、若者は熟語や短い文章など、長い言葉の塊を３つか４つまでしか記憶できないことがわかっている[80]。

シナリオが３つだと、未来の「大、中、小」の３つのシナリオが作られ、つねに「中庸を選択」してしまうという危険がある。シナリオ分析の参加者はしばしば、中庸なシナリオが起こる可能性が最も高いと思ってしまう。そうしたシナリオでは、意思決定者の意識は大きく揺さぶられることはなく、戦略オプションも単調なものになってしまう。また多くの場合それは予測とみなされ、ほかのシナリオは顧みられず、全体としてほとんど意味を失ってしまう。４つのシナリオも、伝統的でよく使われるシナリオ・マトリックスにあてはめやすいため、管理しやすい。そのため、わたしたちは４つを強く推奨する。シナリオ作成において求められるのは、シェルのシナリオの先駆者でGBNの共同設立者ネイピア・コリンズの言葉では、参加者は「想像による未来への飛躍」をするための創造性をもたらすことだ[81]。

わたしたちは、シナリオ・プランニングは４つのシナリオというフレームワークを軸とする体系的な手法にもとづくべきだと考えている。シナリオがひとつだけだと、それはオプションではなくドグマになってしまう。ふたつでは、黒か白かという思考になり、３つではしばしば、発展の見込める道はひとつしかない。そのためわたしたちは４つのシナリオを使う。そうすれば、ふたつの重要な不確実性にもとづいて枝分かれするシナリオが得られる。３つめの不確実性を取り入れるとシナリオは８つになり、多すぎて扱いにくくなってしまう。

## シナリオ・チーム

シナリオには多様な意見と複数の視点が必要になる。シナリオ作成はチームで行うため、戦略的な難問に新しい光を当てるために、幅広いチーム構成と多様な声が重要になる。強い確信があると反対意見に耳を傾けることができなくなってしまいがちだが、洞察力を持って思考できる人がいれば、それを克服するのに大いに役立つ。シナリオ推進チームには、様々な利害集団から選ばれた多様で全体を反映した参加者が含まれているべきだ。また組織の外側や、新しい潮流の最前線にいる参加者も。シナリオ作成への参加者は遠慮なく、意見や考えを主張する必要がある。参加者は外部の専門家やクライアント、業務提携先や競合他社の社員などだ。多様な背景を持つことのほか、参加者はマーケティング、R&D、財務、オペレーション、人事など幅広い部門から集めなければならない。これによって、様々な意思決定者が未来の展開について考え、自分の意見をその過程に反映させることになるため、多人数が参加していることのメリットが得られる。それらをまとめることは、その産業での発展の可能性を推測し、シナリオの信頼性をさらに高めることにつながる。組織と普段はやり取りをしていない外部者が参加する利点は、独特でありきたりでない視点をもたらすことができるという点だ。

慣習的な知恵に疑問を呈する、変わった発想を持った参加者を排除すると、斬新なアイデアを取り入れることができずにシナリオは失敗に終わる可能性がある。考え方が革新的な各分野のリーダーを参加させると、意思決定者はコンフォートゾーンの外に出ることになり、よりよい、より堅牢なシナリオが得られる。シナリオ作成は、多くの異なる声をひとつにする理想的なプラットフォームになり、それによって、新たに現れた困難や好ましい環境を探すことで、組織の周辺視野を広げることにつながる。

参加者は通常、以下のような人々だ。

- 際だった知的能力に恵まれている
- 自分の分野で一流である
- 情熱と尽きることのない好奇心を持っている
- アイデアが豊富だ
- オープンで親しみやすい
- 機敏で物事を見抜く力がある
- 独特の洞察をもたらす
- 境界を押し広げる
- 未来に身を置いて考えられる

あなたや組織が実際の作成過程に外部の参加者を含めたくないときには、ドライバーを調査する段階で、例えばインタビューやグループディスカッションで参加してもらうようにするべきだ。これによって組織内の集団思考を避け、新しい議論を引き起こす視点を導入できる。

数学的に正しい答えを導くことだけを求め、どんな問題も計算で解こうとすると、シナリオ・プランニングはなかなか使いこなせない。そのためファシリテーターは、シナリオには正誤やよし悪しはなく、ただ起こりうる明確でもっともらしい数個の未来を作ろうとしているのだ、ということを強調する必要がある。シナリオ・ファシリテーターは組織の幹部とも、シナリオ・プランニングを実際に行うチームとも密接に連携していなければならない。参加者を現在の短期的な思考から、極端な、だがもっともらしい方向へと導かなければならない。さらに、盲点を見つけ、視点を大きく変えるかもしれない外的な困難を考慮に入れるようにサポートする必要がある。プロセス全体に関与し、焦点となる問題を見つけ、その過程で必要な修正をし、戦略的な会話を継続するように促す。わたしたちの経験では、ふたりのファシリテーターを組み合わせるのがいい。リード・ファシリテーターはプロセス全体を掌握する経験豊富なシナリオ・プラクティショナーだ。その補佐に、高い地位にある業界の専門家がつく。シナリオの専門家であるリード・ファシリテーターはプロセスを主導するが、とてつもない、業界では拒絶されるような新しい発想を持ちこんでもいい。業界での広い経験は必要ない。リード・ファシリテーターの役割は、方法論の専門家であることだ。補佐役は組織の思考を超えた業界の知識をもたらし、ファシリテーターが参加者と同じ知識を共有できるようにする。

シナリオが作成されたら、そこで示されたことへの戦略的な対応を考えるために、チームは縮小、変更される。意思決定権と責任を持つ経営陣のみは、戦略を考え、その結果に向きあう必要があるために残る。

シナリオ作成を成功させるには、業界の文化や背景、さらに参加者にかかっている。ファシリテーションの方法はこうした必要に合わせて行わなくてはならない。シナリオ作成の態度と、日常的な業務のなかで遭遇した文化的な問題を取りあげよう。

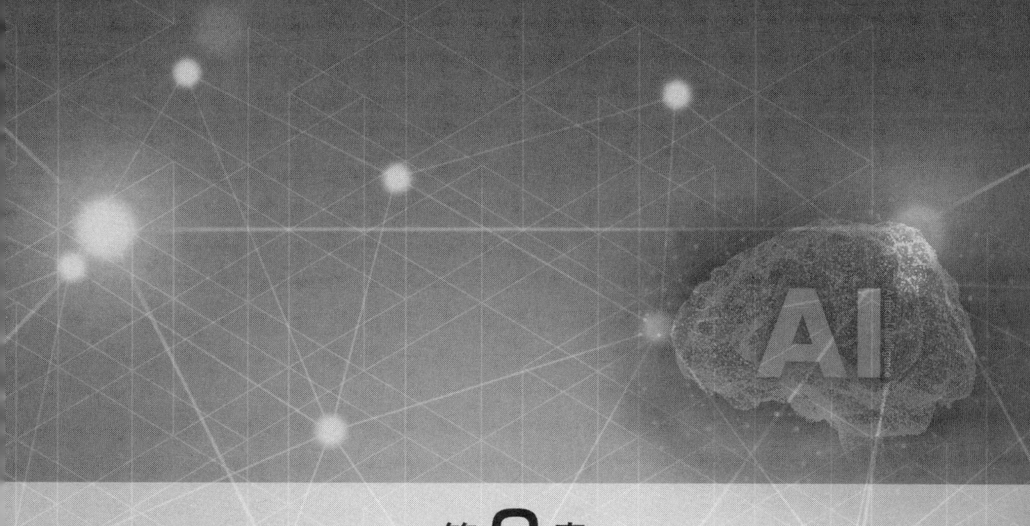


# 第3章 伝統的なシナリオ・プランニング・プロセス

# シナリオ作成の<br>プロセス

ここまではシナリオ・プランニングが何であり、何でないかを、主に予測と区別することで議論してきたが、ここからはシナリオ作成プロセスと、用いるツールや手法の面から述べよう。シナリオ・プランニングの方法はいくつかあるため、混乱が生じている。初期のシナリオ手法を少し概観したあと、シェルで使われ、「企業のシナリオ作成の信頼できる基準[1]」と呼ばれたものを発展させたGBNのやり方を深く見ていこう。シナリオ思考が現実に適用されるようになって数十年の間に、幅広い手法が開発されてきた。だがこの大きな成果が方法上の混乱を生みだしている。そのため、ここで紹介するよりも多様な、数多くの方法が存在することを頭に置いていてほしい。その多くは学問的な研究から生まれたもので、実際には使えず、時間とリソースが限られた現実のビジネスに適していない。対照的に、わたしたちが従うGBNの手法は様々な状況で数十年の間使われてきたものだから、多くの実践者によって試され、成果は証明されている。

ほかにも様々な方法がある。そのひとつが、1970年代にフューチャー・グループによって開発されたトレンドの影響分析のような、確率的に修正されたトレンド予測のシナリオだ。また、ランド研究所でハーマン・カーンの同僚だったセオドア・ゴードンとオラフ・ヘルマーが1966年に開発したクロスインパクト分析もある。さらに、コンピュータを使った数学的モデルとアルゴリズムに大きく依存したフランスの未来学（ラ・プロスペクティブ）による方法もある。実際には、複雑なモデルやコンピュータ・シミュレーションを使うのはシナリオ作成の最善の方法ではないと広く認められている。しかし、シナリオ作成方法が発達したいまでは、シナリオを管理するのに有効で、適用しやすくなっている。

GBN の手法は帰納的で直感的、そして論理的な手法だ。それはハーマン・カーンの発想を 1960 年代にシェルで適用したピエール・ワックが始めたものだ。彼はまず可能な未来についての大きな絵を描き、それから細部へズームインした。細部から考えると、シナリオ作成プロセスの重要な特徴が失われてしまうと考えていたからだ。この方法はロイヤル・ダッチ・シェルで長い年月のうちに発展し、洗練されていった[2]。

GBN の手法は複雑性に分け入り、混沌に秩序をもたらす整然とした手法だ。シナリオには複雑性と曖昧さを残らず包みこむことが必要だ。それによってビジネス環境でのリスクとチャンスをバランスよく判断することができる。ピーター・シュワルツはこう述べている。

誰でもシナリオを作成できる。だが、現実的な感覚だけでなく、自分の想像や目新しさ、さらには突拍子もない感覚さえも取り入れることで、それははるかに簡単になる[3]。

しかし、シナリオが成功するのは、リーダーや意思決定者が

「what if」の問いや不都合な真実の声に心を開いているときだけだ。こうした能力やシナリオ・プランニングの必要性の認識がなければ、厳しい結果に終わるだろう。参加しているリーダーが心を開き、シナリオ・プロセスに参加すれば、彼らはよりよい決定を下す役に立つ新しい世界認識が得られるだろう（図4）。

図4　シナリオ・プロセス

| 1.<br>焦点となる問題 | 2.<br>ドライバー | 3.<br>重要な不確実性 | 4.<br>シナリオ・フレームワーク | 5.<br>シナリオ・ナラティブ | 6.<br>示唆と戦略オプション | 7.<br>モニタリング |
|---|---|---|---|---|---|---|
| 範囲と戦略的方向性を決める | 未来を形成する可能性を持つドライバーを特定する | ドライバーに優先順位をつけ、重要な不確実性へと分ける | 重要な不確実性を結びつけ、シナリオ・フレームワークを作る | シナリオごとのフレームワークの条件を定める | シナリオから導かれる示唆と戦略的な対応を決める | モニタリングし、戦略を修正する |

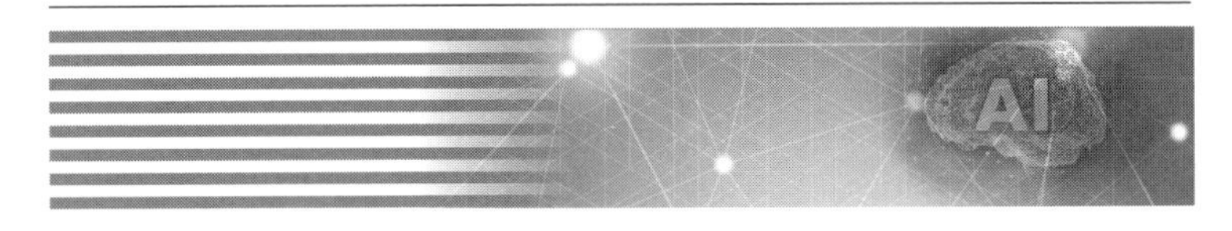


# 焦点となる問題

シナリオ・プランニングにはつねに、戦略的な困難が内在している。そのため最初にすべきは、それを見きわめ、外的環境によって生みだされる問題という形で組織が直面している戦略的な困難に対処することだ。その際、強力なツールになるのが問うことだ。「強力な思考には強力な問いが欠かせない。正しい問いを立てれば、考える（ことに成功する）。考えることはつねにあらゆる方向へと向かうが、いくつかは行き止まりだ。問いは思考の課題を定める。それらはどんな情報を探せばいいかを決定する[4]」。これを怠ると、シナリオ・プランナーが未来について語るストーリーは膨大な数になってしまう。だが実際には、特定の事柄について将来よりよい決断を可能にするようなストーリーだけがあればいい。その最初のステップは、シナリオが対処すべき問題を特定し、抽出して、それに関して重要な関係者全員の同意を得ることだ。シナリオ・プランニングはアウトサイド・イン思考にもとづいているが、成長環境などの外的な問題だけに集中すべきではない。それでは未来がどう展開し、それに対して自社がどういった行動を取るかといった重要な、会社に固有の情報を除外することになってしまうからだ。

これはシナリオ・プランニングだけの問題ではない。戦略を立てるときは必ず、市場と問題を特定する必要がある。マーケティングの領域では、1960 年代初めにはすでに、セオドア・レビットが「マーケティング近視眼」という今日では古典とみなされている記事で、アメリカの鉄道業界を例に、あまりに偏狭に、製品にのみ意識を向けて市場を規定してしまうことの問題点を指摘している。

鉄道会社は、乗客や貨物輸送が減少しても拡大を止めなかった。むしろさらに拡大した。鉄道会社が今日困難に陥っているのは、需要がほかのもの（車、トラック、飛行機、あるいは電話）によって満たされたからではなく、鉄道会社自身が需要を満たすことができなかったからだ。みすみす別の業界に顧客を奪われてしまった理由は、彼らが自らを輸送事業ではなく、鉄道事業だと考えたことにある。業界の規定を誤ったのは、輸送ではなく、鉄道にのみ意識を向けていたからだ。顧客志向ではなく、製品志向だったためだ[5]。

シナリオが最も有効に活用されるのは、内在する戦略的な問題に簡単な答えが見当たらないときだ。むしろ未来の様々な不確実な出来事があり、適切な解決策がすぐにわからない、高いレベルの不確実性に直面しているときのほうがいい。シナリオは戦略的な困難に光を当て、異なる角度から、違った視点を取ることを可能にするツールだ。そのため、焦点となる問題によって、シナリオ・プランニングの範囲が明らかになる。焦点となる問題に答えることで、内在する戦略的な問題がどのようなものであれ、妥当な解決策を見つけるのに役立つだろう。

焦点となる問題を定めることはシナリオ・プランニングの過

程のなかでも重要なステップであり、以下のような要因を組みこみながら意図的に行われなければならない。

- 第１に、シナリオの計画対象期間を定める必要がある。最初に問うべきは、シナリオがいまから５年先まで視野に入れるか、あるいは15年先までか、ということだ。その時間は可能なシナリオを十分展開できる程度に短くなくてはいけないし、未来に影響を及ぼす潜在的な大きな変化が起こる可能性がある程度には長くなければならない。シナリオはどのような期間にも適用できる。しかし、長期間にわたって展開すれば、それだけ利益は大きくなる。遠い未来を見通すほど不確実性は大きくなるためだ。現在から遠ざかるにつれて、不確実性は増す。経験から強くお勧めしたいのは、期間をあまり短く設定しないことだ。これでは、現在の環境を近い将来に投影しているだけで、将来起こる困難な問題には対処できないだろう。また、シナリオの最後の年のことを期間最終年という。
- 第２に、シナリオの地域的な焦点を定める必要がある。ときには、世界規模のシナリオや、どの地域にも――ある程度、そして修正をしたあとで――適用できる不透明な市場のシナリオを作ることもある。だがほとんどの場合、特定の市場や地域についての、世界的な傾向を組みこみつつ地域的な不確実性を中心にしたシナリオを立てる。
- 第３に、戦略的な問題の範囲と、どこから観察するかを定めるためにシナリオのレンズ、つまり視野を決める必要がある。戦略的な問題はシナリオを用いることで様々な角度から眺められる。戦略的な問題を顧客のレンズや、従業員の視点から見ることができ、業界の一般的な立場から行うこともできる。問題を見るには多様な方法があるのだ。

最初の焦点となる問題が定められたら、シナリオの旅を始めることができる。ただしそれは一度決まれば石に刻まれたように変更不可能だというわけではない。焦点となる問題が適切に決まっていると、対話が散漫で意味のないものになることを避け、将来の発見や探究の場ができる。シナリオ作成プロセスが限定された焦点となる問題から始められ、その後、ドライバーが当初の想定を超えて状況や問題に影響を及ぼすことが判明する、というのもよくあることだ。焦点となる問題を決めるには見解が一致するまで議論を尽くすべきだ。これは実際のシナリオ作成プロセスが始まるまで繰り返される。しかし、重要なのは焦点となる問題の定義だ。生産的なシナリオを作成するには、どのような状況でも、つねに組織が調査をする目的に対して意味を持っていなければならない。

わたしたちは日々の業務のなかで、焦点となる問題に関して以下のようなチェックリストを確認している。

- 正確に表現されているか
- 必ず１文で
- 全関係者にとって意味があるか
- 範囲と時期は明確か

- 何が不確実なのかが一目瞭然か
- 「（正しい答え）次第だ」という表現は許容し、イエス・ノーの回答を避ける
- 内在する問題やジレンマに明確に関わりがあるか
- 戦略的目標を達成する役に立つか

## ■実例：ヨーロッパの銀行が、産業から顧客へと焦点を転換した例

プロジェクトのひとつで、同僚からあるヨーロッパの銀行の企業戦略にシナリオ・プランニングを使わせてほしいと頼まれたことがある。クライアントには長く誇り高い歴史があるが、競合に買収され、地方銀行として生き残っていた。クライアントに協力するため、わたしたちは同僚と議論し、それから経営幹部や主要な意思決定者に手法を説明した。彼らはすぐに、自分たちが求めているものを明らかにした。2030年までの国内の金融市場のシナリオ、古典的な業界シナリオだ。わたしたちは、「2030年には国内の銀行業界はどのような状況か」といった、焦点を当てる問題から取り組んだ。だがすぐに、クライアントのところへまた行かなければならなくなった。経営状態は思わしくなく、収益のほとんどは個人顧客からのものだった。わたしたちは彼らに告げた。

「業界シナリオを作成することは有効です。しかし、それで御社の現状が改善されるわけではありません。顧客に可能なかぎり最善のサービスを提供するには、顧客の今後の展望を理解する必要があります。生き残りは顧客の理解にかかっています」

議論を繰り返したあと、結局わたしたちは銀行の顧客の将来に焦点を当てた問題を設定した。それを解決すれば、クライアントは地元の金融市場でトップに立つことができるだろう。残念ながら、その後戦略プロジェクトは将来を見すえたものから再建プロジェクトに変更になり、内容も内向きなものになったため、シナリオ・プランニングは放棄された。この例からわかるのは、前向きな戦略、とくにシナリオ・プランニングは、トップや意思決定者の強い関与を必要とするということだ。

### ■実例：日用消費財企業

ヨーロッパの大手飲料メーカーのためにシナリオを作成したときには、クライアントは将来どのような種類の飲料を製造するかに関心がある、という仮説を立てて議論に入った。ところが、すぐにこう告げられた。

ええ、それはわたしたちにとってとても重要なことです。でも本当の問題は、顧客が日用消費財メーカーとどう関わるのか、とくに彼らがどうやってブランドを識別するかということです。

これも、自らのビジネスをよく理解し、内在するドライバーがなんなのかをよく知っていたクライアントの例だ。

### ■実例：ヘルスケア企業

大手ヘルスケア企業のシナリオを作成したときには、クライアントの製品のポートフォリオ全体を扱うシナリオを議論することから始めた。すぐに、すべての治療領域をひとつのシナリオで結びつけることは可能だと気づいたが、個々の要素の特徴を失ってしまうことが欠点だった。そのため、あえてクライアントとともに製品全体とサービスのポートフォリオを含む治療領域をいくつかの分野に分けることにした。そして、ひとつの領域に集中し、それからほかの領域を扱う下位のシナリオを作成した。これは選択に関する、どこに焦点を置き、どの領域を後まわしにするかという、わたしたちの戦略的原則とも合致している。

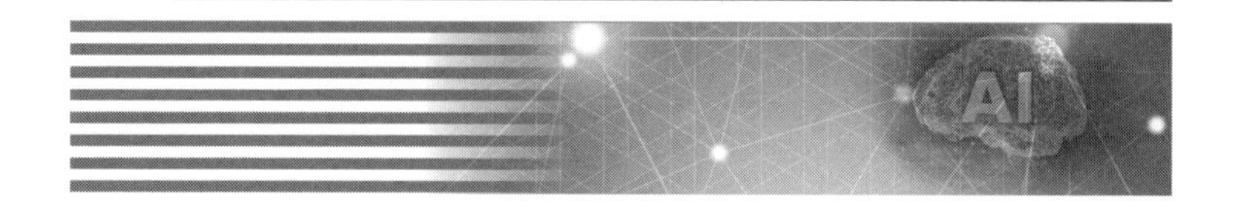


# ドライバー

焦点となる問題を定めたあと、ドライバーを特定する過程に入る。ドライバーは未来の変化の根本的な源で、未来のシナリオの結果を左右する。それは出来事や歴史の連なりを生みだすもので、未来のシナリオを創造する力を劇的に高めてくれる。ドライバーがなくては、シナリオのなかで考えることはできない。それは当初の考えを研ぎすまし、意思決定をするためのツールだ。

ドライバーの調査は、マクロの環境を動かすドライバーを探す、アウトサイド・イン思考から始まる。わたしたちは社会的（Social）、技術的（Technological）、環境的（Environmental）、経済的（Economic）、政治的（Political）な領域からドライバーを探すSTEEPフレームワークを使い、漏れなく調査できるようにする。環境タマネギのフレームワークでは、文脈的な環境にあたる部分だ。社会的、政治的、経済的、環境的、技術的な面での幅広い文脈は、多くの組織に大きなチャンスと重大な脅威を与える。

- 社会的なドライバーは人口動態のほか、価値観や生活様式、行動といった文化的な問題を扱う。例えばわたしたちが支援をしたある通信事業者では、人口動態とそれに関連する通信手段や選好がビジネスモデルに影響を及ぼす主なドライバーだった。
- 技術的なドライバーでは直接、間接に何かを可能にするテクノロジーについて扱う。現在、商取引に関するシナリオを議論するときは、ブロックチェーンは仲介者を不要にするため、鍵となるドライバーだ。

- 環境的なドライバーは自然環境やサステナビリティの問題を扱う。気候変動は広く事実として認知されてきた。多くの社会では、その影響を軽減することが重視されている。エネルギー産業や製造業など、環境に悪影響を与える業界では、二酸化炭素の排出削減が重要なドライバーになる。
- 経済的な問題には、経済全体を動かすマクロ経済的なドライバーとミクロ経済的、そして産業ごとのドライバーのほか、組織内のドライバーも含まれる。公共的なドライバーではとくに、経済全体や、インフレ率や成長率などの重要業績評価指標（KPI）が重視される。経済的なドライバーはまた歴史的なシェルのシナリオを特徴づけるものだ。
- 政治的なドライバーには、選挙問題（有権者の行動など）、立法の問題（議会による政策の変更）、規制の要因（裁判所の判断に影響を及ぼす規制と訴訟の問題）が含まれる。強い規制を受けている業界の企業と議論するときは、規制の変更は生死を分ける問題になることもあり、シナリオでも大きな役割を果たす。

この枠組みを使うことは、重要な未来の変化を考慮し、忘れずにいるために有効だ。こうしたドライバーをSTEEPの各カテゴリーに分けるとき、どこに入れるか曖昧な場合もあるが、そうした曖昧さを解消し、正確にドライバーを分類することは必要ない。コンサルティングでは、漏れなく、重複なく扱うべき事柄もあるが、これらはそうではない。この枠組みは組織が通常の思考で見落としがちなドライバーを排除してしまわないための目安だ。真の問題は、程度の差こそあれ、STEEPのすべての力を含んでいるものだ。だがSTEEPの枠組みはドライバーを調べるうえで必須のものではない。社会科学では環境的な力を評価する様々な方法が開発されており、STEEPはそのひとつにすぎない。そのうちどの枠組みを使うかという議論は、内容ではなく言葉の問題にすぎず、利用するのはほかの枠組みでもかまわない。目安となる原則は、漏れをなくすということだ。このため、わたしたちは組織のマインドセットに合った形にドライバーを分類し、シナリオ参加者が扱いやすくすることもある。

STEEPの分類がクライアントにとって直感的に理解しづらいものだという経験もよくある。グローバルな医療技術企業のあるビジネス部門のためにシナリオを作成したときは、以下のような産業の分類にドライバーを分けた。

- 患者
- 医療提供者
- テクノロジーの発達状況
- その他

主要なメディア企業のシナリオを作成したときにも同じ手法で、以下のカテゴリーを採用した。

- 視聴者／顧客
- 広告
- コンテンツ
- その他

ドライバーを特定する調査には4つの柱がある。最初の2つは古典的な机上での調査と、インタビューにもとづく一次情報収集だ。ほかの2つはメガトレンド調査と、AIを利用したドライバーの特定だ。

ほとんどのシナリオ・プロジェクトには時間と予算の制約があるため、重要な情報の提供者として適切なインタビューの相手を選ばなくてはならない。そのため一方では重要な関係者であり、組織内のその主題の専門家と面談し、彼らの同意を得なければならない。だがしばしば、クライアントの顧客やサプライヤー、彼らが属する業界団体など、より広範囲なネットワークとの面談が大きな価値を持つこともある。しかし、外部の視点と特定のトピックに関するきわめて重要な洞察を取り入れるには、その問題に関する第三者の専門家は欠かすことができない。インタビューでは、未来の予測と潜在的な問題を引きだすために、未来のドライバーに関する参加者の見解をざっくばらんに尋ねる。彼らの希望や恐れを理解すれば、彼らの行動の背後にある理由を理解するのに役立つ。一般的なルールはないが、

- 文脈を与えるためにプロジェクトの背景を説明し、
- シナリオの過程やデータの利用法を説明する

必要がある。

このとき、高いレベルの信頼を醸成し、匿名性を保証することがとても重要だ。こうすることで、組織の内部者へのインタビューで得られる組織の視点とは異なる意見を聞くことができる。面談者は意識を集中してしっかりと耳を傾け、相手の答えにすぐに反応することができなければならない。実際にインタ

ビューを始めたら、幅広い話題を提供することが重要だ。

さらに、わたしたちはメガトレンド調査にもとづいてトレンドの確認を行っている[6]。どんな調査でも、多くの場合はここから開始する。こうしたドライバーは数多くの産業に影響を及ぼし、わたしたちの住む世界で重要なことなので、産業に関係なく適用できる。しかし、これらの3つのカテゴリーはかつて行われていたシナリオによる手法と何も変わらない。最新のテクノロジーを使えば、シナリオ・プランニングを新しい段階へと進められる。AIを利用するのはそのためだ。時間を無駄にすることなく、調査対象を広げられる。リアルタイム・ストラテジーのシナリオが、少数の専門家の知識に依拠していた過去の古いシナリオと異なっているのはこの点だ。

わたしたちの認識では、ドライバーは動的な概念だ。どのドライバーもふたつの極端な帰結を持っている。それはドライバーが現在の状況を変化させた先に訪れる、どちらももっともらしい将来の状況を表している。ドライバーがもたらす実際の展開は、2つの極端な最終状況の間のどこかに収まる。シナリオ思考とは、極端な点の間で思考する過程なのだ。ドライバーによっては自然な帰結を持つものもあり、また言葉で明確に表現できないものもある。これにより、シナリオ作成プロセスの参加者が可能性のあらゆる幅を見ることができるように、極端な想像を促すことができる。極端な点がない場合、例えば現在を比較対象にして、ドライバーXは現在よりも遅くなる、あるいは速くなると想像することもできる。

まず、うんざりするほど長いドライバーの1次リストを作る。

シナリオに影響を与える可能性があるものはなんでも、リストがどれほど長くなっても挙げる。それから現実的な理由で、ドライバーを60から100個のリストに絞る。このとき、それぞれのドライバーの役割や重要性を業界の専門家と繰り返し議論し、潜在的に大きな影響を与えうるドライバーのリストを短くしていく。いくつかのドライバーを排除し、多くを結合させることで、そこに含まれる情報が管理可能で理解しやすいリストにする。ドライバーはよく調査し、創造的な、型にはまらない思考をする必要がある。調査のしかたが悪いと、「ガーベージイン・ガーベージアウト」に終わる。

ウォール街の大企業の戦略の一環としてシナリオを作成したとき、できるかぎり漏れなくドライバーを挙げるため１次リストを作った。ドライバーは明白なものばかりではなく、内在する焦点となる問題と結びつけるには深く考える必要があった。シナリオには型にはまらない思考と極端さが必要なので、それだけの価値があるリストができあがった。ところがそれを見た社内の金融サービスの専門家は、驚いたように、それは些細なことだと言った。彼らは業界の因習に捕らえられていた。そのリストを拒絶しないようにアドバイスしたが、結局プロジェクトは彼らのものだった。案の定、プロジェクトが進むなかで、排除されてしまったリストについての疑問が浮上した。それが捨てられたのは、業界の専門家にはひと目で重要でないと思われたためだった。型にはまらず、現在の業界の前提や慣習を超えて考えることの重要性がわかる一例だ。

## 重要な不確実性

その主題やトピックの最も重要なドライバーを特定したら、クライアントや競合他社の内部の専門家、そしてクライアントの関係者、外部の専門家を含め、ドライバーの評価を行う。すべてのドライバーを、焦点となる問題への影響と、そのドライバーの不確実性の程度に関して評価する。変化が起こると多くの場合人々は驚くが、たいていは予測できる徴候があるものだ。不確実性を受け入れることの重要性はここにある。ビジネスであれ政治であれ、あるいは私的な領域であれ、どんな場面でもつねに意外性や不確実性は存在する。意思決定者や組織は、不確実性や曖昧さへの対処法を見つけなければならない。また、不確実性はどこか人間の本性に訴えるところがある。プロイセンの軍事戦略家カール・フォン・クラウゼヴィッツも、「知性はいつも明確さと確実性を求めるが、わたしたちの本性は不確実性にしばしば魅了される[7]」と述べている。

一般に、研究者や実践者は、不確実性に対する特徴的な反応が２つに分かれることを知っている。ひとつは不確実性の否定で、意思決定者が事実を過度に単純化し、誤った信念を表明する場合だ。否定をする最も明白な理由は、変化の必要性への無理解だ。しかし、否定がより微妙に表現されることもある。例えば、かつてその組織の成長のドライバーになったが、変化するビジネス環境で役に立たなくなってしまったビジネスモデルに固執しているという場合がある。組織は行き詰まり、自分たちのマインドセットに適したチャンスがやってくるのを待つだけになっている。ときにはチャンスが来ても、そのマインドセットに合致しない場合は排除してしまうこともある。安定した既知の世界の基準を混乱した不安定な世界にあてはめるのみでは、やがて厳しい結末を迎えることになるだろう。これは強烈な認知バイアスだ。環境は不確実で混乱が生じる可能性があり、人の手で変える必要があるということが認識できていない。これはあらゆる種類の組織で見られる徴候で、創造性を消し、予期せぬ出来事に見舞われるリスクになる。いい例がコダックだ。彼らは1975年にデジタルカメラを発明したが、それを自分たちのビジネスに対する大きな脅威とみなした。このカメラを発明したコダックの技術者スティーブ・サッソンはそれに対する経営幹部の反応について、こう語っている。「それはフィルムを使わない写真だった。だから経営幹部には『いい感じの写真じゃないか——だがそのことは誰にも伝えてはならない』と言われた」。彼らはデジタル写真を大きな脅威と感じ、それを拒絶したわけだ。コダックはデジタルカメラの設計図を隠したばかりでなく、1980年代にデジタルカメラの将来に関する大規模な調査を行い、デジタルカメラが彼らのビジネスにどのような混乱をもたらすか詳細に調べていた。だが、その調査では少なくとも10年の猶予があることがわかっていたにもかかわらず、コダックはそのチャンスを逃し、2012年に破産法の適用を申請することになった。歴史的には、コダックの創業者ジョージ・イーストマンは混乱を招く市場の変化を読みとるのがいたって巧みだった。彼は当初、利益の大きかった乾板事業からフィルム事業に切り替えた。コダックが高いシェアを誇っていたモノクロフィルムに対して、明らかにシェアで劣るカラーフィルムに投資したこともそうだ。彼はコダックの数十年にわたる成功の基礎を作った[8・9・10]。

ふたつめの典型的な反応は麻痺だ。意思決定者はあらゆる計画を立て、どのオプションが現実になるかを待ち構える。ところが、グローバル化した今日の世界のように複雑なシステムのなかでは、まずあらゆる計画を立てることが難しい。変数があまりに多いためだ。ほかの行動を考える必要があると認識したとしても、そのオプションが目の前に現れると麻痺してしまう。はっきりと言葉にするかどうかはともかく、彼らは不確実性があることを認めるが、対処法を決定することができない。「麻痺」はしばしば、実現可能なオプションのどちらも選べないことが引き金になる。テクノロジーの急激な変化や新しい市場の出現に際して、自信を持って、正しいリソースを正しいタイミングで割り当てるような適切な判断をするのは難しいことだ。意思決定者はよく、現状をさらに浮き彫りにしたり、正しい選択に確証を与えてくれるような、さらなるデータや情報を待つ。だが、そうした情報がいいタイミングで入ってくることは滅多になく、そのため環境が変化してチャンスを逃してしまうことになる。麻痺はまた、それほど頻繁ではないが、競争環境や顧客についての誤った認識が原因になることもある。彼らは実際よりもはるかに厳しい環境や脅威を想定して計画を立てる。そして市場の変化やテクノロジーの進歩によって現実に業界の構造が変化し、きわめて不確実な事態が起こったとき、意思決定者はその脅威を過大評価し、目の前の困難しか見えなくなってしまう。自社が市場に影響を及ぼし、市場を形成する力を過小評価しているのだ。さらに、様々な調査により、今日の職場環境が麻痺を引き起こしていることもわかっている。

- 1日働いている労働者のIQを調査した心理学者のグレン・ウィルソン博士によると、マルチタスクを行う労働者のIQは10パーセント低下している。このパフォーマンス低下は、徹夜した人と同じ水準であり、マリファナを吸った人のパフォーマンス低下（4パーセント減）と比較しても、マルチタスクの方が2倍以上ひどくなる[11]。
- Eメールの処理に関するマイクロソフトの調査によると、知識労働者はEメールによって作業を中断したとき、あるいはメッセージを受信したという通知を見たとき、作業に戻るまで平均して24分かかる。ほかの多数の研究によると、知識労働者はEメールのうちおよそ60から80パーセントは不必要だと考えている[12]。
- 2009年にBaseXが行った調査では、全労働者が情報過多によって受けた負担により、アメリカ経済は年間9,000億ドルの損失を被っていると推測されている[13]。

第二次世界大戦中、イギリスの首相ウィンストン・チャーチルは意外な声明を発表した。戦況には「この上なく満足している」と述べていたチャーチルだが、このときはジレンマに陥っていた。一刻も早く英仏海峡を渡り、ヨーロッパ大陸に進軍することを狙っていたが、そのためには全体の状況からして最善とは呼べない状態に甘んじなければならなかったのだ。兵士や装備を輸送する上陸用舟艇の設計者が大幅な設計変更に膨大な努力をしていることを耳にしたチャーチルは、「『完璧でなければ役に立たない』という格言は、要するに『麻痺している』ということだ」と警告した[14]。

否定や麻痺の危険を考えても、将来もいまの地位を保ち、あるいはさらに成長する未来を想像するときに多くの組織がジレンマに直面するのは意外なことではない。新たな取り組みは多くの場合牽引力を失い、成長を目指した試みの多くは完全な失敗に終わる。シナリオ・プランニングは意外性を生みだすのによい方法だ。意思決定者はあらゆる偶発的な出来事を計画し、そのうちのどれに焦点を置くかを決めることはできない。こうした複雑性に対処し、必要な選択をするために有効となるのがシナリオ・プランニングだ。

未来を見ることはできない以上、不確実性は不可避だが、それを3つのカテゴリーに分けることはできる。

- 豊富な前例がある不確実性。それが起こる可能性を推測できるが、判断の要素が残されていて、あるレベルの不確実さがある。例えば、中央銀行が決定した公定歩合への株式市場の反応だ。金融機関はこの不確実性を回避するために様々なツールを開発している。
- 可能な結論を引きだしうる統計的な基準のない、新たな変化が起きたときに生じる構造的な不確実性。個々の出来事は独立していて、全体を貫く一貫性はないため、高い可能性で起こりそうなことを判断する材料がない。様々な方向性の出来事が起こりうる。このレベルの不確実性はシナリオ・プランニングに最適だ。

- ある時点では想像もできないような不確実性はブラックスワンと呼ばれる[15]。想定外の出来事が起こり、それまでの世界にとてつもない影響を及ぼす。過去の実例としては、チェルノブイリ原発事故やデジタル認知症が挙げられる。今後起こりうるブラックスワンは、異星人の攻撃や人類をほぼ死滅させてしまうような遺伝子組み替え病原菌かもしれない。

わたしたちのシナリオ手法にとって注目すべきは、第２のカテゴリーだ。最初のカテゴリーは確率的モデルで扱えるためシナリオは必要ない。一方、ブラックスワンは予兆もなく起こるため、捉えることが難しく、それに備えた計画も立てにくい。

わたしたちは不確実性、わからなさの度合いと変動性を、それぞれのドライバーの可能な帰結を専門家の調査で評価した標準偏差で定義する。よりわかりやすくするために、本書を書きはじめた時点で（そして現在もまだ）大きな意味を持つ例を取ろう。2016年６月23日にイギリスで行われたEUからの離脱を問う国民投票のあと、専門家たちはEUへの影響について様々な見解を述べた。ある専門家集団は、EUはイギリスの離脱によって分解するだろうと主張し、ほかの専門家たちはＥＵの結合はさらに深まるだろうと論じた。わたしたちがドライバーを評価したところ、（幅広い背景を持つ専門家が述べた）結果は高い標準偏差を示していた。どちらの結果を導く論拠も説得力があり、不確実性の高い議論の好例になっていた。

トレンドやドライバーには、大きな影響を及ぼしつつ、確実性も高いものがある。わたしたちはこれらを、既定の要素またはトレンドと定義する。それらはすでに起こりつつあり、しかもコントロールできない。こうしたドライバーは、それが起こることや、どのように展開するかをある程度は予測できるため、各シナリオの前提条件になる。ただし、シナリオに特有の出来事をさえぎったり、逆に促すこともある。重要なのは、それらを重要な不確実性と区別し、それぞれのドライバーの根拠を理解することだ。シナリオのナラティブを作成するとき、既定の要素はそのなかでなんらかの役割を演じる。しかし、それらは以下のような異なる起源を持っているかもしれない。

- 変化の遅い現象（インフラの発展や人口動態の変化など）
- 制約された状況（多くの先進国の市場が直面している社会保障制度の危機や、国によっては、資源を持たないため、貿易黒字を維持するために必要となるドライバー）
- すでに進行中のトレンド（移民を除いた、高齢化による人口動態の変化）
- 明らかに不可避の衝突（銀行の実店舗とインターネットバンキング）

シナリオを作成するためには、最も重要なドライバーを定める。そのため、影響／不確実性を軸に取った古典的なコンサルティングの２×２の表を使い、専門家の評価にもとづいてあらかじめ書きこんでおく。これは 1970 年代にキース・ヴァン・デ

ル・ハイデンがシェルで使いはじめた方法で、シナリオ作成プロセスに埋めこまれた数多くのドライバーを整理するためのも

図５　影響／不確実性の表

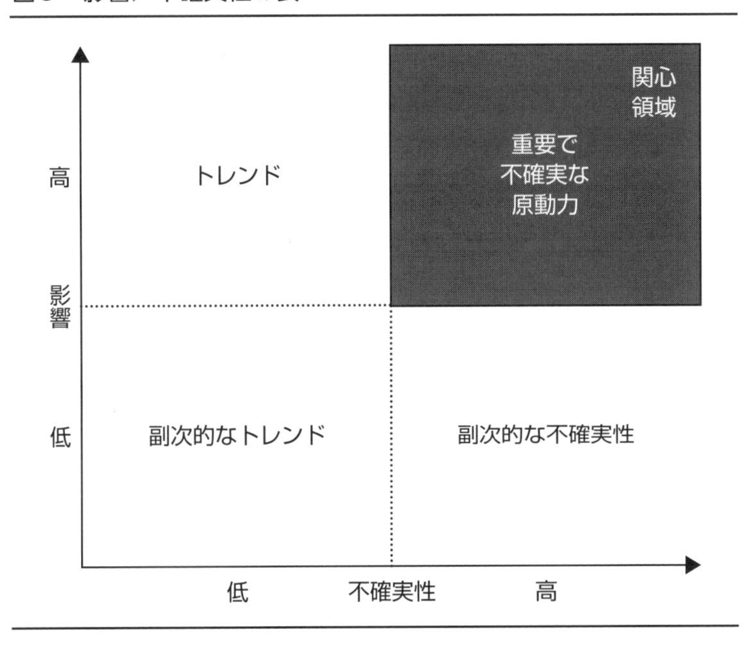


のだ（図５）[16]。

高い影響を及ぼし、高い不確実性を持つもの――わたしたちは重要で不確実なドライバーと呼ぶ――が焦点を置く関心領域になる。それらには未来をいくつかの方向へ変化させる可能性がある。戦略を決定するという目的では、その不確実性から生じる事柄の解釈には幅があるため、複数のシナリオを作る必要がある。このように不確実性を取り入れることで、不確実性を無視することなく減少させ、構造化された意思決定が可能にな

る。左上のドライバーはトレンド、つまり既定の要素だ。それらは焦点となる問題に大きな影響を及ぼすもので、また将来の発展の方向について多くの専門家の見解が一致しているため、計画のなかで一定の扱いができる。したがって、構築される4つのシナリオすべての構成要素になる。左下のドライバーは副次的なトレンドだ。それがどう展開するかには自信が持てるが、与える影響は小さい。そのため、今後の展開を観察するために利用するほかは扱いが軽くなる。最後に、右下のドライバーは副次的な不確実性だ。それがどう展開するかはわからないものの、影響は限られており、そのため副次的なトレンド同様、将来の展開のために観察をするだけであまり実際のシナリオ作成には関係しない。

ワークショップでは議論しながらドライバーを表のなかで動かす。最初はかなり不確実性が高いと思われるものもあるが、よく調べてみると、ほぼ既定だとわかることが多い。最初はどのドライバーも独特のものに思えるが、観察していると類似点や共通したテーマが見えてくるものだ。複雑性を処理するために、共通のテーマを持ついくつかのドライバーをつなぎ合わせ、右上の重要な不確実性の項目に置く。これは同じ概念を扱ったり、同じ方向へ状況を動かしたりするといった共通点があることを意味する。この過程は連想にもとづいて行われる。心のなかでは、

思考の焦点がぼやけ、直感的で、ある刺激に対する広い連想を受け入れ、それから分析的（収束的）な、分析し、統合し、

焦点を合わせる思考が行われる[17]

という過程を経ている。

様々な業界のシナリオ・プロジェクトで多くの場合に見られるのが、データに関連したドライバーだ。ここでは、そうしたドライバーをデータの入手可能性、データの規制、データの所有者、そしてテクノロジー企業（グーグルやフェイスブック、アマゾンばかりではなく、百度（バイドゥ）やテンセントも含む）の役割でクラスターにまとめたい。このクラスターの記述はもちろん、焦点となる問題によって変わってくる。これらの重要な不確実性が１セットのシナリオを作るための構成要素になり、焦点となる問題に答えを与えるための鍵となる。ドライバーに順位をつけ、クラスターにまとめることで、すべてのドライバーやその相互関係を理解するという難問に取り組みつつ、焦点となる問題を解くために必要となる少数のドライバーを手に入れる。わたしたちが焦点を当てるトレンドは孤立していない。ほとんどすべてのトレンドは作用しあい、様々な方向へ動いていく。それらを結びつけることで、多面的なモデルが得られる。

複雑性を減少させることで価値が失われてしまうと心配する参加者もいるが、この段階で排除されたドライバーはすべてのちの過程で再度シナリオのナラティブに取り入れられる。

### ■実例：メディア企業

市場への新規参入や新しいビジネスモデルの台頭で大きな混乱に陥っていた巨大メディア企業のためのシナリオ・プロジェ

クトで、幹部と経営戦略担当者のふたりとシナリオ・ワークショップを行った。このプロジェクトでは、メディア業界が2030年にはどのようになるか、そのなかで勝者になるにはどのように適応する必要があるかを議論した。ワークショップ中、参加者には重要な不確実性に関する混乱が見られた。不確実性の定義について共通の理解が欠けていたためだ。そのため、全員が定義に納得できるよう、概念の明確化を図った。そうしてすべての誤解が解けたあと、作成されたシナリオはすばらしいものだった。このプロジェクトから、全員の理解を得るためには、文法や構文のレベルで明確に表現することが重要なのだとわかった。

### ■実例：アジアの農薬メーカー

アジアの先進国で大手化学企業の新たな市場参入戦略を立てていた同僚から、もっともらしい未来像を簡略に提示してほしいと頼まれた。その国の文化環境では初めてのプロジェクトだったので、かなり難易度が高かった。プロセスをひとつ進めるごとに、クライアントは内的な論理(ロジック)や根拠を知りたがった。なかにはその地域のマインドセットに適合しないものもあったので、深い異文化研究が必要になった。ロジックは言語などの文化的要因に強く結びつき、人々の思考や行動に重大な影響を与えている。そのため、彼らのマインドセットに合わせて、プロセスにいくつか小さな修正をすることになった。このプロジェクトから、その国の文化がシナリオ・プランニング全体に強い影響を及ぼすことを知った。

わたしたちの経験から引きだせるのは、シナリオ・プラクティショナーは誰でも、多様な産業や文化にまたがる経験を積むことで効果的なリーダーシップを学べるということだ。複数のドライバーを重要な不確実性のクラスターにまとめるのは、科学よりむしろ芸術的な手際の問題だ。とりわけ、典型的なドイツのエンジニアなど、数値や定量的な完全性を重視するグループではこれを行うのは簡単なことではない。

# シナリオ・フレームワーク

関心領域のドライバーを重要な不確実性のクラスターにまとめたあと、シナリオ・フレームワークの構築が始まる。まず、重要な不確実性のうちどれが最も大きな意味を持つかを評価する。これはシナリオ・ワークショップの参加者による簡単な数値評価で行われる。その後、重要な不確実性の間の相関関係を調べる。目的はつながりが弱い、またはまったく関係がない要素を組み合わせることだ。組み合わせる要素の間には因果関係があってはならない。ここでいう相関関係には、影響が一方的なものと、双方向のものを両方含んでいる。相関関係のあるクラスターとは、例えば石油価格クラスターと中東の経済発展に関するクラスターだ。石油価格の変動はこの地域の経済発展に大きな影響を及ぼすため、どれももっともらしい異なる４つのシナリオを作成するのは難しい。そのため、この組み合わせは排除される。相関関係がない重要な不確実性の組み合わせのリストができたら、シナリオ作成ワークショップの参加者はそれらをランク付けし、戦略的問題にとって最も意味のある組み合わせを選ぶ。そのなかの上位３つをテストする。それぞれ異なる帰結を持つ重要な不確実性はシナリオ・フレームワークの１つの軸となる。したがって、まず重要な不確実性を表す２つの軸からなる３つのフレームワークが得られる。それぞれのフレームワークで、最初に作成したロジックがテストされる。あるシナリオのロジックは表のなかでの位置で表現される。まずは高レベルのシナリオからテストしていく。

複数のシナリオ・フレームワークができるのはよくあることだ。しかし多くの場合、それらは明確に論理的にクラスターにまとめられる。

### ■実例：ドイツの製造業

ドイツの製造業の未来に関するシナリオを作成したとき、しっかりと筋が通り、焦点となる問題に答えを与えられる２セットのシナリオができた。だがそのうち１つを優先し、集中する必要があった。シナリオを作成しているとき、シナリオ・フレームワークのうち一方を他方に重ね、２層のフレームワークが手に入ることに気づいた。

### ■実例：グローバル医療技術企業の R&D 戦略

グローバル医療技術企業の R&D 戦略も２つのよいシナリオが得られた例だった。どちらも完全に筋の通ったシナリオだ。しかし、議論をしているうちに、そのうちひとつは中期的なシナリオで、もうひとつは長期的な状況を表すものだと気づいた。後者はより革新的で、クライアントのビジネスモデルにとって困難を引き起こすものだったが、焦点となる問題の時間軸に対応した中期的なシナリオを採用した。

# シナリオ・ナラティブ

３つのシナリオ・フレームワークを作り、それぞれの最初に作成したロジックを吟味したら、最もよいフレームワークを決める。ここでただひとつのシナリオ・フレームワークを決めてもよい。ほかの組み合わせの根拠が弱いこともあるだろうし、２つか３つの筋が通ったフレームワークのうち、最も際だったシナリオ・フレームワークを選ばなければならないこともあるだろう。

このとき、深層の原因について議論することも有効だ。深層の原因は関心のある結果や影響をもたらす条件や因果連鎖を導くもとだ。シナリオ・プランニングでは、シナリオを動かす根本的な力として働く。深層の原因によって、自分が定めた垂直軸のうちどこに実際の状況が落ち着くかが決まる。

つぎに、選ばれたフレームワークの４つのシナリオに肉づけし、未来が想像しやすいようにシナリオを鮮やかなストーリーに変えていく。これによりシナリオ・プランナーが取り入れた視点について深い考察が可能になる。ナラティブは複雑な問題や洞察に秩序を与え、想像しやすくするきわめて強力な方法だ。シェルの元コーポレート・プランニング部門責任者でシナリオ・プランニングを統括していたアリー・デ・グースはこう述べている。「シナリオはストーリーだ。科学的分析というより、芸術作品だ。（その内容の）信頼性よりも、むしろそれが引き起こす会話や決定のほうが重要なのだ[18]」

この部分は過小評価される傾向にある。しかし、シナリオの重要性はどれだけ重要なメッセージを伝えられるかによって決まる。人は具体的で因果関係の一貫したストーリーに頼っているものだ。ナラティブという形で、意図的な出来事が因果関係に従って現実的なフィクションに織りこまれることにより、ほかの方法では信じがたいアイデアにも命が吹きこまれる。記憶に残る斬新なアイデアを提示するには、豊かな言葉で書かれていなければならない。シナリオの読者は多様であるため、ストーリーにはそれぞれに適した語りが求められる。ある産業の専門家向けのシナリオにその産業独自の用語が入っていなければ信頼を失うだろうし、専門用語だらけのシナリオでは、素人の読者には読みにくくなってしまう。

まず必要なのは、トレンドと既定の要素、そして影響が大きく不確実性は低いためどのシナリオにも取り入れられるドライバーについてよく考えることだ。その後、それぞれのシナリオにおける重要な不確実性を持つドライバーと、シナリオの帰結を考慮する。その際、複数のドライバーによるダイナミックな相互作用を考察する必要がある。最後に、重要で不確実なドライバーのうちまだ考慮されていないものをアナリティクスする。シナリオ・ワークショップでは、わたしたちは全体会議で１つのシナリオ・ナラティブを作り、それから作業チームのグループに分かれて残りのシナリオ・ナラティブを作成する。

シナリオには考慮すべき主要な６つの面がある。

- 現在の慣習的な知識を疑い、新しい視点を出すために同じテーマで変更を加えただけのシナリオを作らない。ブロックチェーンのテクノロジーは、ビジネスモデルの脱中心化という意味を含むため、新しい視点をもたらすトピックになることが多い。医療技術企業のR&D戦略を考案したとき、クライアントは当初ブロックチェーンの利用法を見落としていたが、その後それがビジネスモデルに及ぼす大きな変化に気づいた。石油産業の例もある。利幅の大きいビジネスであるため、効率性はあまり重視されていなかった。だが、シナリオ作成時に「what if」の問いをシナリオ・プランニングの中心に置くよう働きかけた。すると、仮に石油価格が大幅に下落し、石油やガスのビジネス構造が大きく変化したら、最も資金力の豊富な最大手企業でさえ効率性を追求する必要に迫られるという結論に達した。

- シナリオが異なった方向に思考を「広げる」ように、多様であること。正しい手順でシナリオを作成すれば、極端な帰結を結びつけることで、自然と多様なシナリオが生まれる。
- ストーリーはポジティブとネガティブの間の心理的なバランスの取れたものであること。これは一連のシナリオすべてにも、また個々のシナリオにも求められる。ポジティブなシナリオと、ネガティブなシナリオの両方があったほうがいい。先に挙げた、2つのシナリオ・フレームワークを作成した医療技術のシナリオでは、長期的で極端なシナリオ・フレームワークのほうは、参加者のビジネスを根底から揺さぶる、強い不安を引き起こすものだった。
- それぞれのシナリオがなんらかの形で、あるいは市場のどこかのセグメントで実際に起こりうる、そして因果関係に従っていて信頼できる、もっともらしいものであること。

- 主要な戦略的課題に深く関連し、焦点となる問題に結びついていて、戦略決定やビジネスへの適用がしやすいこと。しかし現状維持や、これまでどおりのビジネスに向かうシナリオは、参加者が未来に関する前提を問い直すよう促さないため、大胆さに欠ける。そのため、焦点となる問題を現状のバイアスと照らし合わせる必要がある。
- 内的な一貫性があり、シナリオのなかのそれぞれの出来事が因果関係で結ばれていること。内的な一貫性が失われると、シナリオはまず失敗に終わる。

肉づけされたシナリオ・ナラティブは、それぞれ異なる前提のもとでの未来の状況を表す散文による記述だ。重要な要素とそれが時間の経過のなかで繰り広げる発展を中心にした、慎重に構築されたプロットに従って展開する。各シナリオは最後にどうなるかだけでなく、時間とともにシナリオがどう進むかを詳しく語る。これによって未来を形成するトレンドを適切に観察し、またあるシナリオが現実になるための要因を経営幹部が明確に知ることができるため、意思決定を向上させることができる。シナリオ・ナラティブにおいては、人や場所、ものは、支配的な見解とは逆らうように未来に向かって配置される。それは関係者にとって重要だと思えるようなしかたで、異なる未来を生き生きと表現する。適切なストーリーによって、シナリオの内容ははるかに信憑性を増す。提示のしかた次第で信憑性はさらに高まる。魅力的な生き生きとした語りには大きな効果があるのだ。

深層の原因の組み合わせは説得力のあるシナリオ開始のための基盤になる。深層の原因は異なるシナリオで同じものを使うべきではない。

主要な要因やトレンドはひとつのシナリオで考慮すべきだが、いくつかの要素は多くのあるいはすべてのシナリオに登場することになるだろう。例えば、人口動態の変化はすべてのシナリオに含まれることになるだろうが、教育や移民、消費などSTEEPのほかの変数の影響のしかたによって異なる結果をもたらす。不確実性を取り入れる方法は明らかな場合もあるが、より複雑な場合もある。

シナリオ・ナラティブを成功させるには、古典的なストーリーテリングのテクニックを使うとよい。人の脳はストーリーを受け入れるようにできており、ストーリーを通じて、人は世界を理解する。ストーリーは複雑なデータを単純化し、情報の意味を効果的に伝えることができる。上手に語られたストーリーによって新鮮な視点がもたらされ、新たな可能性が見えてくる。ストーリーは認知的、感情的に大きな影響を及ぼし、覚えやすさや意味を増強させる。対照的に、データそのものも必要だが、それをもとに行動するのは難しい。シナリオを作成するときには、単に変化を予想するだけでは不十分で、反応を予測することが求められる。成功している大規模な組織のプランナーは多くの場合、未来は自分たちだけで動かすことができると考えている。だがあらゆる環境は行動に対する反応を示し、自ら修正することができる。絶え間ない急速な経済成長は反動を生み、戦争の脅威は平和への欲求をもたらす。あるいは石油業界では、石油価格が上昇すると新たな油田が開発されたり新しいテクノロジーが導入されて産油量が増え、結果として価格は下がる。これによって、イノベーションがあまり起こらず、過去の大きなドライバーが意味を失うことがある。水圧粉砕法（フラッキング）のブームと石油価格の変動はこうした例だ。

以下に、シナリオに肉づけするためのツールや伝統的なプロットをいくつか簡単に紹介しよう。

まずはツールからだ。体系的な思考はプロットを改善するのに有効だ。ナラティブの構築はもととなるコンセプトを初期状態と中盤、結末を持つナラティブへと拡張するのに役立つ。主役となるのは、プロットをパーソナライズするための重要な、あるいは例示としての人々を状況に配置するツールだ[19]。

- 体系的な思考。シナリオのロジックを探究するためには、システムの各部分の相互作用を調べるのが有効だ。これはある日の天気予報だけではなく、その内在的な原因（例えばメキシコ湾流）を究明することにあたる。わたしたちの社会では一般に、人はある出来事だけを見て、内在する出来事の原因は見ない。株価の暴落が「突然」起こったと判断するばかりで、その内在的な原因には意識を向けない。氷山の例で考えればよりはっきりするだろう。氷山の海面上に出ている部分は全体のわずか９分の１で、残りは海面下に沈んでいる。海面上の部分は選挙結果や企業の浮き沈みのように、簡単に見ることができる。しかし、それを引き起こす原因の多くは海面下にあって、目に見える出来事が示唆するパターンを明らかにするには、より深くまで調査する必要がある。原因は社会的な問題かもしれないし、業界再編かもしれない。こうしたパターンの下に、シナリオの重要なロジックとなる、基本的な思考の転換や部門の再組織化といった、組織の重要な修正がある。異なるドライバーの間の関係に問題が生じたときにシナリオ・チームの役に立つのは、出来事とパターン、構造を個別にチームに書きださせることだ。それからチームとともに異なるドライバーの相互作用を表にしていく。これには付箋を使い、出来事を特定してクラスター（そして再クラスター）にまとめ、トレンドを解釈してつなげ、根本的な組織の問題を探す。

- ナラティブを構築する。異なる状況ごとの根本的なロジックを記述したら、各部分を結合させてナラティブを生みだす。ナラティブには初期状態、中盤、結末があり、シナリオ内で現在から未来へと状況の変化に対応して進む。またもっともらしい、実現可能な結末を導くという要求も満たさなければならない。よくある間違いは、可能な結末の単一状態の記述で満足してしまうことだ。こうした静的なイメージでは「動く要素」が相互作用し、またつながり、ときにはその途上で予想外の意味を持つことを見逃してしまう。ナラティブはまた、タイミングと経路依存性の問題を捉えるにも役立つ。テクノロジーに関する結末は誰もが同意見になることが多いが、勝者と敗者、彼らの将来の経路については、例えばブルーレイとHD-DVDによるDVDの後継争いのように、意見の不一致はありうる。こうした経路はしばしば規制やテクノロジー、経済競争、業界再編など短期的な懸案事項によって特徴づけられる。わたしたちはよくシナリオ・チームに、出来事やトレンドを新聞の見出しのようにまとめることを求める。見出しはナラティブの連続するステージを定義する、すばやく効果的な方法だ。劇的な初期状態から混沌とした中盤、そして納得のいく結末を表しているのがよい見出しだ。アカデミックなタイトルではなく、タブロイド紙（アメリカの「イエロー・ジャーナリズム」）のような流儀で、イギリスの『ザ・サン』、ドイツの『ビルト』のような見出しをつけるように指示することも多い。

- キャラクターと登場人物。多くのシナリオでは、「キャラクター」にドライバー、組織、制度、あるいは国家をあてはめるが、個人はほとんど使われない。だが、例えば状況の劇的な変化によって支持者を得たカリスマ的リーダーなど、よく知られた実在または虚構の人物を登場させることで、状況のロジックを明快に鋭く表現することができる。その（現実の、あるいは虚構の）人物は主なドライバーの相互作用を体現している。だが、最初から最後まで個人の性格や力を中心にしたプロットでシナリオを組み立てるべきではない。シナリオ作成と発表の間に起こるリアルタイムの出来事によって失敗したり、イメージの変化で信憑性を失う危険がある。シナリオのなかで生きている人々を創造することは、差異の大きさや方向性を表現する方法でもある。わたしたちの実践では、架空の無名な登場人物を使うことで、実在の人物が持つ欠点を避けつつ、その利益を得ている。

シナリオのプロットや語りのためのロジックは、焦点となる問題に関連しつつ、それぞれ異なったものでなければならない。ナラティブを作成するのは骨が折れるが、それを容易にする標準的なプロットがある。そこからプロットを選べば、そのフレームワークのなかで想像力を駆使することができる。こうしたひな型は、金融や政治のシステムやテクノロジーの盛衰、振り子のように揺れる社会的な話題を様々な角度から観察することで作られたものだ。妥当で有効なシナリオ・ナラティブは、未来に関する前提を再考させるようなものでなければならない。しかし、あまりに恐ろしかったり、想像もできないようなナラティブはすぐに疑われ、シナリオ手法が持つ重要性を弱めてしまう。すでにいくつかのひな型は存在するが、シナリオ・ナラティブはレシピどおりに作ればできあがるわけではない。また、ひな型はひとつの可能性にすぎない。シナリオ・ナラティブを作成する方法はほかにもたくさんある[20]。

- 勝者／敗者のプロットはゼロサムゲームでのものだ。一方が勝ち、他方は負ける。このひな型では衝突は避けられない。すぐに強烈な対抗心が生まれ、そのあと弛緩(しかん)して力の均衡へと至る。未来の衝突は軍事力あるいは経済的な手段によって戦われる戦争に発展することもある。例としては、スマートフォンの世界のアップルとサムスンの戦いがある。この２社は最先端のスマートフォン開発で激しく競合している。だが、サムスンはアップルのサプライヤーでもあり、相互に依存もしている。これは勝者／敗者という枠組みのプロットによるシナリオでありつつ、均衡を取る要素も含んでいる。場合によっては、勝者となるより、生き延びてビジネス界に残れるのならば敗者となるほうがいいこともある。ホメロスの叙事詩『イリアス』では、アキレウスやミケーネの王アガメムノンといった勝者は死に、（ローマ帝国建国の父とされる）アエネイスのような敗者は新しい帝国の基礎を築いた。

- よいニュース／悪いニュースのシナリオもひな型のひとつだ。望ましい要素と望ましくない要素をナラティブに取り入れたバランスのよいシナリオを作るのに効果を発揮する。とくにクライアントに協力しているときは、組織にとって悪いニュースをシナリオに組みこむことは難しい場合も多い。だが、それを避けることはできない。さらに、よいニュースにもあまりよくない側面はあるし、当初悪く思えたニュースが将来の重要な変化のもととなる場合もある。よい例が古代中国の道教の寓話にある。

中国の農民が新しい馬を手に入れたが、すぐに逃げられてしまった。彼の隣人は言った。「それは残念だったね」すると農民は答えた。「よいことか悪いことかは誰にもわからないよ」
ある日、その馬はほかの馬を引き連れて戻ってきた。すると隣人は言った。「よかったじゃないか！」すると農民は答えた。「よいことか悪いことかは誰にもわからないよ」

彼は新しい馬を息子に与えた。息子が乗ると振り落とされ、脚に大怪我をした。

「お気の毒に」と隣人は心配そうに言った。「よいことか悪いことかは誰にもわからないよ」と農民は答えた。

それからまもなく、皇帝の軍隊がやってきて、帝国の僻地で起こる戦争に備えて健康な若者を全員連れていってしまった。農民の息子は戦争を逃れることができた[21]。

- さらに危機対応シナリオも一般的なプロットのひな型だ。シナリオ内で最初に問題が発生し、それが解決される（あるいは解決が続く）。解決が効果的なら、新しい勝者と敗者が生まれ、結局、ゲームのルールは完全に変化する。よい例がドイツのエネルギー転換だ。社会民主党と緑の党の連立によるゲアハルト・シュレーダー政権は2000年に脱原発の方針を定めたが、2010年にはアンゲラ・メルケル首相のキリスト教民主同盟と自由民主党の連立政権がこの法律を修正し、原子力発電所の操業を延長した。2011年には、福島第一原子力発電所の事故をきっかけにエネルギー政策は転換され、脱原発が推進された。
- 進化による変化もまた、すべてのシステムは時間の経過のなかで発展、衰退するものだという理解にもとづいたひな型のひとつだ。人の作ったシステムは、とくにそれが成長している段階では、やがて必ず訪れる衰退のことはあまり考えられることなく前へと進んでいく。しかし、たとえ変化が予測できたとしても、変化の種類や規模までわかることはほとんどないため、適切に対処することは難しい。このひな型の別バージョンが共進化だ。あるシステムの変化がほかのシステムと作用しあい、そのシステムを変化させる。新しいイノベーションが生みだされ、繁栄する（あるいは消えていく）。それは社会的、政治的、経済的、環境的な側面と相互作用し、ほかのイノベーションを生みだす核となる。よい例がブロックチェーンだ。ビットコインなどの暗号通貨に用いられ、多くの注目を集めているブロックチェーンという技術は様々な取引を簡単に、安全に、速く、ローコストにすることで大きな変化をもたらし、その結果いくつかの産業や仕事が余剰になる可能性がある。

ほかにもたくさんのプロットのひな型がある。以下に簡単に紹介しよう[22]。

- 突然の変化を含む、大変革が起こるプロット。ペニシリンの発見によるイノベーションのような人によるブレイクスルーもあれば、津波などの自然災害もある。
- 地殻変動のプロットは、火山の噴火に喩えられるような大きな変動をもたらす構造の変化や、例えばEUの崩壊のような、明確に見通すことのできない、非常に大きな社会の変革を含む。
- 歴史にはサイクルがあり、それが格好のひな型をもたらす。不動産市場のブームと破綻やピッグ・サイクルなど、変化のタイミングが重要なのだが予測できないものだ[23]。

- 無限の可能性のひな型は、持続的な成長は可能だという魅力的な発想に従っている。例としてはグーグル、フェイスブック、アマゾン、アップルなどの今日のインターネット企業だ。
- 探究するシナリオ・ナラティブでは、組織や個人が既存のルールや方法に反した探究を行う。主人公はしばしば、自分の領域に脅威を与える腐敗した邪悪な怪物であるシステムに戦いを挑む。これはスタートアップが確固たるマーケットリーダーに挑むシナリオに登場する。マイスペース対フェイスブック、IBM対アップルのような、先行者と後発者の戦いだ。
- 人口動態／世代に焦点を置いたシナリオ・プロットは、Z世代が労働力や職場を変化させたように、価値観や期待値を変化させる新たな文化や集団の登場を背景としている。
- 進化と無限の可能性のひな型の組み合わせは、永遠の変化と呼ばれる。このプロットは変化が継続し、しかもその変化はまったく一様ではないと予測する。いい例は、コンピュータ技術の発展だ。そこにはパフォーマンスの向上だけでなく、量子コンピュータの開発のような系統的な変化をもたらす新しいテクノロジーの登場もある。

シナリオとしての基準を満たすシナリオ・ナラティブを作成したら、各シナリオに親しみやすく覚えやすい名前をつける。この名前はシナリオ内での世界の変化や組織への影響をすぐに想起させるものでなければならない。また明快で、本質や内在するロジックを捉えたものであるべきだ。経営幹部がシナリオを記憶でき、思い浮かべやすく、組織の戦略的思考の中心に取り入れやすいものにする。わたしたちはよく、本や映画、テレビ番組のタイトルや地名など現実世界にちなんだものをつける。

シナリオ・ナラティブの最終段階として、経営幹部に「公式な未来としてどちらに賭けますか？」と質問する。その後、シナリオを形成する定性的モデルを定量的なモデルに転換する。これはシナリオ手法の最大目標というわけではないが、定量的モデルはシナリオの内的な一貫性を高レベルの定量化によって確認するのに役立つ。

# 示唆と戦略オプション

困難だがもっともらしい進路を明確にすることによって、シナリオは意思決定者に「考えられないものを考え」、意外な出来事を予測し、新しいオプションを考慮することを促す。そのため、シナリオは否定を克服する役に立つ。シナリオとして展開する別の未来を作成し、考えたあとなら、意思決定者は否定や麻痺といった典型的な反応をすることなく計画を立案できる。こうして、作用する力がどのように展開するかを経験し、どのような環境が訪れるかを体系的に理解することで、未来の戦略に関する揺るぎない意思決定が可能になる。また、シナリオを使えば組織の主要なオプションを明確に構造化することができるため、麻痺に対処できる。意思決定者が望ましいオプションを新たに見つけるだけでなく、戦略オプションを深く理解することで麻痺は防げるからだ。シナリオ作成プロセスのあと、参加者は様々なシナリオのなかでどの戦略オプションを追求するかを考慮する。そのためには、最初の焦点となる問題に戻る必要がある。そのなかでチームの主なメンバーは、シナリオが組織にとって持つ意味、つまり抽出される示唆とオプションを検討する。抽出される示唆は組織が行動していく条件であり、オプションはシナリオの条件下で組織が取る行動の幅を意味する。

抽出される示唆とは、困難や、組織が直面するボトルネックや不足、シナリオが組織にもたらす緊急の必要性や可能性である。そこには幅広く、ほとんどの議論で取りあげられる以下のような話題が含まれている。

- 世界のなかでの自分の状況はどうか？
- 市場と関係者はどのように進化しているか？
- 規制はどう変わっていくか？
- 組織はどう影響を受けるか？

しかし、抽出される示唆のカテゴリーは現実の必要に合わせて調整する必要がある。その後、抽出される示唆に対処するための実行可能なオプションを作る。その中間段階として、特定の部門あるいはすべての結果のカテゴリーにおける、各シナリオの成功要因を考える。成功要因とは、あるシナリオ内で勝利を得るための、資産や提携、能力、あるいはその他の重要な要因のことだ。成功要因のアナリティクスが、抽出される示唆からオプションを生みだすことにつながる。オプションとは与えられた条件下で勝つために必要な、新しい供給やサプライヤー、その他のパートナーシップへの対応、次善策、修正であったり、あるいは製品やサービスの変更、販路の開拓、特別な投資、開発活動だ。使われるカテゴリーは実際の必要に合わせたものでなければならない。戦略は、既存のオプションと新たに発見された独特なオプションの組み合わせで決まる。

各シナリオの抽出される示唆とオプションを作成したら、将来役に立つ、揺るぎない戦略オプションを作る。堅牢な戦略とは、様々な未来のオプションのなかで最もよい結果を生みだすものだ。それを探すために、以下のような問いかけをする。

- このシナリオにおける成功とは何を意味するか？
- どんな市場で、どんな顧客を相手にしているか？
- それらの顧客にどのようにサービスを提供するか？
- どのようなケイパビリティを必要とするのか？
- このシナリオが実現するかどうかはどうすればわかるか？

抽出される示唆とオプションを作成する過程で、シナリオ内の意思決定をテストすることができる。こうして意思決定はふるいにかけられる。今日わたしたちが行う意思決定のなかには、すべてのシナリオのなかで意味を持つものもあれば、限られたシナリオでしか意味を持たないものもある。そのため、まず各シナリオ用の可能なオプションを探し、それらを合わせてすべてのシナリオで意味を持つオプションを取りだし、おおむね不利な結果をもたらすオプションを排除する。これによって堅牢な計画を立て、自信をより深めることができる。しかし、少数のシナリオでしか意味を持たないオプションは厄介だ。つねに観察し、現れたときにはすぐに適切な対応をしなければならないからだ。柔軟で動的な戦略を立てるには、オプションをオープンにすべきだし、できるかぎりこうしたオプションは避けたほうがいい。すべてをひとつのシナリオに取り入れるのは、会社の存続を賭けてギャンブルをするようなものだ。これは、そのシナリオの実現可能性が外的な力にかかっていて、組織にあまり選択の余地がない場合にはとりわけ危険なことだ。未来が明らかになるまで複数のシナリオを同時に追求するのも、焦点を欠いた、当てずっぽうの危険な方法だ。

戦略オプションを作成したら、風洞試験によってストレステストにかける。まずは組織の戦略をストラテジック・チョイス・カスケード（ロジャー・マーティンとA・G・ラフリーの『P&G式「勝つために戦う」戦略』にすばらしい説明がある）でテストする[24]。

このとき、既存の戦略も同時にストレステストを行い、シナリオによって修正する。チョイス・カスケードはわたしたちが頻繁に利用するフレームワークの1例にすぎず、ほかの戦略フレームワークやポートフォリオ・マネジメント手法を利用してもかまわない。ただし経験からいえば、チョイス・カスケードは風洞試験でのストレステストに最適だ。それは戦略を、組織を勝利に導く相互に関連した強力な一連の選択の結果とみなしているからだ。

風洞という比喩は工学に由来しており、自動車に風洞試験を行うように、戦略を極端な条件下に置くことでテストする。目的はどの戦略オプションがうまくいき、どれが失敗に終わるかを確認することだ。方法はとても単純だが、深い思考が要求される。全員参加のセッションであれ分科会であれ、経験豊富なリーダーが各シナリオの世界のなかに入っていく。そのためにはナラティブが的確で、鮮やかに視覚化しやすいほうがいい。意思決定者たちがシナリオに慣れてきたら、戦略を試していく。それは既存の世界に合致しており、組織が勝者となるのに役立つか？　この戦略は有効か？　この世界が明日現実になったら、戦略はどう機能するか？　これをもとに、明確な決定を行う。「かもしれない」や「中間」はない。ここは選択のしどころだ。4つのシナリオすべてでこのアナリティクスを行ったら、結果をまとめる。全体として堅牢だとみなしうる戦略は未来の戦略に加えられる。明らかに失敗のものは戦略から外される。それから、戦略のどの部分がわたしたちの公式の未来と合致し、残す必要があるか、戦略のどの部分を変更し、より堅牢にすべきかを議論する。また、戦略オプションのうちどれが特定の展開に依拠しているかを議論する。それらはジョーカー、つまり動的な構成要素になる。こうした動的なオプションを戦略で用いるのは、ひとつあるいは複数のシナリオが現実になるような変化が認められたときだ。それらはビジネスモデルを変える可能性があり、企業が何に賭けるかという選択を支えるため、深く議論し、アナリティクスする必要がある。この議論のあと、風洞試験に耐えた戦略と戦略オプションを結びつける。ここで自問する。オプションのうちすでに準備が整っているのはどれか？　必要なオプションと組み合わせるためにどう戦略を修正するか？　これによって将来利用可能な揺るぎない戦略と、戦略的な取り組みへのロードマップが手に入る。

## ■実例：アフリカのB2B企業、テルコ・オペレーター

アフリカのB2B企業テルコ・オペレーターのシナリオを作成したときには、戦略に関する社内文書すべてと社内の暗黙の知識を集め、それをチョイス・カスケードにかけた。シナリオに肉づけし、各シナリオに含まれる戦略とその全要素を厳しく検討した。それにより何が起こっても会社が継続すべき、揺るぎない要素がわかった。また、勝者となるには障害となる可能性

もあるが、いくつかのシナリオでは有効な要素もあった。この過程で判断を下すには、経営幹部の起業家的手腕が必要になる。最終的に、長期的には会社の成功を阻害する可能性がかなり高く、変更せざるをえないいくつかの要素にたどり着いた。ストレステストを用いることで「what if」の問いを立て、異なる角度から戦略を検討することができた例だ。

## シナリオを最新のテクノロジーを活用してモニタリングする

突然のニュースで、予想もしなかった出来事に驚かされるのはよくあることだ。だが、そうした出来事は過去に原因があり、よく観察していれば予見できたということもかなり多い。そのためモニタリングはシナリオ作成にとって重要な要素となる。

シナリオを作成し、可能な戦略オプションの概要を作ったら、それを引きだしにしまいこんではいけない。現実の展開に最も近いシナリオはどれかをよく観察するべきだ。堅牢な戦略があっても、洞察の代わりにはならない。洞察を得るには、主要な発展や変化を表す指標を見つけることが重要だ。組織はこうすることで競合環境の変化を追い、戦略を修正することができる。世界は動いている。戦略とはそのためのものだ。もっともらしいシナリオの多くにあてはまる徴候を引きだし、よく理解し、検討するに足る重要性を持つ既存の要素と組み合わせれば、将来自信を持って行動し、必要な情報を得たうえで意思決定をすることができる。それでも、未来がどの方向へ進むかによって影響のしかたは変わるため、組織が行動に反映させないものは無数にある。現在は不確実でも、確定した、あるいは既定の重要なドライバーに変わるものもある。こうした状況に対処するには、モニタリングにより、現実化しつつあるシナリオや、抽出される示唆が重要性を増し、不確実なものが既定の要素に変わっているかどうかを示す指標を見つけ、追跡することができる[25]。

多くの戦略策定プロセスには指標のモニタリングが含まれているが、対象はかなり限定されていて、ほぼ特定の戦略のみに焦点を当てているため、戦略の視野から外れている弱い指標は無視されてしまう。指標となるのは現在の出来事か、重大な変化を表す未来の手がかりだ。それらはシナリオ手法やモニタリングの仕組みによって取り入れることができる。指標には基本的なフレームワークで議論された変化など明白なものもあれば、無報酬の労働の増加など、社会の大きな変化を示す捉えにくいものもある。経済発展を示すGDPや不平等を表すジニ係数[26]など、経済的なトレンドのデータは観察しやすい。これらは定量化されるためたやすく計測できる。しかし、社会的行動の変容など、定性的でより計測しづらいドライバーもある。こうしたトレンドを観察するには、時間と労力を割いて重要な指標を特定する必要がある。指標が定まり、あるシナリオが現実世界で展開しているようであれば、それを正確に追跡する。注意深く、想像力豊かに指標を選び出せれば、それは変化する環境のなかで戦略を選択するのに必要な、重要なシグナルを補佐するものになる。そうしたシグナルは、周囲のノイズからしっかりと区別しなければばならない。シナリオ・プランニングの優位性は、論理的な一貫性に従う点にある。そのため、主要な指標から論理的な結果が引きだせる。残念なことに、戦略策定に時間の余裕がない場合、観察の段階は省かれてしまうことがある。しかし、観察ツールの設定は、戦略的な対話を続けつつ外的環境の変化に気づくための有効な手段になる。シナリオはシグナルや指標を規則正しく観察するのに役立つ。さらに、最初は現実とは思われないが、実は大きな変化をもたらすような弱いシグナルを特定することもできる。そうしたトピックが現れると、新しいシナリオを作成する必要が出てくることもしばしばだ。

こうした手がかりや指標が市場に現れていたことを示す過去の実例は豊富にある。そのひとつが前述したコダックの例だ。デジタル写真の発達を示す指標はすでに彼らの手元にあった。それはデジタル写真の機材のコストや画像の品質、様々な部品（カメラ、ディスプレイ、印刷機など）との相互運用性など、多様な側面からの研究にもとづいていた。だがトレンドの観察や指標にもとづいた判断をしなかったことで没落を招いた。こうして強力な優良企業だったコダックの株価は暴落し、破産を申請しなければならなくなった。

世界を大きく変えたほかの実例として、近年の世界的な金融危機がある。様々な研究により、この世界的な金融危機は予測し、防ぐことが可能だったことが示されている。例えばハーバード大学のジェフリー・A・フリーデンによれば、2003年から2004年ごろ、多くの国際経済学者やアナリストが世界的なマクロ経済の不均衡に懸念を表明していた。とりわけアメリカの全世界からの借り入れが毎年5,000億ドルから１兆ドル増加していたのは不安材料だった。この巨大な資金流入により、金融や融資による不動産ブームが起こった。金融機関はデリバティブによってこのブームから利益を得ようとした。2003年に、ウォーレン・バフェットはすでにデリバティブを「金融的な大量破壊兵器」と呼んでいる。結局はそれがアメリカのサブプライム危機を引き起こし、金融危機の引き金になった。2005

年には早くも、経済学者の多くは、タイミングや規模については見解の相違があったものの、不均衡が深刻な問題を引き起こすという点では同意していた。2005年から2006年には様々な理論的背景を持つ経済学者が、不動産や金融市場が危険だと警告していた。この時点では、防ぐことは可能だったはずだ。アメリカ政府には海外からの借り入れをもたらした財政赤字を減らし、過熱した景気を減速させる手段を取る余地があった。債務を減らすために、連邦準備制度は金利を上げることもできた。また、金融規制当局はより厳格な規制をすることができた。だが、どの当事者も危機を防ぐ行動をせず、世界にすさまじい影響を与えた[27・28]。シナリオ、とりわけAIにもとづく手法であれば、かなり明白な手がかりのあるこうした状況では役に立ったかもしれない。そうすれば、関係者は回帰分析のように状況がよくなろうと悪くなろうと現状を傍観するだけでなく、起こりうる結果を予見できたかもしれない。

ビジネス界からのもうひとつの例は、（携帯電話が主に通話のためのもので、バッテリー持続時間が信じられないほど長かったころ）異論の余地のない携帯電話業界トップだったノキアだ。2007年11月12日、『フォーブス』は、折りたたみ式携帯電話6000シリーズを擁するノキアで当時CEOを務めていたオリペッカ・カラスブオの巻頭特集記事を掲載した。この写真についた見出しはこうだった。「10億人の顧客を持つノキア――誰が携帯電話キングを捕まえられるのか？」同じ年のわずか数カ月前、6月29日に、アップルは初代のiPhoneを発売していた。スティーブ・ジョブズが１月に発表したばかりの製品だ。それから10年後、iPhoneはアップルに膨大な利益をもたらす主要製品となり、誰もが知るスマートフォンとして世界一の人気を誇っていた。一方ノキアは、2013年9月に電話事業をマイクロソフトに72億ドルで売却している。2013年10月に公表されたアップルの四半期の収益は375億ドル、純利益は75億ドルだった。利益の多くは3,380万台販売したiPhoneによるものだった。電話事業買収はマイクロソフトに利益をもたらさなかった。2016年には、最高時にはおよそ3,000億ドルの価値があったノキアのブランドを2つに分割し、合計わずか3億5,000万ドルで売却することになる。ブランド名はノキアの元従業員によるフィンランドの新しい事業、HMDに移譲され、ノキアの製造、商業化部門はiPhoneの製造業者フォックスコンが購入し、さらにノキア・ブランドの機器が製造されることも決まった。iPhoneを擁したアップルが携帯電話事業トップの座をノキアから奪うことができたのは、彼らが展開を正確に理解し、認識していたのに対し、ノキアはそれをやり過ごし、マルチタッチによる直感的な操作など、顧客が高い料金を払う性能を取り入れなかったからだ。携帯電話はテクノロジーとインフラの飛躍的な進歩により、いくつかの機器のなかのひとつではなく、必須のアイテムに変わった[29・30]。

シナリオの観察には、現在ではAIが利用できる。かつては未来を変えるかもしれない出来事をアナリティクスするために、時間をかけてニュースを調べるチームが必要だった。だが技術的な進歩により、このプロセスは効率化が進んでいる。次章では、この方法を説明しよう。

# 第4章
# 変化しつつあるシナリオ作成プロセス

ここまで語ってきたのはおおむね、シナリオ作成の最初の４つの波についてで、シナリオ・プランニングの第５の波であるシナリオ5.0には軽く触れる程度だった。シナリオ作成プロセスが効率化し、さらに品質も向上しているのは、様々な発展によるところが大きい。アイデアのクラウドソーシング、シナリオ作成プロセスの民主化、プロセス全体のスピードアップ、シナリオ・ナラティブを語り、発表する新しい方法などがその例だ。

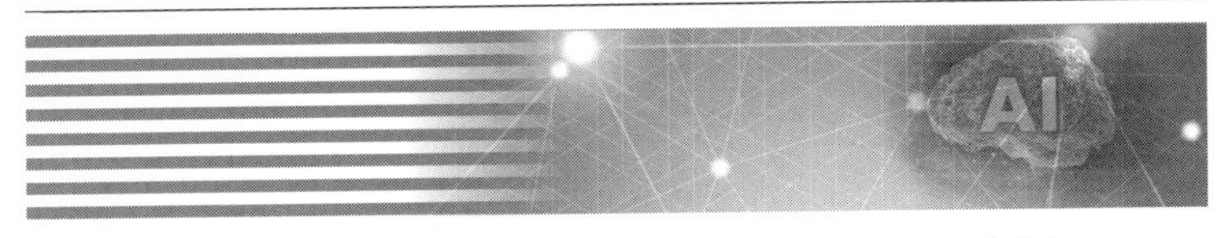


# アイデアのクラウドソーシングとＡＩが生みだす洞察

クラウドソーシングは、大規模で比較的開かれた、多くの場合は変化の早い集団が、共通の目的を達成するためにアイデアを調達する方法だ。クラウドソーシングとは、2005年末に雑誌『WIRED』の編集者であるジェフ・ハウとマーク・ロビンソンが内部の議論で使いはじめた用語だ。彼らはこの言葉で、インターネットを利用して「仕事をクラウドにアウトソーシングする」ビジネスのプロセスを表現しようとしたのだ。「クラウドソーシング」という言葉が現れたのは2005年だが、コンセプトはそれ以前から存在し、インターネットすら存在しない時代から実際に多数行われている。

- 1714年、イギリス政府は「経度賞」を制定した。これは船舶の現在地の経度を決定するための最善の方法を考案した人に報奨金を与える制度だ[1]。
- 1848年、マシュー・フォンテーン・モーリーは自作の「風と海流の図」5,000部を配布した。航海者は、規格化された航海日誌をアメリカ海軍天文台に提出するという条件で、それを無料で受けとることができた[2]。
- 1884年、多くのボランティアが見出し語の目録作成に協力し、オックスフォード英語辞典（OED）の初版が製作された[3]。

インターネットの登場に続いて、現在も行われている様々なクラウドソーシング事業が登場した。

- 2000年に、一般の人々が寄稿し、それによってコミッションを受けとる無料の画像ストックウェブサイトiStockphotoが設立された[4]。
- 最も顕著な例は、2001年に立ちあげられた「アクセス自由、コンテンツ無料のインターネット百科事典」ウィキペディアだろう[5]。

近年では、様々な産業や環境に応用されたクラウドにもとづく手法が数多く存在する。シナリオ作成プロセスのうち、ドライバーの特定と評価という2つの部分はクラウドソーシングに適している。

ドライバーの特定は古典的なクラウドソーシングで行える。未来を作りだすトレンドとドライバーを特定するのにボランティアによるサポートを利用できるからだ。ボランティアがその作業に直接参加することもあれば、専門家のクラウドを利用することもある。インタビューは無制限に行うことはできないが、直接人に質問する代わりにテクノロジーを利用することで、大規模な情報収集をすることができる。手段には文書、音声、動画などがある。オートメーション化された、AIによる文字起こしによって、利用可能な大量のデータを処理することが可能だ。このデータはさらに、クラウドソーシングによって得られた情報を調べ、視覚化する自然言語処理ソフトウェアによって簡単にアナリティクスできる。こうして様々な手段を自動的につなげることで、シナリオ・プランナーはより深く考える時間が得られる。これらの意見収集で表現された発想や意見を吸収し、パターンや共通点を見つけられる。テクノロジーのおかげで、かつてなら不可能だった多数の人々の参加が可能になった。

自分で集めたデータだけでなく、オンラインですでに提供されている多くの情報を取り入れ、無数のデータや文書から選ぶこともできる。会社や取引によるＭ＆Ａ情報、ニュース、専門的な記事やブログデータ、特許データなどからなるデータベースが利用可能だ。博士号を持つ中国の学生の最新のアイデアでも、アイビーリーグの教授のソートリーダーシップでも取り入れられる。キーワードは、データサイエンスの世界で最大のテーマのひとつ、ビッグデータだ。いまのところ、ビッグデータの多くはデータセットのなかでローデータを集めることに集中しており、データを論理的な、作用しあうクラスターとして調査したときに観察される大きな相互作用のことは理解されていない。わたしたちのデータ科学の手法は画期的で、自然言語処理とビッグデータの視覚化によって、大きなデータセットの意味を読みとることができる。こうした手法を使えば、データセットのなかの複雑なつながりや関係を探究し、理解することができる。

ドライバーの評価という面では、クラウドによる投票によってドライバーの影響や不確実性について広い視野から理解することができる。特定のトピックに関する大規模な集団の意見や判断が集められる。シナリオ・プランナーはクラウドを使うことで、知識のある人々が参加しているオンラインのレーティングを利用できる。クラウドによる投票、とりわけコカコーラのボトルのデザインやドミノピザのものなど、製品デザインに関する投票はすでに数多くの例がある。映画産業では、予告編やパイロット版によって新作映画のテストにクラウドソーシングを利用している。アマゾンのオリジナル製作ドラマもそのひとつだ。かつては少数の専門家に意見を求めることができるだけだったが、いまではより正確に不確実性を見きわめるために、幅広い専門家から膨大なデータを集めることができる。

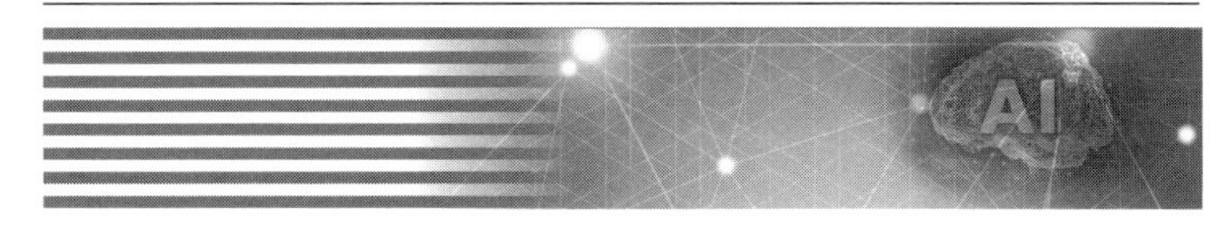


# シナリオ作成プロセスの民主化

かつてのシナリオ・プランニングはエリートのためのツールだった。それはフランスのロマンティックな城とか富士山の麓といった特別な場所で、経営幹部が有力なオピニオン・リーダーと直接会って研修を行う、といったものだった。いまでは(そして今後もずっと)、テクノロジーによってこの過程の民主化が成し遂げられている。上記のクラウドソーシングは、シナリオ作成プロセスを民主化し、より多くの人々を参加させるために欠かせないツールだ。また、シナリオ思考を利用できる組織は増えるだろう。伝統的なデータ収集のための調査では、どの組織も標準的な手法を知ることができるが、多くの時間とリソースを割かなくてはならなかった。プロセスの民主化によって、情報収集とアナリティクスのためにやるべきことは、大規模プロジェクトでも少額の予算での取り組みでもあまり変わらないものになった。

# シナリオ作成プロセスのスピードアップ

戦略家が用いる標準的なツールに含まれるほかの方法と比較して、シナリオはすばやいツールへと変貌した。伝統的なシナリオ・プランニングのプロジェクトでは、シナリオを戦略に取り入れる前に、作成だけで少なくとも５カ月、最大で１年かかっていた。重要な問題の専門家全員と面談し、彼らをワークショップに参加させ、効果的なコミュニケーションを行うにはかなりの時間が必要だった。クラウドソーシングや民主化にもとづく最新のテクノロジーを用いることで、各プロジェクトをスピードアップし、品質を損なうことなく効果的なシナリオ・プロジェクトを４週間から６週間で行うことができる。リモートワークの割合を高めれば、移動は少なくてすむため、環境的な負荷も減らせる。

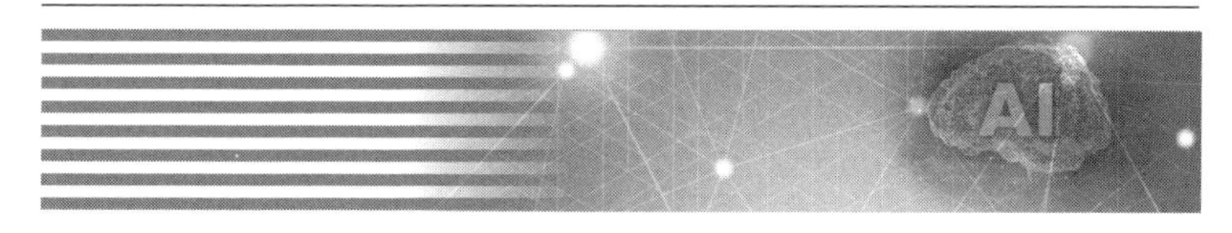


# ストーリーテリングの新手法

シナリオはストーリーだ。ストーリーには鮮やかな、説得力のある語りが必要だ。そのため、明確なストーリーテリングの能力が求められる。人類の歴史のあらゆる時代や世代から得た知恵を語りの技法として結びつけ、わたしたちはいま、思考や感覚を伝えるかつてないほどの方法を手に入れている。人間の種としての独特さは、ストーリーを語らずにはいられないことだ。ただし、その方法は初期の洞窟壁画から今日のユーチューブ動画のブログ、インスタグラムのストーリー、ティックトックの動画へと、大きく変化してきた。ドイツの作家クルト・トゥホルスキーは「他者に影響を及ぼすには、まず相手の言語を話さなくてはならない[6]」と語っている。また、相手のストーリーテリングの方法や媒体を使うことも必要だ。人類の進化においてストーリーテリングが人類学的な意味を持っていたことは、様々な研究で確認されている。世代を通じて伝えられてきた口伝であれ、知識にもとづく記録であれ、小説やデジタルメディアであれ、歴史を語ることは人が存在するうえで欠かせない手段だ[7]。多くの研究によって、小説を読むことで共感する力は高まることが示されている[8]。ハリー・ポッターシリーズの読者を対象にしたある研究では、「さげすまれた集団への態度が改善した」ことがわかっている[9]。

ナラティブの形式は、140から280文字で表現するツイッターや、絵文字、短いユーチューブ動画などにも進化を遂げている。インターネットの発展によって新しい発想に触れられるようになり、文化による相違は曖昧になるなど、ストーリーの語り方は大きく変わった。SNSによって、ユーザー参加やカスタマイズされたナラティブによる全世界の視聴者に向けたリアルタイムのストーリーなど、新しい語り方が生まれている。かつては家族や友人などと会って話をすることで、身近な人々とストーリーを共有するだけだったが、いまでは全世界に向けて語ることができる。特定の問題に焦点を当てた発信が、世界中の注目を集めることもある。また、見ず知らずの人々の視線を求めることで、プライバシーやアイデンティティに対する考え方も変化した。フィードバックが無選別で得られるため、見せ方も最善のものが追求されるようになっている。

大きな変化を遂げた今日の世界では、意思決定者の注目を集める新しい方法が必要だ。コンサルティングでは、結論を伝えるために主にスライドが使われるが、それはナラティブを伝える媒体としては最善ではない。歴史的には、シナリオは散文や劇作によって表現されてきた。しかしテクノロジーの発展により、新しいストーリーテリングの方法が可能になった。新しい世界では、ストーリーもまた装いを新たにする。動画などのデジタルメディアは時代精神の変化を取り入れなくてはならない。デジタル化とは、集中力の持続時間の短縮を意味する。マイクロソフトによる研究でも、デジタル化された生活のために、わたしたちは集中を長時間保つことが困難になっていることが明らかになっている。それによると、10年あまりの間に、人が同じものに意識を向けている時間は12秒から8秒に減少している[10]。フェイスブックやインスタグラムなどのプラットフォームによって、利用者はインターネット上の誰でも、あるいは情報を公開する相手を選んで、自分の意見を表現することができる。テクノロジーによって誰もが自分の意見を全世界と簡単に共有する能力を得たというのは、すばらしいことだ。こうした変化にならって、わたしたちは新しい媒体として動画を用いる。イメージと音を組み合わせれば、文章だけのナラティブよりも内容を凝縮できる。ストックされた素材が利用できるクラウドソーシングは、この発展に不可欠だった。以前は高価なテクノロジーと膨大な作業が必要だった驚異的な動画を早く、安価で製作できるようになったからだ。いまでは、誰もが使いやすいツールでそれを利用できる。親近感を増すために、経営幹部や主な関係者が動画に出演することさえ可能だ。テクノロジーの発展により、ナラティブに取り入れる高画質の動画をスマートフォンで撮影できるし、簡単な編集ソフトを無料かごく安いコストで使うことができる。わたしたち今日のストーリーテラーには、石器時代の洞窟壁画の芸術家よりもはるかに多くのオプションがある。作家や芸術家の環境が進歩したのは数十年前からのことだが、物語ることは人間の本性であり、歴史を通じて続けられてきた。世界はインターネット出現以前とは大きく変わり、ストーリーテリングの方法も変わったが、それが必要な理由は変わっていない。新しいテクノロジーはストーリーを変えた。人は今後もストーリーを作り、語ることをやめないだろうが、その方法は時代に合わせて変化していくはずだ。最高のナラティブのなかには、過去の最高のストーリーと似ているものも、あらゆる点で異なっているものもあるだろう。目の肥えた視聴者は非現実なところがあればすぐに気がついてしまうため、世界中の知識をつねに手元に置き、シナリオのストーリーは慎重に作成しなければならない。また、テクノロジーは視聴者を磁石のように大量に吸い寄せるため、ストーリーはすばやく拡散する。

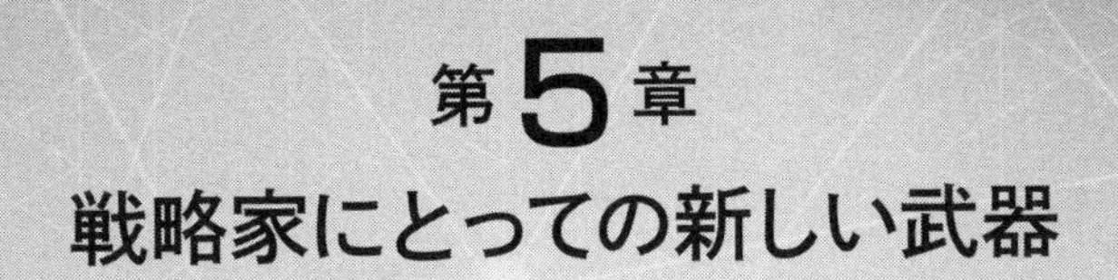

# 第5章 戦略家にとっての新しい武器

# リーダーにしか使えない「超能力」

ここまで読んだ読者には、妥当な戦略的意思決定をするための優秀な戦略的ツールセットがすでに与えられている。しかし、優秀どころではなく、長期的行動と短期的行動を結びつけられるスーパー戦略家になれるとしたらどうだろう。そうすれば、つねに自信を持ってすべての戦略的意思決定ができる。また、すべての選択は手に入るあらゆる事実、側面、視野を取り入れたものだといえる。すべての関係者に長期志向の成長ストーリーを提供し、短期のKPIをコントロールできる能力が手に入るとしたらどうだろう。そうすれば、つねに大きな視野を意識しながら、戦略の目標に沿うようにチームを日々動かせる。また戦略的リーダーとして、ビジョンを持ち、マネジメントの内部（チーム、労働組合など）だけでなく外部（選ばれたサプライヤー、ターゲット顧客／クライアント）を巻きこんだ具体的な戦略的選択を行える。つまり「超能力」を持った戦略家になれるのだ。

少し時間を取って考えてみよう。そもそも、「超能力」を持った戦略的意思決定者は必要なのだろうか？　「超能力」を持ったヒーローは敵と戦い、ほかの誰にも解けないような問題を解決する。だが、目の前に立ちはだかるものがなかったら、ヒーローは残念なことに存在理由を失ってしまう。戦略の世界が調和し、理想的な状況にあるなら、ヒーローは必要ではない。わたしたちの話もここで終わる。ところが不幸なことに、現実は戦略にとって天国とはほど遠い。

様々な学術的研究によれば、戦略家の成功率に関してはかなりの議論がある。この点も少し考えてみる必要がある。専門家とのやり取りには、成功への信頼が欠かせない。信頼できない医師との会話を想像してみよう[1]。その医師に心臓切開や脳外科手術、あるいはほかの主要な臓器への手術を成功させる能力があると信頼できないとしたら、診察室からすぐに出ていくのではないだろうか？　医師の優位は情報の不均衡にある。人はたいてい、医師の能力を事前に知ることができないから信頼する。わたしたちは多くの場合、専門家と自分の知識の格差を感じている。その差が大きいほど、自分では証明できない専門家の能力に対する信頼が必要になる。企業や公共の問題に関しては、わたしたちは意思決定者を信頼し、そして意思決定者は戦略的アドバイザーを信頼する。戦略的アドバイザーへの信頼を失わせる理由がある場合には、その分野は根本的に危険にさらされる。では、数字によってわたしたちは何を知ることができるのかを検討してみよう。

組織は戦略的アドバイスがある場合とない場合で、どちらがうまくいくか、という根本的な疑問に関しては、かなりの数の文献が存在する。そもそも、信頼する、あるいは信頼しないだけの十分な理由はあるのだろうか？　これに関しては、心もとないことに、戦略の失敗率は90パーセントに達するという研究者もいれば、失敗率はおよそ５パーセントだと考える研究者もいる[2]。全体的な結論に達することができる、深いメタ分析は近年行われていないが、この議論そのものが戦略的アドバイザーへの信頼を損なうものだということはいえるだろう。全組織の未来がかかっているときに、成功率のかなり疑わしいアドバイザーやそのフレームワークに時間と金銭を割くだろうか？そして、株主に大きな財政的影響を与え、従業員の存在基盤を危険にさらせるだろうか？　あなたの答えはおそらくノーだろう。そしてそれが、現在市場で起こっていることだ。

戦略への信頼は危機に瀕している。戦略的アドバイザーだけでなく、この分野の方法、フレームワーク、手法全体が信頼を失っている。多くの企業は長期的な思考の代わりに、毎月、あるいは毎週、多くの場合は四半期の株式市場での成果を期待して、様々な手を打っている。その結果、戦略的意思決定は遅れ、あるいは決断力に欠けるものになっている。だが、誰が意思決定者を非難できるだろうか。多くの人は、戦略的手法になんの価値も見いだせなくなっている。その代わりに意識しているのはつぎのトレンドや誇大広告されたテクノロジーといった手段ばかりだ。しかし、彼らの個人的なKPIも長期ではなく短期志向で判断されるのだから、批判することは誰にもできないだろう。つまり、現在は戦略よりも短期的な戦術のほうが優位になっているのだ。

戦略コンサルティングの市場全体はこの10年で拡大している[3]という見解もあるが、その数字は慎重に解釈しなければならない。第1に、成長は普通、世界的な経済発展の局面と関連している。つまり経済全体がうまくいっていれば、戦略ビジネスもうまくいくという簡単な式が成りたつ。ここで問うべきは、仮に信頼度がより高ければ、より大きな成長が可能だったかということだ。第２に、戦略はもはや単独で行われるものではなく、実践と密接に関わっている[4]。つまり、純粋な戦略プロジェクトは減少しているのだ。第３に、本当の成長ストーリーは戦略ではなく、テクノロジー、デジタル、アナリティクスに関連するコンサルティングにある。こうした発展に対する答えは、「デジタル戦略」や「戦略的アナリティクス」といった新しい組み合わせのパッケージを提示し、クライアントがデジタルやアナリティクスの潮流に備え、データの意味を理解するのをサポートすることだ。かつては、最初に戦略チームがクライアントと面談し、その戦略を実行するほかのチームを選ぶのが当たり前だった。だが近ごろでは、戦略コンサルタントはアナリティクスやデジタル部門から参加を要請され、感謝する立場になっている。わたしたちはここで、こんな悲観的な未来を描くつもりはない。そもそも、戦略はいまも、長期的な思考に欠かせないものなのだ。

結局、数字にも示されているとおり、戦略的コンサルティングは自ら刷新しつづけるかぎり、コンサルティング市場の大きな部分を担っている。だが、日々の実践のなかで、伝統的な、純粋な戦略的手法への疑念が高まっているのは明らかだ。２、３カ月の、コンセプトのみの戦略プロジェクトは、以前は高い評判を得ていたが、最近ではあまり行われなくなっている。戦略市場の実態が明白になるのは、つぎの景気後退のときだろう。

また、もっと恐ろしい徴候もある。ビジネスマンやMBA取得を目指している学生に戦略の定義を質問してみよう。尋ねられた相手のぽかんとした表情に驚かされるはずだ。戦略は何もかもを意味する、つまり何も意味しない言葉になりつつあるのだ。それに、正直なところ、本書の前章までを読む前に、戦略とはなんのためものものかと問われたら、あなたはどれだけ答えることができただろうか。第2章では、わたしたちが探究している定義のひとつは、長期志向だということを見てきた。また、戦略とは何をし、何をしないかを選択することだ、と。また、職業としての戦略家は信頼を失い、危機に瀕しているということも知った。つまりわたしたちは、戦略的意思決定の長期的な成功を目指すためには、取るべき戦略を考え、正しい選択をしなければならない状況に置かれている。

要約すると、戦略は最高のビジネス規範から、単に影のような存在へと転落し、戦術を実行するおまけになり、話題のテクノロジーに吸収されてしまう危険にさらされている。関係者の信頼を損ないかねない状況だ。人々はわたしたち戦略立案者がなぜきちんと仕事できないのかと思いはじめている。戦略的マネジメント全体が危機にひんしている。わたしたちの愛する仕事を長期的に成功させるためには、「超能力」がどうしても必要な状況なのだ。

この章では、AIを利用した戦略家が「超能力」を手に入れる方法をお伝えする。この力は、スーパーマンよりも、力を生みだし、アイアンマンとしてそれを使ったトニー・スタークに近い。生まれつき「超能力」を持っているスーパーマンとは異なり、アイアンマンはAIであるジャービスを利用することで能力を拡張し、的確な情報を得たうえで判断し、最後には敵を倒す。

先にひとつ重要なことをお伝えしておこう。これは長期志向のリーダー、あるいは長期思考であろうとするリーダーにしか使えない「超能力」だ。その理由は、長期志向のリーダーにしかこの力の賢明な使い方はわからないからだ。それはつぎの節で説明しよう。この「超能力」がどのようなものかを知るためには、戦略家にとっての最大の「敵」について知る必要がある。敵を知らなければ、それを倒すことはできない。さらに、わたしたちは過去の成功からより多くのことを学び、典型的な間違いを避け、よりよい意思決定ができるようにならなくてはならない。最後に、AIを利用したシナリオ思考の拡張について語ろう。戦略における最も効果の確かなツールのひとつと、人類の歴史上最先端のテクノロジーが結びつくことで、大きな効果が生みだされる。わたしたちは確かな自信を持って、それは「超能力」と呼びうるものだと考えている。

## 戦略の成功——そして失敗——の秘密

意思決定者として能力を高めるには、短所を克服するか長所を伸ばすかというふたつのオプションがある。

前者については、まず自分の短所を知る必要がある。どの分野で力が足りないのかをはっきりと理解し、それからその対策を立てていく。例えばある戦略家に、短期的な目標を達成する能力が欠けているとする。戦略家は普通、戦略的目標に達するための訓練だけを受け、そのためのフレームワークを大量に持っている。ただし、製造ラインの急な遅延やＩＴシステムの不具合に対処するのはあまり上手ではない。1637年のチューリップ・バブル崩壊を例に取ろう。いわゆる「チューリップ・バブル」の間に、球根の価格は短期的に本来の価格よりもはるかに高騰した[5]。これは明らかにデイトレーダーの守備範囲だ。デイトレーダーは毎日、投資するかしないかを判断している。優秀な戦略アドバイザーは、デイトレーダーに意見を求めて財政上の目標を達成しようとするだろうが、自分でデイトレーダーの代わりを務めることはない。戦略的な目標が財政的な安定なら、適切な戦略的選択は、特定の市場だけではなく多様な市場の領域（例えばチューリップや、生産のための新しい機械など）に投資することだ。正確にいつ投資し、いつ手を引くかの判断はその市場の専門家（花を扱うデイトレーダーなど）に委ねる。戦略家は、加熱した短期市場で軌道修正をするのは得意ではないだろう。しかし、その前に適切な投資場所を選ぶ際にはよい忠告ができる。最も重要なのは、自分の欠点がどこにあるかを知ったら、その分野に手を出すという誘惑に負けないことだ。あなたは短期志向ではないのだ。だから、決して短期的なアドバイスをしてはならない。

ますます短期志向で受動的になりつつある世界のなかで、このように長期的な問題に特化することは弱点と受けとられかねない。しかし、「短期」が得意ではなく、「短期」への需要が高いのであれば、それを修正し、能力向上を目指すべきだという議論もありうる。典型的な対応策は、戦略的フレームワークを短期の意思決定に修正して適用する、ということになるのだろう。しかし、わたしたちの経験ではそれはお勧めできない。戦略家がそれ以外の何かになろうとするなら、おそらく一から始めなければならない。人は誰も、ふたつの異なる学位を取り、ふたつの異なるキャリアを完全に歩むほど長く生きることはできないのだ。成功する可能性はあるが、それにはかなりの能力が必要にある。ならば、現実を直視しよう。短期には手を出してはならないのだ。近年需要が高いからといって、短期的なアドバイスが得意であるようなふりをする誘惑に負けてはならない。以下のような、より洗練された提案はいかがだろうか。もしわたしたち戦略家が、そもそも短期的に活発に動かなくてもいいような長期的なアドバイスを企業に提示できれば、議論をひっくり返すことができる。メッセージは、わたしたちは御社の短期的な問題の解決を助けることはできませんが、それを減らすことはできます、というものになる。

この２番目のオプションは、人は長所を伸ばすべきだという見解から生まれるものだ。その理由は、人が何かにおいて超越した存在になれるのは、すでに得意な何かをさらに伸ばすときだけだからだ。GEのジャック・ウェルチはそれを組織全体に拡張し、1980年代に「ランク・アンド・ヤンク（格付けと解雇）」という人事制度を取り入れた。彼は成績の悪いマネージャーを全員解雇し、成績のよいマネージャーを昇進させることで、明確に「強み」に集中し、「弱み」を切り捨てたのだ[6]。この手法による、純資産の面での成功はすさまじいものだった。もちろん道徳上のジレンマも当然ある（また、最近ではこうした「金融工学」による極端な株主価値志向がもたらす副作用も議論されているが、それは別の問題だ）。それでも、自分の強みを伸ばすという手法はリソースもあまり必要としないところもよい。

まとめると、自分の成功のもとを突きとめ、それを最大限活用すれば、戦略的思考をふたたび蘇らせる可能性は最も高くなる。つまり、戦略の本来の強みをさらに押し広げ、超能力を生みだすことができる。それを成し遂げるには、まず戦略家が持つ強みを定義しなければならない。

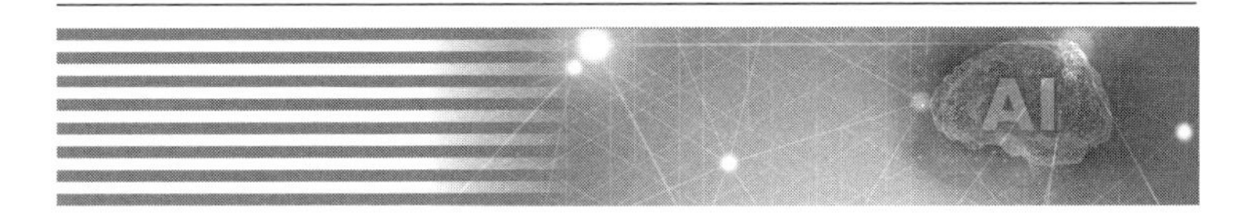


# 戦略家本来の強み

　戦略家が本来持つ強みに近づくために、わたしたちの最も堅牢なフレームワークであるシナリオ思考をもう一度確認しよう。第２章で、際だった戦略家のツールセットにはシナリオが欠かせないことが明らかになった。強み（Strength）、弱み（Weakness）、機会（Opportunity）、脅威（Threat）、をアナリティクスするＳＷＯＴ分析や、ポーターのファイブ・フォース分析、ＢＣＧの成長率・市場占有率マトリックスのような有益な戦略的フレームワークはたくさんあるが、ここで紹介したシナリオ思考というフレームワークはとりわけ魅力的だ。わたしたち本書の著者は、キャリアのかなりの時間をこの、何十年も知られている共通の知識であり、明確な言葉で語られるツールセットに費やしてきた。より正確には、それをマスターするためにたくさんの時間と努力を投資してきた。世界中の数多くのクライアントを担当し、方法への信頼にもとづいて、そしてシナリオ思考こそが戦略の成功要因であるという経験に裏づけられて、戦略的な目標の達成を手助けしてきた。その結果、シナリオ思考はすばらしいフレームワークのひとつであるにとどまらず、大きな刺激を与えてくれるマインドセットなのだと考えるに至った。そこには効果の証明されたツールセットや整然としたプロセス、学ぶべき数百もの実例だけでなく、専門家としてのアイデアの源が含まれている。というのは、シナリオ思考は大きな目標を目指すものだからだ。勝ちとるだけの価値があり、仲間たちが一体となり、必要なら火の粉をくぐってでも共に歩めるような目標を。達成できれば、現状を一変させるような大きな目標を。

前章の結論は、戦略家は成功するためにシナリオ思考を使って戦略オプションに風洞試験を行うというものだった。これは完全にうまくいくが、なぜそうしなければならないかという本来の動機は見過ごされてしまいかねない。動機は、大きな目標を達成することだ。言い換えると、シナリオ思考は重要な、人を鼓舞する目標を実現させてくれる。

さらに超能力を手に入れるためには、この強みのもとをはっきりさせ、それをしっかりとマスターしなければならない。戦略と戦術を根本的に分けるものはなんなのかを理解しなければならない。その違いは、大きな目標と、小さな目標を達成することの間にあるものだ。それは意外なほど明白だが、謎めいたもの——時間だ。

時間は、わたしたちに戦略的な強みを与えてくれる秘薬の基本的な要素だ。大きな目標はすべて、それを追求するだけの時間が企業にあるときにのみ達成される。逆にいうと、目標が大きいほど、そして達成しなければならない目標が大きいほど、それだけ時間が必要になる。こうした単純な論理が、わたしたち戦略家の結果に影響を及ぼしている。

ナポレオンは、「戦略とは時間と空間を使う技術だ」と述べている。彼はさらに、「空間は取り戻せるが、失われた時間は決して取り戻せない[7]」と語り、時間をとくに重視している。時間は、「長期的な」思考にすでに含まれている。それは論理的な帰結だ。高い評価を得ている経済学者で戦略家のウラジミール・クヴィントはこの発想を現代の戦略の「数学的な」公式に取り入れ、「戦略は時間とコスト、そして（中略）戦略的発想の積だ」と述べている[8]。

多くの建築用ブロック／石（達成された短期的目標）からなる巨大な宮殿／家屋（戦略的目標）を加工し、組み立てるために必要となる第1の資源が時間だ（図6）。戦略にもとづかない、短期的な家は結果的に小さく、壊れやすいものになる。短期間に建設されたため、使用された建築用ブロック（達成された短期的目標）も少ないからだ。それゆえ、意思決定者あるいはアドバイザーとして生きていくうえで大きく安定し、また人を鼓舞するような目標に達するためには時間が必要なのだ。ますます短期的になりつつある世界でいかにしてこの価値ある資産を手に入れるかを考える前に、実在する時間の達人を目にすることでさらに前提を深く掘りさげよう。戦略にもとづかない目標とは対照的に、図6のように、戦略的目標を達成するには多くの時間と多くの達成された短期的目標が必要になる。

図6　時間の経過と、戦略にもとづかない目標、戦略的目標

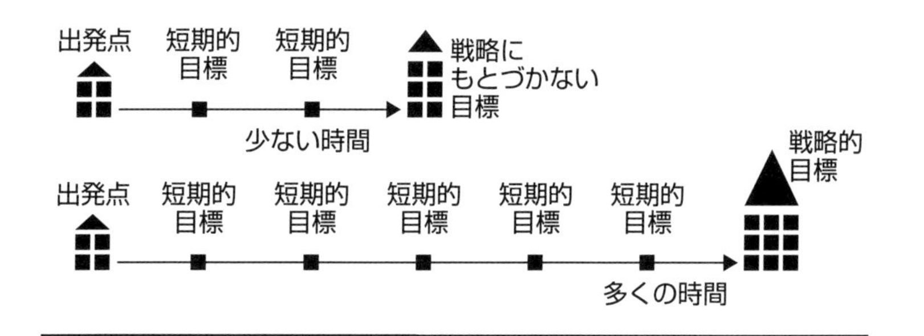

スティーブ・ジョブズやジェフ・ベゾス、イーロン・マスクといった戦略家は直感的なアイデアや製品で知られている。しかし、彼らの成功のもうひとつの重要な要因である時間はしばしば過小評価されている。イーロン・マスクの言葉を例に、その行間を想像してみよう。

そのために重要なのは、妥協のない電気自動車です。だからテスラ・ロードスターのデザインは、ポルシェやフェラーリのようなガソリン車のスポーツカーと1対1で並べても勝てる。それに加えて、プリウスの2倍のエネルギー効率を実現しています。それでも、これが世界にとってよいものなのかを疑問視する人はいるでしょう。これ以上高性能のスポーツカーを増やす必要なんてあるのだろうか。世界の炭素排出量を減らす効果が本当にあるのだろうか。これらの疑問への答えは、ノーと、それほどでもない、ということになります。しかし、それは重要な点ではないのです。さきほどほのめかした、秘密のマスタープランを理解すればおわかりになるでしょう。新しいテクノロジーは当初、ほとんどどれも最適化されるまでに高い単価がかかりますが、電気自動車もまったく同じです。テスラの戦略は、顧客が高額の費用を払うことのできる高級市場に入りこみ、それからできるだけ早く、新製品を出すたびに、大量生産により低価格で提供できる市場に進出することです[9]。

ここまでに導入した用語を使って、より詳しく見ていこう。「戦略的目標」は、エネルギー効率のよい自動車のトップ企業になることだ。だが「短期的目標」としてすぐにそのような自動車（例えば大衆車）を製造するのではなく、彼は別の戦略的な短期的目標を置いた。価格が高いため高コストに対処しやすい高級スポーツカーだ。イーロン・マスクの「秘密のマスタープラン」とは、最終的な、意味深い目標を成し遂げる前に、ふたつの短期的目標を達成するためにできるだけ多くの時間を確保することだ。建築用ブロックの数が多いほど、完成する家屋は大きくなり、それだけ時間も必要になる。彼は自分の目標を実現するために多くの時間を必要としている。そのためには、はるかあとになって自動車を大量生産するために、まず高級スポーツカーを製造するという、直感的には理解しにくい手段を取らなくてはならない。

際だった戦略的リーダーの例は多いが、全員に共通するのは、多くの時間を確保するための秘訣だ。時は金であるだけでなく、持続可能な、利益の大きいビジネスを作りあげるための必需品でもある。初期投資を支援するファンド、インベスティブルの共同設立者クリール・プライスはこう述べている。

わたしたちは１年で達成できることを過大評価し、５年で達成できることを過小評価しがちだ[10]。

現実の例は物事を鮮やかに見えるようにするのに役に立つ。さらに理解を深めるために思考実験を行おう。以下の単純な思考実験が正しければ、戦略と戦術を分ける最も重要な要素は時間であることになる。

完全に同一な、双子の会社２社を想像しよう。知的所有権やバランスシート、リーダー、人材などの面で、それらはまったく同じだ。唯一の違いは、A社は目標を達成するのに、B社よりも多くの時間を持っていることだ。両社ともスタートアップだが、A社のほうがB社よりもはるかに先立って設立された場合には、こうしたことは十分にありうる。両社とも、同じ期限までにベンチャー投資家から創業資金を獲得することを狙っている。

ベンチャー投資家は両社に、製品／サービスが満たすべき条件と、それがどの市場に適合しなくてはならないかを明確に伝えてある。こうした条件下では、ほとんどの場合でA社が勝利を収めるだろう。彼らは製品／サービスの完成度をさらに高めるだけの時間があるからだ。B社よりも創造性を発揮し、多くの調査を行い、最適な答えを見つけるだけの時間がある。ここまでは順調だが、考えるべきことはほかにもある。

時間の重圧が動機になる、と主張する人もいるだろう。よいアイデアは「ダイヤモンド」と呼ばれることがある。そしてダイヤモンドは石炭（より正確には、炭素）に高い圧力を加えることで生まれる。それと同じことだ、と。だとすると、B社は高い圧力のもとで行った重要な会議で、万にひとつの付加価値を生みだすアイデアを手に入れ、A社を上回るかもしれない。

ちなみに、多くのビジネス・コンサルタントはこの原則に従っている。コンサルタントの時間は比較的コストが高い。そしてあまりに短期間に、あまりに多くを要求される。また多くの場合、与えられた時間がごくわずかであることを思えば、驚異的な成果を挙げている。とはいえ、コンサルティングの案件で、クライアント側の有能な社員から、最適な解決策をその場ですぐに見つけるようにといわれたら、創造性も動機も発揮しようがないはずだ。時間が差別化要因でないとしたら、この状況で、ほかにどんな要因がありうるだろう？

最終的に、Ａ社とＢ社がどちらもシードマネーを手に入れたとしよう。この想像上の双子の会社は、やはりすべてが同一だ。唯一の違いもやはり時間だが、今回は実際のビジネスの局面に関わる時間だ。つまり純粋に社内の問題のみが焦点となる状況から、外部環境も関わる状況へと変えてみる。

Ａ社には５年の期間が与えられており、Ｂ社に与えられた期間は２つに区切られている。第１の期間は２年半で、第２の期間はその終了後の２年半だ。数字は現実世界のスタートアップ企業とは一致していない。ここでは相対的な価値のみを考える。つまり合計ではＢ社にはＡ社と同じだけ時間が与えられているが、それが短い２つの期間に分けられているとする。一定期間後に、両社は成果を公表することになっている。出資者が関心を抱くのは直近のキャッシュフローのみだ。前提として、すべてのリーダーがイーロン・マスクのように、長期的な成功を投資家に確信させられるわけではない。成果にもとづき、Ａ社とＢ社のどちらを存続させるかが決定される。したがってＢ社は短期的な目標達成を目指し、Ａ社は比較的長期の視野に立つ。

今回もやはり、わたしたちはＡ社が優位であり、Ｂ社に対して勝利を収めるという仮説を立てる。なぜなら成果を公表するまでに時間というリソースを豊富に持っているからだ。どうだろうか？　ここでの違いは、両社の成功（あるいは失敗）は自分たちだけでなく、かなり多くの部分がその周囲で起こることに依存している。言い換えると、外的な、コントロールできない影響が入りこんでくる。

創業の局面に関して行った思考実験とは対照的に、今回は外的な環境が会社の成功に大きな役割を果たすことになる。ここで外的な環境というのは、会社そのものによって直接コントロールされないものすべて、例えば顧客や販売者、政治的な規制の状況などを指す。時間の重圧をチーム内に及ぼすという〝トリック〟はもう使えない。顧客はチームに加えられた時間の重圧などはお構いなしに、製品やサービスの品質と価格のみを考慮する。

結局、創業の局面では社内の問題が最大の役割を果たしていたが、ビジネスの局面では外的な問題が大きくなる。政府から、製品が満たすべき統一基準を示した新しい規制が発表されたと想像してみよう。基準への適合が求められるのは３年後だ。両社とも、それに適合させるための投資が必要になる。A社はその基準を満たさなくても製品を作ることができる。時間は豊富にある。最初のバージョンの製品を２年後に作ったあと、まだ高い基準への適合が要求される規制が有効になる前に十分な時間がある。彼らは安価な、基準に達しない製品を１年間販売することによって現金を手に入れ、その資金を長期的に基準に適合した次世代の製品を製作するために投入できる。２年目から製品のアップデートを開始し、十分な資金と時間を持ってそれを４年目に入るまでに完成させればいい。対照的に、B社は２年半後には成果を判断されるため、すぐに基準に適合した製品を作らなくてはならない。将来適用される基準を満たした製品がなければ、短期志向の出資者を納得させ、つぎのチャンスを得ることは難しいだろう。時間は限られているため、安全基準を満たすために製品を修正する機会は１度しかない。この製品は基準を満たすことができても、Ａ社の第２世代の製品には劣るだろう。その結果、Ａ社がＢ社を成績で上回る。Ａ社は、２つの短期的目標を達成するための時間がより豊富にあるためだ。その理由は第１に、基準を満たさない製品でキャッシュが得られること、そして第２に、基準を満たす第２の製品への投資ができることだ。Ｂ社はすでに最初の製品で基準を満たさなくてはならず、短期的な目標を達成するために劣った解決策を取る以外にオプションはない。

こうしたことが、時間となんの関係があるのか？　時間はここでは大きな競合上の優位になる。というのは、Ａ社は例えば最初の２年半を、ちょうどイーロン・マスクがテスラ・ロードスターの製造に手腕を注ぎこんだように、将来の成功のための基礎として使うことができるからだ。例えばアップルは、時間を使い、スマートフォンのためのエコシステムを整備した。サムスンら競合他社は性能で劣らないスマートフォンを製造することはできたが、製品のエコシステムまでは短期間では整えられない。その結果、アップルは長期的なエコシステムへの投資によって守られており、短期的な戦いに巻きこまれずにすんでいる。

まだ終わりではない。Ａ社、Ｂ社同様に、外的な環境に依存している。ここまででそれはわかった。よって、自社の発展の速度に関わらず、外的環境は独自のペースを守って変化していく。それは、A社は例えば顧客を納得させるだけの時間をより多く持っているということだ。それは忠実なファン層を作ることに関わってくる。エコシステムへの長期的な投資がなかったら、アップルウォッチはほかのスマートウォッチと変わりない、とりたてて価値のない普通の製品に終わっていただろう。だがアップルウォッチは単なる1つの製品ではなくエコシステムにつながった、それ以上の価値を持つものになった。顧客はエコシステムに親しむだけの時間があり、会社が長期的な志向であることを信頼している。自分が持っているハードウェアや、iPhoneやMacBookで知っているアプリとの連携が完全であることだけでなく、ソフトウェアのアップデートなどによるサポートを何年も受けられることを知ったうえでアップルウォッチを購入する。

要するに、戦略は自分にとって好ましい戦場を定義する、あるいは少なくとも選ぶことを可能にするのだ。ウォーレン・バフェットは、「今日日陰にすわっている人がいるのは、誰かが大昔に木を植えたからだ[11]」と語っている。

思考実験はこれくらいにして、現実世界に戻ろう。時間が違いを生みだすというこの議論が正しいのなら、長期志向の戦略は短期志向のものよりも成功するという証拠は見つかるのだろうか？　この思考実験でのA社のような豊富な時間を持った企業はあるのだろうか？　もしあるのなら、長期志向の戦略による成功例があるはずだ。どう思われるだろうか？

数字を調べてみよう。時間を戦略的な資源として高い価値があるものとみなしている現実の企業はどれくらい成功しているだろうか？　コンサルティング会社マッキンゼーもこれと同じことを問い、かなり明確な結果を得ている。2001年から2015年にアメリカで上場されている615の大企業と中堅企業のアナリティクスにもとづき、投資や成長、利益の質、利益マネジメントのパターンを確認した。

2001年から2014年まで、長期志向の企業の売上高は累計でそれ以外の企業よりも平均47パーセント増加し、なおかつ変動が少なかった。長期志向の企業の利益はこの期間に累計でそれ以外の企業よりも36パーセント増加し、経済的利益は平均で84パーセント増加している。（中略）われわれの調査により、「長期志向」と分類した企業は短期志向の企業よりも主な経済的、財政的指標でよい成績を収めている[12]。

これだけではない。キャロライン・フラマーとプラティマ・バンセルは、長期志向の報酬制度を採用することが株価によい影響を与えるかどうかを調査した。結果は明白だった。よい影響を与えていることは確実だった。「経営幹部に役員報酬という形で長期的なインセンティブを与えることがビジネスの成績を改善させるという、明白な因果関係による証拠があった[13]」。重要なことは、これは新しい知識ではないということだ。フランソワ・ブロシェ、ジョージ・セラフィム、マリア・ルーミオッティによって、世界金融危機の直後に行われたとても興味深い調査を例に取ろう。彼らは経営者と投資家や幹部の会話をアナリティクスし、議論が短期的か長期的かという傾向と、その企業の株価の動きを比較した。例えば、経営幹部が投資家を説得する会話で「週」よりも「年」という言葉を強調していれば、長期的な志向があるといえる。答えは想像どおりだ——長期志向は株価によい影響を与えていた。この調査ではさらに、意欲をかきたてる現象が明らかにされた。どんな投資家をどんな言葉で説得するかは経営幹部の手腕次第だが、財政的な会話が長期の議論にもとづいているほど、長期的な視野を持つ投資家が周囲にいるのだ[14]。

思考実験と経験的な証拠から、時間と長期志向の戦略的手法は成功をもたらす主な要因だということがとても鮮やかに示された。一般的に、価値あることをなすには時間がかかるものだ。それが成功するための最も重要な要素なのだという人もいる。

しかし、時間は大きな影響を与えるものの、手に入れるのはかなり難しい。CEOや戦略的意思決定者、企業のリーダーなど、非常に有能で信頼された人材だけがこの貴重な資源を上手に扱うことができるというのは驚くべきことではないだろう。彼らは未来の時間を何に使うかを的確に判断する。

ならばなぜ、戦略コンサルタントとして経験していくなかで、長期志向の戦略よりも短期志向の戦略を数多く目にするのだろうか？　なぜイーロン・マスクやスティーブ・ジョブズといった人々は稀で、スターのような扱いを受け、個人的なファンが存在するのだろうか？　なぜより長い期間を前提とする戦略家はこれほど少ないのか？

戦略アドバイザーや株主、さらにはメディアは、あらゆる戦略やプロジェクト企画書から時間という概念を圧迫し、絞り、抹殺することで、それがもたらす利益を無視しようとする。時間は、可能なときはいつも縮めることができるように見える。そして人はそれをむしろ敵のように扱う。上司はほとんどいつも、コストを抑えるために時間のかからない戦略的プランを選ぶ。時はまさに金だ。時間はいまでは持つことを許されない贅沢品なのだ、と主張する人もいるだろう。

上記の研究や思考実験を確認したいまとなっては、当然ながら時間は敵などではない。まったく逆に、時間は戦略家としての強みの源なのだ。時間は戦略家としてわたしたちを差別化する要因になる。時間を擁護し、大切にしなければならない。別の視点をつけくわえるなら、ジェフリー・ソネンフェルドは2015年の記事でトップ経営者が同じ会社に留まる最適な期間はどれくらいかという、まさに正しい問いを発している。その結論を要約すると、在任期間はその企業の文化に合っていなければならず、簡単な公式はない、というものだった。それでも、「長く留まるつもりで就任した」というカテゴリーに入るCEOは並はずれた株主利益を達成している[15]。

ここまで、わたしたちの真の強みについて調べてきた。当然、超能力はその強みの上に築かれなくてはならない。強みを拡大したり、あるいは少なくともそれを守るものでなければならない。だが、超能力の話をする前に、何か大事な要素を忘れていないだろうか？　そう、わたしたちの敵を、まだ確認していない。わたしたちは、一体誰と戦っているのだろう？

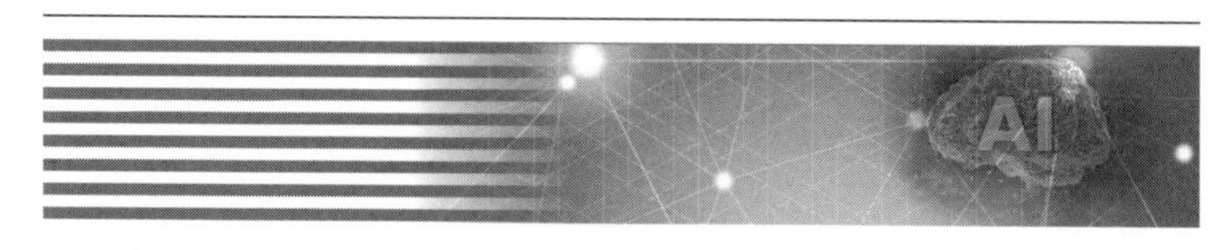


# わたしたちの真の敵

超能力について述べる前に、近年これほど多くの戦略的意思決定が誤りに陥っている理由を理解しなければならない。真の理由（例えば、敵）を見つけないと、正しい対応策を練ることはできないのだ。この先を読む前に、注意してほしいことがある。この章は戦略についての理解を増すほか、（ビジネスの）世界の仕組みについても新しい視点を提供するが、内容はかなり抽象的だ。それでも、ぜひこの探究のあとをたどってみてほしい。わたしたちの経験と調査[16]から得られた強大な敵はふたつ、「複雑性」と「適応性」だ。

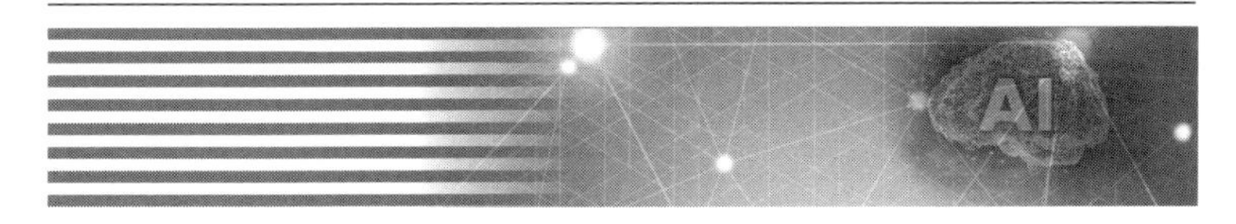

# 敵その１：複雑性

プロイセンの将校、軍事戦略家のカール・フォン・クラウゼヴィッツは後世に多大な影響を与えた『戦争論』で、第１の敵についてすでに述べている。

戦争では何もかもがいたって単純だが、単純なものこそ困難なのだ。こうした困難は蓄積され、戦争を目にしたことのない人には決して想像できない摩擦を引き起こす。（中略）無数の小さな出来事――予測など思いもよらないような――が組み合わされ、全体の行動のレベルを下げる。そのためつねに、目指していた目標に達することができない。（中略）軍事機構は（中略）基本的にとても単純で、管理しやすい。だがその構成要素はどれも一枚岩ではなく、そのひとつずつが摩擦の可能性を持っているということを頭に入れておかなければならない。（中略）大隊は数多くの個人から成っており、そのうち最も取るに足らない者でさえ物事を遅れさせ、ときには失敗に陥れることもある（後略）[17]。

カール・フォン・クラウゼヴィッツが「摩擦」という言葉で何を示そうとしていたのかがわかれば、戦略家の２つの敵をすぐに見つけ、それから身を守ることができるだろう。

自分や身近な人でちょっとした実験をしてみよう。こんな質問を投げかけてみる。「込み入った（complicated）」と、「複雑な（complex）」の違いはなんだろうか？　そこに違いはあるだろうか？　どちらがより多くの「摩擦」を引き起こすか？　経験では、たいてい「だいたい一緒だよ」とか、「同義語として使っている」といった答えが返ってくる。いずれにせよ、日常生活では「かなり込み入った」とか「複雑な」と呼ばれるような事態は避けられる。それを理解し、行動するには多くの労力が必要であるように思われるからだ。生物としての進化により、わたしたちはほかのオプションがある場合はエネルギー消費量の大きい行動は避ける傾向がある[18]。ハイテク機器やソフトウェア・インターフェース、またはボードゲームのルールなどに、込み入った、あるいは複雑な、と書かれていたら、手を出すことはためらわれる。「込み入った」や「複雑な」といった言葉の意味を答えるのは簡単ではないにせよ、そうした状態は現実において、あなどることのできない重要性を持っている。

わたしたちの観点では、「込み入った」ことと「複雑」であることには大きな違いがある。砂粒と宇宙くらい、あるいはカードゲームのルールをすべて知っていることとゲームの勝者があらかじめわかることくらい違う。さらに、本書の読者に最も関係するところでは、それは現在、戦略がなぜ以前よりも失敗しやすいのかという説明にもなる。だからこそ、戦略家のふたつの大敵のひとつなのだ。それは、わたしたちと戦略的目標の間の「壁」になっている（図７）。

理論的な世界に飛びこむ前に、ひと休みして経験的な実例から見ていこう。なぜ戦略は失敗するのかについて、これまでにどのようなことが書かれているだろう。もちろん、これは目新しい話題ではない。また、調査対象は膨大なため、いくつか選んでみる。マンフレート・パーリッツは戦略には単に新しさがないと結論づけている。標準的な手法は、単純に新しい困難に適した方法ではないのだ、と[19]。ロジャー・ウェリーとマーク・ウェイコは、なぜよい戦略さえも失敗するのかを考えた。戦略コンサルティング会社はなぜこれほど間違うのか――彼らはもはやよい戦略を立てられないのか？　そうではない。著者によれば、戦略がよくてもその可能性を開花させられない単純な理由は、それがきちんと実行されないからだ[20]。対照的に、フィンケルシュタインは意思決定者自身が失敗の理由なのかどうかを調査した[21]。彼は多くの経営者が十分に外的環境を考慮せず、「自己中心」の罠にはまっていると指摘する。最後にフリーク・ヴァーミューレンは、戦略が成功を収めるのは、そこに実行可能な洞察が含まれている場合のみだ、とはっきり述べている[22]。さらに彼は、実行はトップダウンだけで行われてはならず、内側から起こり、ひとりひとりの従業員に支持され、行動に移されなければならないと指摘している。関心を持った読者はこれに関する数多くの研究や論点があるので探してみるとよい。手に取る価値があるものばかりだ。

もう少し深く掘りさげてみよう。こうした経験的な発見には、さきほどの思考実験に見られたような共通点はあるのだろうか。大きな問題は、個々のケースとは関係なく存在する滞在的な規則性を発見する方法はあるのだろうか、ということだ。それがあるのなら、個々のケースに「惑わされる」ことなく超能力を見つけるのに大いに助けになる。ここで基礎となる理論を提示しよう。複雑性は、図７のように、戦略家と戦略的目標の間に立ちはだかる壁とみなすことができる。

図７　複雑性の壁

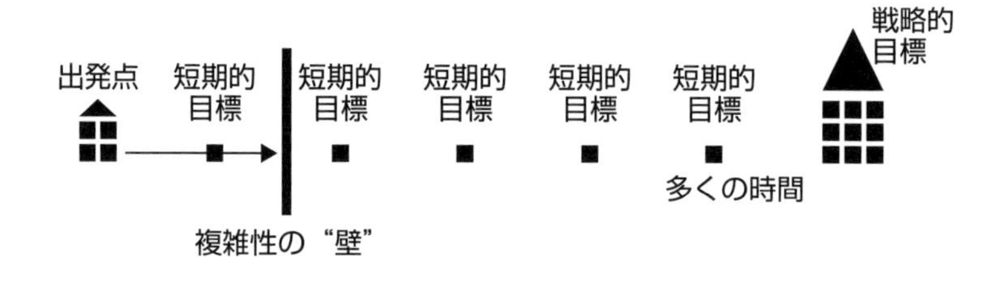


一般に、日常生活での込み入った出来事は時間も取られ、楽しくもないが、最終的には解決可能だ。これはいま検討したばかりの研究とも似た点がある。戦略が実行可能でないなら、実行可能にすればいい。経営者が競合他社を含めた外的環境の要素を考慮していないなら、考慮するだけのことだ。問題があるなら、それを解決する。もちろん簡単ではないが、それらは解決可能だ。解決可能というのは、適切な時間をかければ完全に対処することができる、ということを意味する。それとは対照的に、複雑なことは、多くの場合まったく倒すことのできない敵のようなものだ——持てるすべてを注ぎこんで倒そうとしても。込み入ったことは解決できるが、複雑なことはいつまでも消えることがない。

「複雑性」とはなんであり、「込み入ったこと」とどう異なるかを明確にしておこう。それは戦略家としての成長に関わるきわめて重要な点だ。それにより、わたしたちは２つの言葉を正しく定義し、メンタルモデルにもとづく例のなかで状況を表現できるようになる。

正式に定義するために、まず「システム」という言葉を導入しよう。システムとは､「要素」から成るものだ。それぞれの要素は特定の「状態」を表している。システムに含まれる要素や状態が多いほど、それはより込み入ったものになる。異なる状態にある複数の要素がたがいに依存するほど、システムはより複雑になる[23]。

より具体的にするために、あるメンタルモデルを導入しよう。メンタルモデルは余計な雑音や些細な要素を排除しつつ、問題の現象のある側面に光を当てるのにいたって有効だ。ある業界の実例に見られる特質を記述することもその代用になる。ところがわたしたちの経験では、ある業界で判明したことを別の業界に置き換えて考えるのを拒絶するという点で、どの業界のリーダーもかなり強情だ。そのため、込み入ったことと複雑なことの違いを抽象的なレベルで際だたせるメンタルモデルを使って洞察を手に入れ、それから各業界の特定の文脈にそれを置き換えるようにしている。

このモデルはジャングルから脱出するためのアイデアから成る。メンタルモデルなので、ここでのジャングルには具体的な意味はない。ジャングルとは組織の置かれた現状で、脱出するとは戦略的目標に達した状態だと考えてほしい。では開始しよう。

ここは蒸し暑い。緑に覆われ、騒々しく、危険が潜んでいるかもしれない。ようこそ、ジャングルへ。任務を簡単に説明すると、このジャングルの外へ出ることが戦略的目標だ。途上にはいくつかの障害が待ち受けている。いちばん恐ろしくないのが暑さ、つぎが込み入ったこと、最も恐ろしいのが複雑性だ。ジャングルで遭難したと想像してみよう。それはまさに、会社を短期的目標に向かって正しい方向へと導く的確な戦略を考えなければならない戦略家と同じ状況だ。

また、ある困難や障害の記述に出合ったときは、それが合理的に解決可能かどうかに関わらず、自分自身をよく観察しよう。読みながら、ふいに「ああ、これは大変だ」と感じ、あまりに「混乱」しているので、メンタルモデルから離脱したいと思った瞬間を意識しよう。こうした感覚は、メンタルモデルのなかで込み入った状況から複雑な状況への境界を踏み越えたというしるしだ。そして同時に、乗り越えられないほどの、そして自社に成功をもたらす戦略を考えるために夜も眠れないほどの困難に直面している。まさにこの瞬間に、あなたは戦略家として最大の敵に遭遇しているのだ。

まずは地図を読みとり、家に帰るための道を探さなくてはならない。地図のサイズは1万5,000分の1（地図上の1センチが現実の150メートルを意味する）だ。川沿いによさそうな道（ルートA）があり、距離は45キロメートルだ。ジャングルを突っ切る、わずか35キロメートルのルート（ルートB）というオプションもある。ルートCとルートDはどちらも60キロメートルで、ジャングルの外をまわっていく。ルートBを進むには防護服を着る必要がある。ルートA、C、Dでは豊富な水が手に入る。この少ない情報であれば、ごく簡単に判断できるだろう。では、難易度を上げてみよう。

ルートＡには木があまり密集しておらず、つぎの大きめの村落までまっすぐに続いている。あなたは川を１度渡らなくてはならない。動物に用心しよう。25種の動物が棲息しており、そのうち10種は危険だ。ルートＢには60種の動物がおり、そのうち20種が危険だ。ルートＢ内は、さらに３つに分岐している。ひとつは小さな山を越える（60分の短縮になるが、50パーセントの確率でルートは遮断されている）。もうひとつは平坦な道（30分の短縮）、そして３つめの道は、ナタで植物を刈りながら進まなくてはならない（時間の短縮なし）。これらがジャングルの中心から脱出する可能なルートだ。ここまでで、ある程度込み入った状況になった。

家に帰る道を判断するというタスクを、あなたはどうやって解決するだろうか？　本書を読んでいる以上、そのまま一生ジャングルで過ごすというタイプではないはずだ。１枚の紙とペン、計算機（このジャングルに持ってきているなら）を取りだすだろうか。だがいずれにせよ、いくらかの時間を使ってオプションを検討することになる。

そこで、あなたはいい木陰を探してそこで戦略を練る。それは例えば、家にできるだけ早く帰る、というものかもしれないし、できるだけ安くすませる、というものかもしれない。あとは純粋に努力と冷静な判断だ。それに加えて、スーパーコンピュータはまわりにないから、あらゆる可能性を計算し、発見的問題解決法や経験則も大いに活用する。では、始めよう。

結局、家に帰るためのあらゆるオプションは込み入っているが、この任務をやり遂げることは可能だ。「込み入っている」というのは、異なるオプションを検討し、地図上の記号が表しているものを理解し、距離を読みとり、といったことに多くの時間が必要になるという意味だ。言い換えると、込み入ったというのは困難だ（努力が必要になるため）が、解決可能なことを意味する。公式をあてはめる数学の問題のように、解決することができる。すべての変数と関係式、そして十分な情報があれば、式を解いて明確な結果が得られる。

だが、ここにはまだ欠けたものがある。全員がジャングルから戻れるわけではないし、戻ってきたとしても、すんなりとではなく、キャンプのたき火のまわりでの語りのネタになるような、スリリングな冒険を切り抜けてきたことだろう。簡単なことなら、戦略がこれほど頻繁に失敗するはずがない。それでも、ジャングルが、そしてその延長にある世界が、ここまで述べてきたような込み入ったものであるだけなら、問題を解くための公式は見つかるはずだ。込み入った事柄は解決可能だ、ということを思いだそう。戦略的な問題には明白な答えが与えられるだろう。だが明らかに、ジャングルもビジネス環境も、それにはあてはまらない。したがって、それを現実に近づけるために、新たな種類の障害をさらに追加しなくてはならない。

2002年に、アメリカ合衆国のドナルド・ラムズフェルド元国防長官はこう語っている。

（前略）物事には既知の既知、つまりわたしたちが知っているとわかっている事柄がある。また、既知の未知、つまり知らない何かがあるとわかっている事柄もある。だがさらに、未知の未知、つまり知らないということすらわかっていない事柄もあるのだ[24]。

それゆえ、あらゆる「未知」がメンタルモデルの変数になる。いうまでもなく、わたしたちの知らない「未知」はとくに厄介だ。書き表すことさえできないものをモデル化できるだろうか？　そう、それは可能だ。モデルの任意の地点に任意の出来事を追加すればいい。嵐や突然の体調不良、未知の生物との遭遇などを書き加える。それにより困難は増すが、余分の時間を取って避難すれば、それでも最善のルート選択は計算できる。また、地図が間違っていて、誤った情報を手にしている可能性もある。不完全な、あるいは間違った情報しかなかったら、隣の村にさえ到達できなくなってしまう。しかし、それでもまだ大丈夫だ。賢明な意思決定者は確かな地図しか持っていないはずだ、と主張してもいいだろう。ビジネス環境に戻って考えるなら、誤った情報を提供した戦略コンサルティング会社に２度目の機会は与えられないだろう。あなたはあらゆる手段で、自分の戦略の基礎となる情報の質ができるかぎり高いものであることを確認するだろう。最後に、ビジネス界は必ずしもやさしい環境ではないことを忘れないようにしよう。（内外の）競合相手が、正しい道から引き離すような誤情報をまき散らすかもしれない。それでもここまでは、すべての困難は耐えられるものだ。

最後にここで、複雑性という「謎めいた成分」をつけたそう。比較のため、これまでの込み入ったルートの記述と情報の量は同じにしよう。

木陰の快適な場所に戻り、地図を見る。わたしたちは様々なルートのオプションを検討している。以前とは異なり、地図の裏にはさらに多くの情報が書かれている。

ルートA：川には罠があることを覚えておこう。トラやワニ、カバのような危険な動物がいる。最も危険な動物は、川のなかから川岸にいる獲物を襲ってくる。捕食者の数は水位で決まる。水位が低いほど、ワニは浅瀬に出てくる。そして水位は過去14日間の天候で決まる。その期間に雨量が多いほど、川の水位は増す。

また、危険なトラ、ワニ、カバの数は川辺の気温で決まることも覚えておこう。暑くなるほど、それらの動物は川岸の日陰で涼むようになる。この川は橋でしか渡ることはできない。橋が開通しているか閉ざされているかは川の水位で決まる。地元の人々はワニやカバを狩る。彼らはたいてい、3日以上晴れが続き、あまり水位が高くないときにのみ狩りに出る。

ルートB、C、Dについても同じような記述が地図の裏に書かれている。

違いはすぐにわかる、あるいは少なくとも「感じられる」だろう。込み入った困難では、異なるルートごとに時間を加減したり、可能なコストを加味しているにすぎないが、複雑な困難はそれとはまったくレベルが異なっている。この任務を解決するには、かなり多くの変数を考慮しなければならない。情報が加えられるごとに、計算すべきオプションは指数関数的に増加する。

決め手となる言葉は､「～で決まる」だ。地図の裏に書かれた情報を読み直すと、地図そのものの情報とは対照的に、頻繁に「で決まる」という言葉が出てくることに気づくだろう。それはその情報を単に加減するだけでなく、情報が示す内容を確認しなければならないということを意味する。そのタスクは単なる加減では収まらない。例えば、橋の状況は天候で決まる、という情報がある。さらに複雑なことに、天候は捕食者の数に、したがって危険な動物の数にも影響を及ぼしている。

正式の定義に戻ると､「ジャングル」というシステムは川や獲物、捕食者などに関わる様々な要素から成る。各ルートは状態（それぞれの距離や､橋が開いているかどうかなど）が異なっている。システムに要素や状態が多く含まれるほど、それは込み入ったものになる。特定の要素の状態が別の要素で決まる（例えば、適切な水位のときにだけ、橋は開通する）ほど、システムは複雑になる。

まとめると、地図そのものは様々なルートや状態があるため込み入っているが、地図の裏の情報は複雑性を高めている。木陰でしっかりと時間を取り、しかもエクセルシートがあれば込み入った計算はできる。対照的に、それらのルート上の状態に関する情報はほかの状態で決まるため複雑だ。意思決定をするには、何段階にも絡みあった複雑な公式よりも、直感にもとづく判断をすることになるだろう。言い換えると、「で決まる」という用語が出てきたときには警戒すべきだということだ。

残念ながら、戦略家はこの地球上に存在する、質や量の点で最も複雑なシステムのひとつである経済を扱わなくてはならない。戦略が成功するかどうかはつねに「で決まる」問題だ。戦略家は社会的、技術的、環境的、政治的システムを考慮しなければならない。そのどれもがたがいの状態で決まる無数の要素からなる。ジャングルでいえば、巨大で、全体を見なければならず、不当なほど数多くのたがいに依存した状態で決まる危険やチャンスに満ちている。しかも、このジャングルを抜けだすための確実な戦略を見つける可能性はゼロに近い。

複雑性とはどのようなものかを理解してもらうために、物理学者がすでに、わずか３つの要素から成り、２つの要素（例えば２つの惑星）の状態が残りの第３の要素の状態（例えば空間上での位置）で決まる（例えば重力によって）複雑なシステムを記述している[25]。

取締役が出席する会議でさえ、（この惑星の例と同じように）かなり複雑だということは想像できるだろう。取締役はそれぞれ状態の異なる（例えば意見の点で）要素だ。戦略的な議論のなかで、異なる見解がたがいに影響を及ぼし、それによって見解は変わる。例えばITシステムにより多くの投資をすべきだという意見を持つCTO（最高技術責任者）が議論に参加していると想像してみよう。CEOが取締役会に業績の悪化と、キャッシュフローが問題になっていることを伝えたら、CTOの意見は変わるかもしれない。またCFO（最高財務責任者）がキャッシュフローは大幅に改善されたと報告することで、CEOの意見は変わるかもしれない。取締役会でさえ複雑なシステムであるなら、経済全体や競合相手、市場の複雑さはとてつもない。これはまた、数学的に戦略を導き出せる公式は存在しないし、今後もおそらく現れないということを意味している。また、戦略家は複雑な困難への「簡単」な答えという罠に陥ってはならない。

では複雑性は、戦略家が時間を使って戦略的目標を達成するのを妨げる敵のひとつなのだろうか？　まさにそのとおり、とわたしたちは答える。ここに挙げた例からもわかるように、複雑性は最善の意思決定をするうえで大きな困難となる。ある決定がもたらす痛みを乗り越え、たがいに及ぼすあらゆる可能性を計算するだけのリソースがあると想像できたとしても、つぎつぎに現れるオプションはあまりに数が多く、毎回同じことをするのは不可能だろう。深く掘りさげたわけではないが、このように考えることで気候変動や移民、潜在的な経済危機に関してわたしたちが直面している困難がどれほどのものかが感じとれるだろう。

完全なモデルは存在しないため、複雑性という敵に直面した戦略家は経験や直感に頼ることになる。このメンタルモデルによれば、経験と直感が高度に複雑な世界で進路を決める唯一の能力だ。したがって、超能力が存在するなら、それは戦略的意思決定者が、複雑性のなかで、高い価値を持つ彼らの経験や直感にもとづいてよりよい意思決定を行うことを促すものでなければならない。

# 敵その２：適応性

複雑性があるだけでも、ジャングルから抜けだす最適なルートを見つけることや、最適な戦略的プランを練ることはほとんど不可能に思われる。十分な経験と実績に裏打ちされた優れた直感を持つ戦略家はどうにか方法を見つけるだろう。だが、直感に従えば大丈夫だと思ったとしても、きわめて経験豊富な戦略家でさえ打ち勝てない第２の敵が存在する。それは「適応性」だ（図８）。この図のように、適応性は戦略家と戦略的目標の間に複雑性のつぎに壁として立ちはだかる。

ふたたびジャングルに戻り、第２の敵と向きあおう。緑の地獄に戻り、木陰にすわって地図を見ている。かなりの時間を費やして計算し、発見的問題解決法によって地図の裏の情報を考慮する。できるだけ早くジャングルを出たいという希望を念頭に、異なるルートを評価した。すべての労力を計画に費やすべきだ。そしてついに、長い時間をかけて戦略化を行い、行動の

図8　適応性の壁

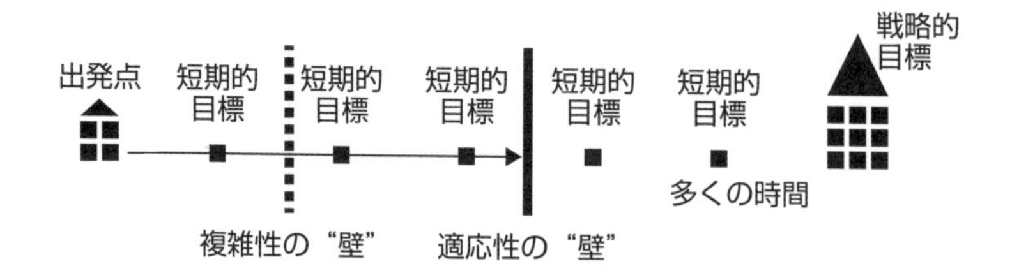

ため通過点を導き出し、川岸を通ることに決めた。荷物を準備し、地図はバックパックの側面に取りだしやすいように入れた。士気も高い。

ここまでのメンタルモデルの状況から、例えば今後数年の戦略を決めるプロセスを想定できる。チームや外部のコンサルティング会社は有能で、あらゆる事実が考慮されている。必要なすべての情報を集め、結論を下すという込み入った仕事はすでに終わっている。これから起こる複雑な（川での）障害については、思ったよりもはるかにアナリティクスの時間はかかったが、信頼できる戦略を立てることができた。準備は整い、あとは出発するだけだ。何も心配することはなさそうだ。

旅は計画どおりうまくいっていたが、小さな、だが状況を大きく変える出来事が起こる。小さな変化だが、戦略の成功率には大きな影響を及ぼす出来事だ。川に着くと、小さな堰（せき）が建設されていたのだ。そう、ただの小さな堰だ。地元民が１年を通じて十分な水を得るためのものだ。だが運悪く、この小さな変化は複雑な障害（例えば獲物と捕食者の行動）に関する計算に狂いを生じさせ、役に立たなくしてしまった。これはどういう意味を持つだろうか？

想像してみよう。適切なタイミングで川を渡る戦略はすでに立っていた。わたしたちは複雑性を克服し、天候や水位、獲物の数、そして正しい相互関係に従って捕食者が最も取りそうな行動による影響を考慮した。ワニやカバの行動に見られるパターンまで読みとり、ここ数日の天候や水量その他から、川を渡るチャンスは早朝だという結論を出した。

ところが、小さな堰によって川のサイズが変わるため、システムの要素間の想定された相互作用もまた変わってしまう。その影響は大きい。システムの様々な側面が新しい条件に適応しているためだ。この適応によって、まったく新しいシステムの振る舞いに対処しなければならなくなった。システムを構成する要素とその状態が同一だとしても、要素同士の影響のしかたが変わったため、システム全体の振る舞いが変化しているのだ。

早朝に橋を渡るというチャンスが消えてしまった可能性があるばかりか、戦略を考える前提となった地図の情報すべてがもう使えないかもしれない。はっきりさせておくと、ここで述べているのは、この旅の込み入った部分ではなく、複雑な部分が変わってしまったということだ。それは解決方法を見つけるのが非常に難しい部分だ。

この「小さな」変更がもたらしうる影響は測り知れない。例えば、堰が設置されたあと、獲物は川のそばにある小さな池を好むようになった。だが、地図の裏に書かれた情報は古くなってしまったため、これまでのところは誰も獲物と捕食者からなるこの生態系にとってこれがどのような意味を持つかわからない。天候の影響も、時間による水位の差以外の部分でも変わっているかもしれない。その結果、あなたはまた木陰の快適な場所を見つけ、観察し、知識を得なければならない。天候と川、動物などの相互作用を学んだあと、地図の情報をアップデートしなければならないだろう。そして最後に、ふたたびあらゆる複雑性を考慮し、川を渡る安全なチャンスを見つけることになる。

ここでひとつ注意しておこう。このメンタルモデルでの「適応性」とは、「ジャングル」というシステムの変化を意味している。現実世界では、市場（メンタルモデルでのジャングル）だけでなく、各企業（メンタルモデルでは、脱出しなければならない個人）のような市場参加者も変化する。すでに取りあげたコダックをもう一度取りあげよう。「適応性」という敵は、市場だけでなく企業にも見られる。市場については、写真のデジタル化（メンタルモデルでは堰の建設にあたる）はあらゆるものを一変させた。「ジャングルから脱出する」（例えば、高いマージンを確保する）ためのコダックの戦略は、すべてを自社で製造することだった。この戦略によりコダックは製造過程と品質を高レベルでコントロールしていた。だが不幸なことに、新しいデジタルの「ジャングル」では製造コストはあまりに高かった。競合他社は低い製造コストで市場に参入してきた。コダックはここで、木陰に戻って戦略を一から考え直さなくてはならなくなり、実際にそうした。彼らは新しいテクノロジーに高額の投資をした。わたしたちはいまでは、このときに誤った変化が行われたことを知っている。何が間違っていたのだろう？　ひとつの理由は、社内の「適応性」という困難に直面していたことだ。従業員たちは新しい製造プロセスと、デジタル世界のマーケティングに慣れていなかった。変化はあまりに速かった。会議の場で新しい状況（メンタルモデルでは獲物や捕食者の新たな振る舞い）について説明するだけでは十分でなかった。古いアナログ世界の仕事の流れに慣れた人々は、それに従って行動するだけだった。彼らは以前と同じ方法で川を渡った。まさかそこに捕食者がいるとは思いもせずに。

「適応性」は残酷で、人がどれほどの努力を戦略に注ぎ込んだかを思いやったりはしない。勤勉に組み立てられた戦略が、世界が変化したせいであっという間に古くなってしまうこともある。製品に起こった事故など、たったひとつの出来事で予想された消費者の行動が変わってしまったらどうだろう？　その際だった例が、2000年にコンコルドに起こった悲惨な事故だ。この事故により、コンコルドという製品は贅沢な自由のシンボルから、命を脅かす危険へと変わってしまった。消費者は新しい情報に適応し、購買行動を劇的に変化させた。通常、こうした出来事があると規制当局は新しい世論や見通しに合わせて見解や行動を変える。例えば緩やかだった規制当局が新たな状況に直面して進歩的な規制に舵を切るかもしれない。するとそれまでは優秀だった戦略的行動が、会社を終わらせるものになるかもしれない。さきほどのメンタルモデルでは、その変化は（少なくとも）目に見えていた（堰）けれども、それがより見えにくいものだったらどうだろう？　消費者の行動の変化には多様な理由があり、それが明らかになったときにはもう対処も研究も手遅れだということもある。ファンション業界のトレンドを例に取ろう。なぜトレンドが生まれ、なぜすぐに消えてしまうのかをきちんと説明できる人はいない。多くの例があるが、そのなかからアバクロンビー＆フィッチを見てみよう。2013年には、この企業は若く、容姿のいい人々というブランドコアを確立させ、羨まれるようなブランド価値を持っていた。だが、誰にも予測できなかったことに、2019年には性的魅力ではもう売れなくなってしまった。正反対の影響を受けたことで、アバクロンビー&フィッチは適応を迫られることになった。

複雑性について最も有害な敵は、適応性だ。適応性とは、それまで慎重に研究してきたシステムが要素や状態、相互の関連性も含めてすべてそれまでと突然別のシステムに変化してしまうことだ。さらに、ここでいう変化とはひとつかふたつの状態（天候のような）が変わるという意味ではない（それはさらに込み入ったことになるだけだ）。システムの振る舞いが変わる（堰によって、すべての相互関係が変わる）ことだ。それはつまり、システムをモデルで捉えるために調査をやり直さなければならないということを意味する。

要するに、適応性とはシステムの性質に関するもので、システム内で何かを引き起こす要因ではない。システムを適応させるのは変化だ。言い換えると、適応性だけでは困難は生まれないが、変化がシステムの適応を引き起こせば、それまでの観察をすべて無駄にしてしまう。となると、どれくらいの頻度でそれが起こるかが問題になる。

戦略家には、変化が起こり、それに気づいたときにふたつのオプションがある。ひとつはいまの戦略にしがみつき、それがまだ有効であること、つまりシステムの適応はそれほど大幅なものではなく、戦略的プランを立てるもとになった調査はまだ生きていることを願うこと。もうひとつは、自分のチームや外部のコンサルティング会社に連絡し、新しい状況のアナリティクスを依頼することだ。変化が頻繁であれば、これはかなり合理的だがコストのかかる手法になる。

かつての戦略的思考とは、責任ある立場にある影響力のある人物と会い、ワインかウイスキーのグラスを手にし、タバコの煙をくゆらせて本質的な事柄を語りあうことだった。そしてたがいに学んだことを持ち帰り、戦略的プランの候補に関する仮説を立て、また１週間後に同じことをした。こうした時代には、戦略的目標を達成するまでの時間は長く、変化の割合も比較的低かった。戦略家の黄金時代だ。彼らは時間が持つ力を活用し、ビジネス界の複雑性や適応性にうまく対応していた。だがコンピュータとインターネットがある今日では、意思決定はファストフードのようにお手軽になり、「不健康」でビタミン不足、栄養も足りていないまま帰宅しなければならない状況だ。

過去においてもやはり戦略は複雑な状況に直面しており、市場環境は適応的だったが、変化の割合はかなり低かった。そのため適応性という「敵」に対応するために行動せざるをえない場面ははるかに少なかった。戦略家は複雑性のほうに集中し、対策を練ることができた。だが今日では、複雑性が増しているだけでなく、これまで以上に変化する状況のなかで、市場と市場参加者の関係は絶えず適応している。変化はあまりに速く、研究や戦略的な洞察、戦略的プランはすぐに使えなくなってしまう。日々の業務に携わるなかでも、世界の変化が加速していることは一目瞭然だ。市場を変化させる力は巨大化し、戦略家たちはそれに遅れまいと必死だ。例えば、海外進出についての悪くない戦略を温めていた２カ月後に、その国のことが嫌いだという政治家のツイートが飛びこんできたりする。

これらに加え、戦略家を苦しませる元凶は「変化」だけではないということもわかっている。本社を改装し、壁面を塗り替え、社内ＩＴシステムを変更し、カープールの仕組みを変えるということなら、簡単に対処できる。変化が困難になるのは、複雑性と適応性が同時に別の方向へ力を及ぼすときだ。これこそが、（ビジネスの）世界を複雑にする速度を高める。

さきほどのメンタルモデルを使ってこの速度について説明するなら、堰の出現そのものが、脱出のための戦略にかなりの影響を及ぼすひとつの変化だ。しかし、涼しい木陰にすわり、川を渡る方法を考えていると、堰がスマートなアルゴリズムにもとづいて管理され、開放された。地元の人々はデジタル技術から利益を得ていたのだ。この自動制御のシステムは天候や村への水の供給の状況を計算し、堰の開閉について決定している。これが新しい計算や捕食者の行動予測にどう影響するか、想像がつくはずだ。今度は、制御が川岸に住む人々だけではなく、遠隔地に暮らす人々の行動にもとづいて行われると想像してみよう。ブロックチェーンにより、村同士の商取引システムが導入されている。さらに現代的なことに、予測や行事、住民の気分などを取り入れたAIが取引を行う。いまや変化は１時間ごとに訪れる。未来のジャングルへようこそ。これが近未来の危険な（ビジネスの）世界だ。

ここでの変化は環境条件や獲物と捕食者が作る、複雑で適応的なシステムと一体になっている。変化の割合が上昇すると、システムの適応はより頻繁になるが、システムが複雑でなければ問題は起こらない。だが複雑であれば、アナリティクスし、対処し、戦略を最適化するのはより難しくなる。

残念ながら、戦略コンサルタントも頻繁な変化への答えはまだ持っていない。より正確には、とても許容できないほど高いコストがかかる答え以外はまだない。もちろん、コンサルティング会社との契約期間を３カ月から１年に伸ばすこともできる。従業員を増やし、戦略チームの規模を２倍にすることで変化についていくこともできる。だが当然ながら、CFO はこうした手段にいい顔をしないだろう。そのためこれまでは、持てるリソースをどこに分配し、何に集中するかを判断しなければならなかった。

まとめると、複雑性と適応性はどちらも、誰もが避けることのできない困難だ。戦略家が独特なのは、戦略家には出発点から目標に達するまでの旅ではるかに長い時間が与えられているという点だ。その意味で、戦略家は複雑性と適応性に遭遇する可能性もはるかに高い。それゆえわたしたちの強みには両面性がある。資源となる時間は戦略家に大きな目標へ向かうための様々なチャンスを与えてくれる。また同じくらい、そこから複雑性と適応性という敵が生まれ、頻繁に障害となって立ちふさがる。旅が長いほど、ワニに出くわす可能性は高まるのだ。ここ数年で複雑性、適応性、変化の頻度はかなり上昇しているため、かつての強みが弱みを生みだしている。出資者は複雑性と適応性に満ちた世界を見ている。彼らはより短い時間で目標を達成し、短期の KPI を高めることに集中することで、複雑性と適応性による失敗のリスクは低くなると考えている。彼らは正しい。確かにリスクは下がる。だがそれと表裏一体で、長期的な思考がもたらす効果はすべて失われてしまうことになる。人を鼓舞するような大きな目標がなくなってしまった（ビジネスの）世界になど生きたくはないだろう。そこでわたしたちは第３の道を提案する。複雑性と適応性に賢明に対応することで両方を達成する解決法だ。それは、複雑性や適応性のもたらす困難を回避しつつ、大きな目標を達成するために必要な時間をしっかりと確保することだ。

# 敵から身を守る

敵から身を守るための試みはこれまでも行われてきた。戦略家は時間の力を取り戻そうとしてきた。また、複雑性をかき分け、適応性に対処し、頻繁な変化を制御しようとしてきた。よく知られている試みのひとつがシステムダイナミクスで、もうひとつがゲーム理論だ。このふたつを検討することで、この過去のコンセプトがまだ妥当で、今日の戦略家にとって有効なのかを確認しよう。

まず、システムダイナミクスは、複雑性をトップダウンアプローチという全体的なモデルで捉えられるという前提にもとづいている。トップダウンとは、数式でシステムの各要素の関係を理解し、モデル化するということを意味している。この手法の発明者であるMITのスローン経営大学院教授ジェイ・W・フォレスターはコンピュータエンジニアリングとシステム工学の草分けだった。彼は、「経営者の仕事は数学者や物理学者、エンジニアの通常の仕事よりもはるかに困難だ」と述べている。エンジニアである彼は、ビジネスの問題に科学的な基礎が欠けていることを受け入れられなかった[26]。世界を数式で記述する科学的なモデルを確立できれば、間違いなく今日の戦略家の役に立つだろう。これを達成するには、コンピュータの処理能力の向上と、その増加が変化の速度を上回ることが前提になる。だが残念なことに、この有望と思われる手法はいまのところ失敗に終わっている。成功の条件は、世界を数学的にモデル化し、それを計算の基礎としてコンピュータに取り入れることだ。しかし、ここでも現実世界と同じ敵がそれを阻んでいる。

現実世界では複雑性と適応性に加えて頻繁な変化が起こる。システムダイナミクスを適用する研究者や実務者はまず現実世界の複雑性や適応性がもたらす効果を理解し、それをコンピュータにプログラムしなければならない。ここで疑問が生じる。そもそもモデルを組み立てるのは現実世界を理解するのと同じくらい複雑なのに、なぜ現実世界の複雑性と適応性を理解するためにデジタルモデルを作らなくてはならないのだろうか。言い換えると、現実世界を理解するのが不可能なら、それを表現する等式を作るのは困難なはずだ。もちろん、現実世界のモデルはつねに単純化されているし、それこそがモデルの性質だ。モデルの性能は、ある現象への適切な理解を提供しているかどうか、あるいは現実の予測や最適化に使えるかどうかで決まる。残念ながら、システムダイナミクスはこの後者の適用よりも、前者に優れている。ビジネス界は単なる現象の理解ではなく結局はどれだけの利益を上げられるかが重要なため、システムダイナミクスは用をなさない。いったん「デジタル」で表現した世界のモデルを作ることができれば、繰り返し利用できるため、価値のある取り組みだと主張する人もいるかもしれない。だがここまできちんと読んできた読者なら答えはもうおわかりだろう。適応性が現実世界をつねに変化させるため、それを表現するデジタル世界やモデルもつねに見直し、再構築する必要があるのだ。とりわけシステムダイナミクスのモデルは複雑で「長い」ため、変化が大きいほどコストもかかる。結局システムダイナミクスはいまのところ、複雑性や適応性に対処するかなり洗練された試みではあるものの、現実のビジネスへの適用に関しては限界がある[27]。

複雑性と適応性、変化という3つと戦い、対処しようとする試みはほかにもある。とくに有名なもののひとつが、複雑なシステムをモデル化するボトムアップの手法であるゲーム理論だ。この手法の発明者は多彩な天才、ジョン・フォン・ノイマンだ。この理論は完全な形で1944年の彼の著書『ゲーム理論と経済行動』に記述されている。当初の目的は、利益を最大化するという行動原理のもとで商品を交換するといったビジネス界での典型的な行動を的確にモデル化することだった。さらに、彼は数学的な表現を見つけることに関心を抱いていた。それを使えば、計算はコンピュータが行うため、わたしたちの敵と戦うのは容易になるだろう[28]。結局、彼もまたジェイ・W・フォレスターと同じく、(経済）システムの「普遍的なモデル」という発想に魅了されていた。

トップダウンのシステムダイナミクスの考え方とは対照的に、ボトムアップの手法では、各要素の目的を理解することさえできれば、その背後の全体的なメカニズムはわからなくてもいい。その利点は明らかだ。システム全体ではなく、その要素の動機だけを記述すればよいため、複雑性をより簡単にモデル化することができるからだ。だが、こうしたモデル化は、各要素が合理的で知的な存在であるという強い前提に従っている。あのジャングルに戻ってしばらく過ごしてみれば、人間も動物も合理性のみによって意思決定しているわけではないということは理解できるだろう。もちろん、それはビジネスの世界にもあてはまる。

自分の決定が市場の詳しい仕組みを考慮しない、要素（例えば競合他社）の目的のみを組み込んだモデルにもとづいたものだと出資者に説明するのは困難だが、それに加えて、適応性と変化はほかのどのモデルにも増して、エージェント（自律的な行動をする要素）を基礎としたモデルに大きな影響を与える。エージェント（例えば競合他社や規制者、消費者、あるいは捕食者）が行動の基準を変えたらどうなるだろう？　この場合、変化に気づくたびにモデルを変更しなければならず、結果としてコストは高くつく。

シナリオ思考はどうだろう？　シナリオ思考はよりよい戦略的意思決定を可能にする、優秀な戦略的ツールではないだろうか？　そのとおりだが、優秀なのはふたつのうちひとつの敵に対するときだけだ。シナリオ思考はビジネス界のさらに高まる複雑性をかき分けるのに非常に役に立つ。それによって全体的なモデル（システムダイナミクスのような）と、(過度の）単純化（予測やエージェントを基礎としたモデル）の間の最適のバランスを見つけることができる。しかし、シナリオ思考もまた速い変化のなかではうまく対応できない。

数カ月かけて焦点となる問題を選び、すべてのドライバーを特定し、最後に未来のシナリオを作成することで、ビジネス界の複雑性に対する強力な答えが手に入っている。しかし、この答えが長期的に妥当であるのは、ビジネス界があまり大きな変化をしなかった場合のみだ。そのため、ふたたび急速な変化が訪れ、適応性によって大きな変化が起これば、もはやそのシナリオの妥当性は確実ではなくなる。もしそれが妥当ではなくなってしまったら、風洞試験の結果優秀なモデルだと判定されたとしても、現実世界では役に立たない。無残な結果を招く可能性すらある。

近年の戦略的思考家は、シナリオの妥当性を定期的に——通常は6～12カ月ごとに——確認している。このいわゆるシナリオ・フレームワークの「健康」診断によって、もう役に立たないという結論が出れば、新しいシナリオ作成が計画され、シナリオは一新される。それぞれの作成のコストは焦点となる問題や、関係する市場・市場参加者の複雑性や適応性、そして変化の速さによって決まる。こうしたコストを避ける唯一の方法は、シナリオ思考を離れ、先行きの予測や単純な予想に戻ることだ。だがそれでは間違いなく、変化の速さやそれがもたらす適応性に一層弱く、ほぼ間違いなく役に立たないし、妥当な成果を挙げることはできないだろう。その理由は、4つのシナリオを作成することで、シナリオ思考には変化がすでに組みこまれているからだ。より多くのシナリオを作成するほど、そのひとつが現実になる可能性は高まる。

このため、シナリオ思考はいまだにわたしたちが持つ最も鋭利な武器だといえる。ビジネスの世界をモデル化するほかの試みはかなり極端な前提を必要とする（システムダイナミクスは複雑すぎ、ゲーム理論は単純すぎる）のに対し、シナリオ思考は中庸を得ている。作成しているのは線型モデルではない（シナリオはシナリオ・ナラティブとの組み合わせで効力を発揮する）一方、戦略を決めるのにコンピュータ科学の学位は必要としないことから、実用性を保つことができている。

だが残念なことに、この最も鋭利な武器も鋭さを失いつつある。その理由は、わたしたち戦略家が対処しなければならない、変化の速度と複雑なシステムの適応性の組み合わせにある。ビジネス界をモデル化しようとするほかの試みと同様に、変化が起こったときにはモデルがまだ妥当かどうかをチェックしなければならない。変化もまた加速しているため、シナリオ・フレームワークの健全さをこれまで以上の頻度で診断する必要がある。

疑問はまだ残っている。ますます変化の速まる世界でシナリオ思考のモデル作成力を使いつつ、それに必要なリソースを合理的なレベルに保つにはどうすればいいのだろう（図９）。大規模なコンサルタントのチームを組んだとしても、変化を見通し、それがシナリオの健全さにどのような意味を持つかを読みとり、戦略に最適な修正を施すのは苦労するというのに、複雑性、適応性、変化の速度に対してどのように準備すればよいのか。それは図９に示したように、複雑性と適応性、変化の速度へのほかの対処法とは違い、動的なシナリオ・モデリングを行うことだ。

図９　動的なシナリオ・モデリング

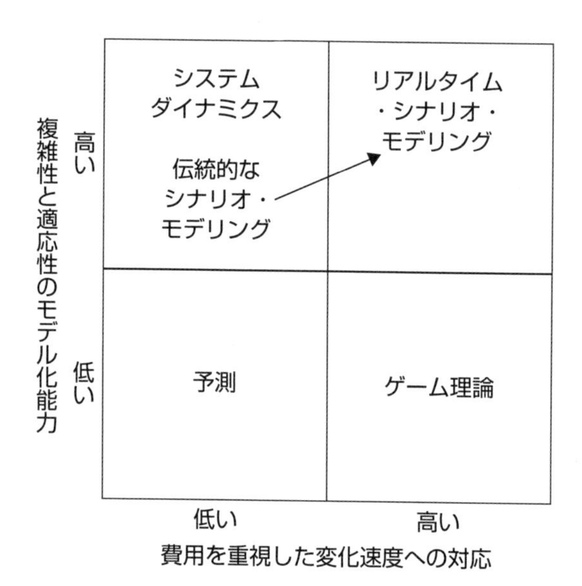

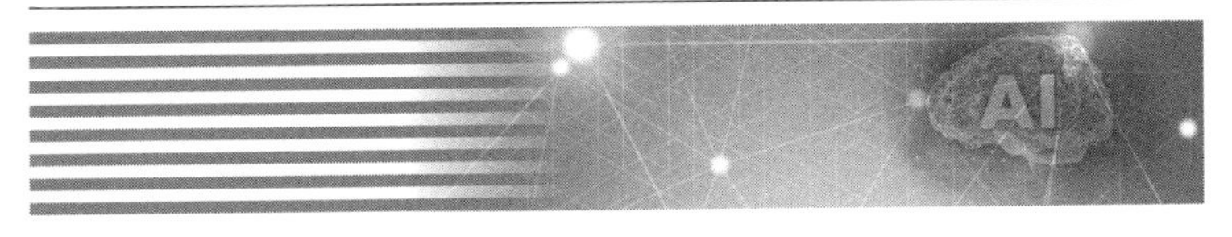


# 最強の敵に対する、究極の新しい武器

この章では、戦略家が速い変化のなかで複雑性と適応性とうまく戦うための超能力をお伝えしている。ここまでにふたつの敵である複雑性と適応性と、それらが加速する変化のために「さらに強力になっている」理由を詳細にアナリティクスしてきた。わたしたちは超能力を使って変化の速度に対応することで、ふたつの敵への「兵糧を断つ」ことができる。

また、ふたつの敵に対する過去の試みがほぼすべて失敗してきたことも確認した。実際にはふたつの敵とまともに戦っていないもの（ゲーム理論や「予測」）や、変化の速度や付随するコストに苦しんでいるもの（システムダイナミクスや伝統的なシナリオ・モデリング）があった。

ゲーム理論や短期的な予想は、そもそも過度の単純化によっているため、利用はお勧めできない。さらに、ステークホルダーは非常に重要な意思決定に関しては、ゲーム理論という「ブラックボックス」をまだ信頼していないだろう。そのため、わたしたちはシステムダイナミクスとシナリオ・モデリングを改良への適合性に関して比較した。そして、変化の速度に対応しつつ、複雑性や適応性を過度に単純化しないという前提を守るという観点でどちらの手法が有望かをアナリティクスした。

トップダウンの手法でビジネス界への理解を深めてくれる点や、複雑で適応的なシステムをモデル化するのに大いに役立つ点ではどちらも同じだ。小さいが決定的な違いは、シナリオ・モデリングのほうがはるかに戦略策定プロセスに組みこみやすいということだ。モデルを作りはじめるとすぐにこの優位性が感じられるだろう。例えば、シナリオ・モデリングでは多くの意思決定者が共感できるブレインストーミングなどの見慣れたコンセプトを使用するのに対し、システムダイナミクスではまずシステム理論を先に学ばなくてはならない。

さらに、システムダイナミクスを適用するには特別なソフトウェアが必要になるが、シナリオ・モデリングは（少なくとも最も基本的な方法では）ペンと紙さえあればいい。このため、システムダイナミクスは今日のビジネス界ではシナリオ・モデリングよりもはるかに使用されなくなっている。よって、システムダイナミクスを調査手段のリストに残しておくが、まずはシナリオ・モデリングに集中しよう。

わたしたちの目標は、ますます増大するビジネス界の複雑性、適応性、変化の速度のなかで、戦略家の目標達成に役立つようにシナリオ・モデリングを改善することだ（図10）。

図10　AIを組み合わせたシナリオ・プランニング

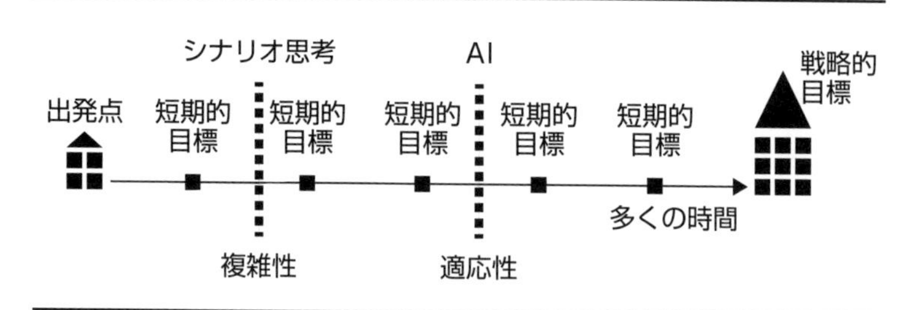

解決策として提案するのは、AI というツールで戦略家の能力を高めることだ。この目標を達成するのに有効なのは AI しかないだろう。ありがたいことに、実務上の経験から、シナリオ・モデリングの基本的なプロセスは AI を導入するのに完璧に適しているという実証はすでに得られている。まずは AI を戦略に適用することが非常に有効で、同時に大きなリスクでもある理由を説明しよう。AI を組み合わせたシナリオ・プランニングによって、図 10 に示したように、戦略家は複雑性と適応性に対処できるようになる。

# フィクションから科学へ、そして戦略へ

このところ、シナリオ作成の多くの場面で、ある新しい現象に遭遇するようになった。わたしたちはそれを「AI エクスキューズ」と呼んでいる。ある困難への解決策を思いつけないとき、参加者はたいてい、あとは AI がやってくれる、と言うのだ。AI の持つ力を考えれば理解できないことはないが、西洋の映画でよく行われるように、AI をポチョムキン村のような見かけ倒しのものにはしたくない[29]。

AI は産業界のバズワードで、現在はＳＦ小説のなかだけの存在から、現実の一部へと変化しつつある。AI という言葉が生まれたのは 1956 年、この分野の主要な研究者が参加したダートマス大学での研究プロジェクトにおいてだった[30]。そのわずか数年後の 1965 年に、ノーベル賞学者のハーバート・アレクサンダー・サイモンは、「機械は 20 年以内に人間にできるあらゆる仕事ができるようになるだろう[31]」と述べている。この初期の見通しとその後の歴史の展開からは、失望と希望が同時に湧いてくる。人はつねに汎用型の知能を持った機械を作ることを夢見てきたようだ。「汎用型」とは、AI がその目的（例えば車の自動運転など）を離れて、人間のように様々な任務（例えば車に搭載された AI がこの本を読み、要約してくれる）を解決できるようになることを意味する。哲学者のルネ・デカルトは 17 世紀に『方法序説』ですでに、機械が人間のように行動し、

考え、あるいは存在できるかどうかを考察している。人間のように見え、行動する機械が存在する可能性はあるというのが彼の考えだった。しかし、彼は機械は役に立つようなしかたで話し、書くことはできないと断言している。

どんなに愚かな人間でも、目の前で言われたことに対して適切で意味のある答えをするために言葉を様々に応用できるものだが、そうした機械にそれができるとは考えられない[32]。

デカルトは未来学者的な性質を持っていて、専門的な、狭い特化型AIではなく汎用型AIを作ろうとする現在の挑戦を予見している。

いくつかの物事を人がするようにできる、あるいは人よりも上手にできる機械はあるにせよ、その機械がほかの物事をしようとすれば失敗は避けられない。それによって、機械が理解によってではなく、器官の配置によって行動しているだけだということがわかるだろう[33]。

1950年、アラン・チューリングによって、「模倣ゲーム」、別名チューリングテストという、AIの能力を試す類を見ない方法が発明された。これを用いれば、機械が人間のふりをできるほど知的かどうかがわかる。テストは機械と人間の両方とやり取りをする人間の判定にもとづいて行われる。この判定者は、例えばどの答えがどちらのものかを知らないまま、書かれた文章を通じてやり取りする。判定者が、実際には機械とやり取りしているのに人間とやり取りしていると考えた場合、その機械は知的であるとみなされる[34]。

このテストに合格する有望な技術的条件が1951年に考案された。このSNARC（確率的ニューラル・アナログ強化学習計算機）は、問題解決のために自己学習するという、人間（そして動物）の知性の重要な性質を利用したおそらく最初のシステムだった。このコンピュータは真空管とモーター、クラッチで、仮想のネズミが迷路のパズルを解くために作られたものだった。行動するたびに学習効果が得られ、成功の可能性が高まる。しかし、いわゆる伝統的な「ルールベース」のプログラミングから「機械学習」への大規模な移行は1980年代後半のAI研究まで待たなければならなかった。過去の開発者は、人間（あるいはその他の興味深い現象）の振る舞いや働きの基礎となる規則性を予測することができるシステムを構築しようとしていたのに対し、機械学習では完全に自動的な自己学習、つまり試行錯誤の手法を取る。IBMのワトソン研究所による「言語翻訳に対する統計的手法」という論文もまた、こうした発展における画期的な出来事とみなされている[35]。このシステムは現在の翻訳ツール（Google翻訳やDeepL）の先駆けだ。IBMは、カナダ議会の記録をもとにシステムに200万以上の英語とフランス語の語句を覚えさせた。しかし、ルールベースのシステムもかなりの高性能を発揮している。やはりIBMが、1997年にディープ・ブルーというコンピュータでチェス王者ガルリ・カスパロフに勝利して大きな進展を示した。だが、ディープ・ブルーは単に純粋な分析力にもとづき、可能なあらゆる手を計算し、それを過去のゲームと比較するだけで、AIにもとづく機械学習のように学習できるわけではなかった[36]。2016年にはグーグルが、チェスよりもはるかに複雑な囲碁で、プロ棋士のイ・セドルを破り、さらなるブレイクスルーを果たした。このAIの驚異的な能力は、自分自身との対戦で得られたものだ。このシステムは人間の棋士とはいっさい対戦しないまま、誰にも負けないまでに成長した[37]。

歴史上のAIとは異なり、現在ではAIはその歴史的到達点を迎えつつあると評価されている。このすばらしいテクノロジーはいま、いわゆる「第2の春」を迎えている。第1の春の特徴は、まず根本原理（例えばニューラルネットワーク）や数多くの基礎研究（多数の科学論文や特許）が登場したことだった。また大衆や科学メディアに取り入れられ、数多くの夢や空想（例えばSF映画）のもとになった。最後に、残念ながら日々の生活や仕事で有望な何かが実現するには至らなかった。期待の大きさに対して結果が乏しかったことで、AIの第1の春は終わりを迎えた。このことが過去50年間ずっと尾を引いてきた。この期間には、AIという言葉は公然と口にできなかったし、隠しておかないと、それを利用しているというだけで低い評価を下されかねない状況だった。

いま、AIはふたたび注目を集めている。変わったのは、現在までの理論的研究が実を結び、実用性がますます明白になってきたことだ。この第2の春には、背景としてコンピュータの処理能力と利用可能なデータの大幅な増加がある。例えば、10

年前には正式なデータプロバイダーからニュースサイトをアナリティクスすることはできなかった。各ニュースサイトへひとつずつログインして情報を得なければならず、それもテスト目的でないと許可されなかった。伝統的なAIの手法を再活性化させたのは処理能力とデータだった。

複雑で適応的なシステムを扱うAIに備わった最も効果的な手法のひとつは、機械学習に用いられるニューラルネットワークだ。SiriやAlexaが人の言葉を「理解」できるのはそのためだし、自動運転ではそれが車の「目」や「脳」になる。50年前から存在したニューラルネットワークという概念が、今日の処理能力とデータによってついに実用化されたのだ。

ニューラルネットワークは（いくらか）小さい子どもに似ている。どちらも多くのエネルギーと時間を必要とするが、もともと強力な脳（処理能力）を備えており、観察やフィードバック（データ）を取り入れることで能力が存分に発揮される。

処理能力が進化し、デジタル化によって必要なデータがもたらされたおかげで、ニューラルネットワークを備えたAIはついに一般的な目的（つまりビジネス）で利用できるようになった。

ここで明確にしておくと、汎用型AIはまだ完成しておらず、AIの進化が第3局面に入ったときにそこに含まれるかもしれない。汎用型AIはいまのところ、そして今後もしばらくは、SF映画の世界のものだ。

これは単なる学術的な区分ではなく、戦略的環境でAIを利用するうえで重要な意味を持っている。汎用型AIが登場するまでは、市場のような複雑で適応的なシステムを理解できるのは人間の戦略的な思考しかない。その意味は、AIにはシステムのある種の要素をモデル化する（さきほどの例でいえば、川と獲物と捕食者をそれぞれ別々に捉える）ことはできるが、その相互作用をモデル化するのはかなり難しいということだ。「かなり難しい」というのは、そのシステムと要素がそれまでに行ってきた振る舞いに関するほぼ全データをAIに与えなければならないということを意味する。つまり、モデル作成者はシステムの各要素（獲物、捕食者、天候、地元民、堰など）についての全歴史的データを持っていなければならない。例えば、これはすべての要素にセンサーを装備し、その状態に関するあらゆる情報を長期間にわたって集めることを意味する。これでは、ワニとどうにか仲良くやっていけるように祈るしかない。ジャングルのモデルから想像できるだろうが、市場関係者も状況も様々な現実のビジネスではるかに難しいことは明らかだろう。

変化の速度と適応性を考慮すると、システムが新しい状況に適応するたびに、膨大な量のデータが必要になる。現在の最も洗練されたAIでも、コンピュータゲームのような仮想現実のなかでしか作動していない理由が、これである程度わかるだろう。

各要素を計測し、仮想世界を繰り返し進行させることでAIが学ぶのに十分なデータを生みだすことができるのは、コンピュータゲームのなかだからだ。つまり、現実世界で人がシナリオ（複雑で適応的なシステムのモデル）を作成し、（同じくらい重要なことに）将来有用になる戦略を生みだすことができるAIは存在しない。現在入手可能なAIは文章を読み書きすることはできるが、戦略を描くことはできない。単に歴史的データの要素をなぞるだけでなく、複雑で適応的なシステムの様々な要素を理解しているAIはひとつもない。

要するに、AIの利点は現在最高の特化型AIから引きだせるのみで、グルを自称し、汎用型AIに類するものをほのめかす人物がいたら避けたほうがいい。

# 第6章 リアルタイム・シナリオ・モデリング

# AIは調査のステージをどのように高度化させるか

わたしたちの最大の敵——変化の速度と結びついた、複雑性と適応性——を特定し、最強の味方となる人工知能に何を期待でき、何を期待してはならないかを理解したところで、究極の戦略立案について述べよう。

シナリオ・モデリングの過程には、特化型AIが大きな活躍をするいくつかの場がある。それによって、その段階を従来のシナリオ・モデリングよりも優れたものにできる。優れたとは、プロセスを記述する質が向上した(例えばシナリオの妥当性が改善された)、またはコスト効率が改善されたことを意味する。究極の目標はAIを利用してシナリオ・モデリングをまったく新しいレベルにまで引きあげ、戦略家が戦略的目標を達成するためのツールボックスを高度化させることだ。AIを利用することで、シナリオ・プラクティショナーの変化速度への対応は効果的になり、やがて複雑性と適応性と戦ううえでも役立つ。

AIを正しく利用するために、シナリオ思考の過程を３つの局面に分けて考えよう。

①調査（焦点となる問題とドライバー）
②モデリング（重要な不確実性、シナリオ・フレームワーク、ナラティブ）
③モニタリング（シナリオのモニタリングと「診断」）

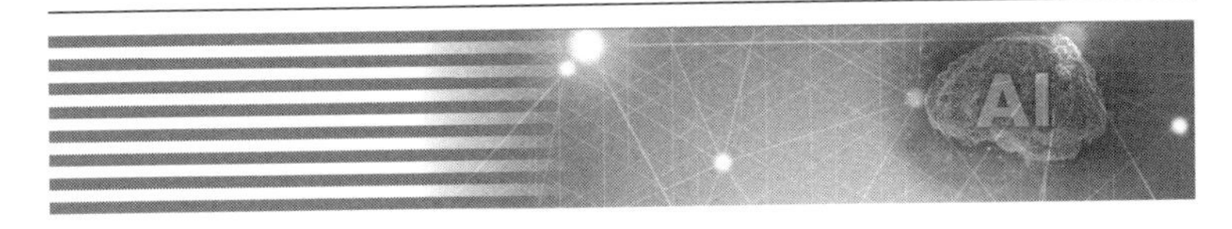

# 焦点となる問題

焦点となる問題の決定は、完全に戦略的意思決定者（例えばCEO）や責任ある意思決定者の集団（例えば取締役会）に委ねられている。シナリオ思考のロジックでは、焦点となる問題に対し、CEOが将来利用可能な戦略を立て、最終的に戦略的目標や先の展望を実現するような答えを与える必要がある。展望を唯一理解しているCEOが、焦点となる問題を立てる最適任者だ。AIが人間の意思決定者に代わって展望を描いたり、戦略的目標を立てたりすることは、今後しばらくは想像できない。これは（いずれも複雑で適応的なシステムである）市場や顧客、従業員などを結びつけて理解する能力と密接に関連している。意識的にかどうかはともかく、多くのCEOはシステムを理解するメンタルモデルにもとづいて展望や戦略的目標を立てる。同じことができるのは汎用型AIのみだが、それはいまのところ、手に入らない。しかし、例えばゲーム理論にもとづくモデルは意思決定者に刺激を与えたり、思考を鋭利化する効果はあるかもしれない。

# ドライバー

複雑で適応的なシステム(例えば市場やそのプレーヤー)をモデル化するのに必要な精神的能力と際だった対照をなすのが、システムやその要素を特定するという作業だ。焦点となる問題に関するドライバーを決定する段階は、まさにシナリオ・プラクティショナーやアナリスト、産業の専門家の仕事だ――少なくともいまのところは。第2章で述べたように、この仕事は面倒で込み入っているため、AI を利用するのが有効だ。

通常、わたしたちはビジネスが置かれた文脈の複雑性に応じて、3週間の作業で100以上のドライバーを探しだす。例えば、焦点となる問題の典型例は、ある特定の産業の未来のシナリオを作るためのものだ。関連するすべてのドライバーを見つけるために、通常は専門家にインタビューし、それを手順に従って文書に記録する。さらに、科学論文やニュース、その他のインターネットの情報源に当たり、ほかの専門家の発言を読む。目標は関連する可能性のあるすべてのシステムやその要素、ドライバーを「ブレインストーミング」し、STEEP のフレームワークで分類することだ。

インタビューは専門家の評価を詳しく知ることができるいい機会だが、同時にかなりのリソースを必要とする。録音データを書き起こし、専門家に貴重な時間を割いてもらわなくてはならない。そのため、現実にはインタビューの回数は限定される。

こうして専門家の見解が少ししか集まらなければ、調査のバイアスが生じる可能性がある。

調査の漏れをなくすために、インターネットでほかの専門家の見解を調べるのは妥当な手段だ。だが残念ながら情報源は通常、圧倒的な数にのぼるため、アナリストが確認できるのはその一部のみで、それもあらゆる細部まで目を通すということはできない。

まとめると、調査の過程を特徴づけるのは人間が行うハイレベルな仕事だ。また、調査の過程はそれ以降の段階の基礎となる。そのため、その後作成されるシナリオの妥当性にとってきわめて重要な意味を持つ。

ありがたいことに、現在手に入る特化型AIはこの重要な局面で高い能力を発揮する。AIがすでに人間のシナリオ・プラクティショナーよりもはるかに有能な場面もある。明らかにAIが優位なのは、当然のことだが、自然言語処理の能力を備えたAIは人間のアナリストよりも速く「読む」ことができ、しかも疲れ知らずで、はるかにコスト効率もよいという点だ。読むというのは、AIは、重要な記事が発表された直後にそれを特定し、アナリティクスし、例えば感情面から判断できるという意味だ。人がしなければならないのはキーワードや文脈を指定することだけで、あとはAIに任せればいい。

特定の産業における未来のシナリオを作成するという例に戻ろう。例えば「自動車」というキーワードを与えると、AIは手に入るすべての情報に目を通し、重要なテキスト（例えばコンピュータに保存されたインタビューの文面やオンラインニュース上のインタビュー）を特定し、アナリティクスを提供する。そのアナリティクスには例えば「自動車」というトピックに関連するサブトピックがすべて含まれ、ドライバーを特定する有益な判断材料になる。

また、AI は単に関連した記事のまとめを作るだけでなく、隣接する記事とのつながりを示す。（例えば各インタビューをひとつの要素とする）調査結果の視覚的な表示によって、ドライバーを特定するだけでなく、ほかのトピックとどのようにつながっているかを確認することができる。例えば AI による最近のアナリティクスで、経済成長やエコシステム、技術的イノベーションといった典型的な対象は別々に考慮するだけでなく、AI とブロックチェーンの組み合わせで調査すべきだということがわかってきた。クライアントはその両者をそれまでは分けて扱っていたので、かなり驚いていた。そのつぎの段階として、このふたつのテクノロジーが関連していることがわかったら、この情報を使い、AI に新しいキーワードを与えて簡単に調査範囲を広げることができる。

この方法で、人力でサーチエンジンを使った調査をはるかに凌駕することが判明している。さらにそれは、百科事典や学術論文など基礎的な情報を学習することをも超えている。例えば、「自動車」というトピックに関する基本的な記事を読めばサブトピックについてかなりの見通しが得られるが、AI はさらに、現在の論点に関する個々のサブトピックの重要性を理解できるのだ。これによって AI は調査を行うアナリストの補助だけでなく、専門家の見解のほかにいわばセカンドオピニオンを生みだすことができる。もちろん、現状に関する専門家の重みづけや判断は調査の最も重要な判断材料だが、AI は焦点となる問題に関する現状を理解するうえで、同じくらい価値がある新たな客観的視点を提示する。その背後にあるのは魔法ではなく、情報の洗練された統計分析だ。

これは状況を一変させる技術であり、日々の業務での調査段階で必要となるリソースを 75 パーセント近く減少させつつ、質を最大で 40 パーセント向上させることができる。これは、わたしたちの行動の理由、つまり加速する変化への対応を高めるという目標を考えると、とても大きな意味がある。調査段階で AI を利用すれば、もう変化の速度を恐れる必要はない。変化を記述し、理解するために必要な量の情報が、変化のたびに自動的に収集され、アナリティクスされるからだ。そのため、その変化が引き起こす影響を理解することに時間を割くことができる。言い換えると、変化の速度そのものは変わらないが、それを扱うわたしたちの能力は変えられる。適応性も当然残っているが、いまやより多くの時間を使ってそれに対処できる。実務上の効果は絶大だ。しかもこのツールはオンラインで誰にでも、求めやすい価格で手に入れられる。

## 重要な不確実性

多数のドライバーを挙げた1次リストは、焦点となる問題にシナリオという形で答えを与えるための包括的な手法の優れた情報源になる。上に述べたように、AIによりこうしたリストを作成するためのリソースは軽減され、同時に調査範囲はとてつもなく広がっている。

つぎの段階は、(第2章で紹介したように)「重要性」と「不確実性」というふたつの基準によってリストを絞りこむことだ。伝統的な手法では、そのテーマの専門家から選ばれたグループに判断を委ねていた。「重要性」の基準に関しては、とくにオンライン調査の一環として彼らに評価を依頼し、「不確実性」の基準に関しては、専門家の予測する帰結を尋ね、その答えがどの程度ばらつくかによって不確実性について結論を出す。調査段階で専門家の評価の代わりとなる(汎用型の)AIがまだないことは確かだが、調査の射程を広げるAI技術は存在している。焦点となる問題次第で、10人から50人の専門家に話を聞くのが通常だろう。だがAIのおかげで、いまや数千もの専門家に「話を聞く」ことができる。

まず、AIは専門家と彼らの一般に公開された発言を、人が作成したリストや著者名の登場(例えばよく引用される著者など)によって特定する。「重要性」に関しては、AIはリストに載ったひとつ以上のドライバーに関連した発言を探す。そして最後に、その専門家がこのドライバーの関連性や重要性について、高いと述べているか低いと述べているかをアナリティクスする。しかし、このシステムはそれ以上のこともできる。AIはあるドライバーについての特定の見解がユーザー間でどれくらい頻繁に共有されているかを（URL短縮ツールの情報によって――そう、URL短縮ツールとはこういうビジネスモデルなのだ）「知って」いるので、特定のドライバーがどれくらい重要かを間接的に判断することができるのだ。例えば、新聞は経済関連の記事を一面の、しかも上部に掲載するとする。ところが10面の記事がトレンドになったため、読者やユーザーはそちらにはるかに大きな関心を寄せるが、報道機関はまだそのことを知らない、ということがありうる。あるドライバーの重要性に関する判断は、どのようなトピックスが拡散するかによって知ることができるのだ。

AIが過去のどれくらいの期間を振り返るか（例えば過去1年間のすべての専門家の発言を調べる、など）は、焦点となる問題に関わるトピックの変化速度によって決まる。また、シナリオ・プラクティショナーがフィルターを適切に設定しているかにもかかっている。例えば、専門家のリストを、ひとつの情報源を重複して取りあげることなどによるバイアスが生じないように均してあるかどうか。直接のインタビューでの発言とオンラインの専門家のコメント、あるいは間接的な判断の重みを、リスト絞りこみのときに同等に重視するか、あるいは重みをつけるかは焦点となる問題によって変わってくる。

ドライバーの「不確実性」に関しても同じAIを使うことが

できるが、使い方は少し異なる。専門家とその発言を特定したあと、AI は発言の方向性をチェックする。例えば、ひとりの専門家が AI とブロックチェーンの結びつきは技術的観点からすると弱い、と発言したとする。この場合の方向性は、「弱い」になるだろう。この方法で、例えばこの結びつきについて 50 パーセントの発言が「強い」という方向性だと判断したなら、AI は自動的に、専門家の間で高い不確実性があると結論づける。つまり、AI は専門家の判断に取って代わるのではなく、はるかに効率的にアナリティクスするのに役立つのだ。

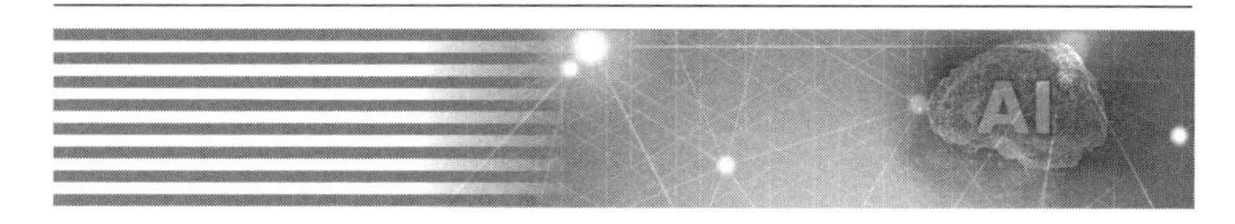


# シナリオ・フレームワーク

この段階でAIを使う利点は、やや限定されている。ここでは、複雑で適応的なシステムと要素間の相互作用を理解するという、いまのところ人間に特有の能力を使わなくてはならないからだ。言い換えると、戦略家とシナリオ・プラクティショナーだけが、それぞれが複雑で適応的なシステムであるふたつの軸の組み合わせを正確に判断することができ、それらを組み合わせたときに魔法が起こる。軸（例えばシナリオ・フレームワーク）の組み合わせを判断するひとつの基準は、例えばそれが「困難をもたらす」かどうかだ。AIがそれを判断するには、将来の展望や戦略的短期目標、焦点となる問題、すべてがつながったシステム（例えば市場と市場参加者）を理解しなければならないだろう。ここでも、それができるのは汎用型AIのみで、わたしたちの知るかぎりそれはまだ手に入らない、という話を繰り返すことになる。

ふたつの軸が相関関係にあるかどうか推測するという仕事からシナリオ・プラクティショナーを自由にできるかどうかは、実験する価値がある問題だ。軸のどちらの帰結が現実になりつつあるかは指標から判断できる。この指標については後の章で詳しく見よう。ただ、ふたつの軸が歴史的データやその指標から同じ方向に伸びていたら、それらはきわめて高い相関関係にある。集中的なワークショップのとき、専門家はふたつの軸の関係に対する評価が過小あるいは過大になる傾向がある。この段階をAIに委ねれば、時間を節約できるうえ質の向上にもつながるだろう。結局、それによって相関関係にない軸の組み合わせによるシナリオ・フレームワークのリストが自動的に生みだされる。だが、そのうちどれを最終的に採用するかという判断は専門家に任せることになる。

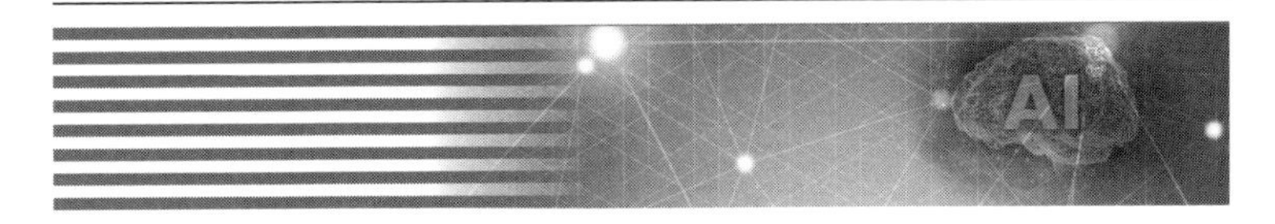

## シナリオ・ナラティブ

文章を読むだけでなく書くことのできる特化型 AI は存在するが、AI はふたつのシナリオの軸の相互作用を理解できない。意思決定者とシナリオ・プラクティショナー、あるいは専門家だけが、ふたつの帰結が現実になったとき、焦点となる問題にそれがどのような影響を与えるかを「思い描く」ことができる。市場と市場参加者のような複雑で適応的なシステムを解き明かせるのは、ワークショップの参加者の頭のなかで形成されるメンタルモデルだけだ。AI は写真や重要な引用など、ナラティブの要素を挙げることはできるが、それがストーリーに合うかどうかは人間のシナリオ・プラクティショナーが判断しなくてはならない。

## シナリオ・モニタリング

ここがシナリオ思考の最も重要な部分だ。調査やモデリングのフェーズは、AIがなくても、質は低く高コストながら存在したが、モニタリングのフェーズは事実上存在しなかった。

もう少し詳しく見てみよう。シナリオが作成されると、戦略家は戦略的意思決定を行うための説得力のあるフレームワークを手に入れている。すでに述べたことだが、そのシナリオは戦略的意思決定を風洞試験にかけるための基礎だ。たいていの場合、戦略オプションは特定のシナリオか、いくつかのシナリオでしかうまくいかない。時間が経過したとき、どのシナリオが現実になる確率が高いか、というのがつねに大きな問題になる。

シナリオが実現する可能性がわかれば、意思決定の際にどの戦略オプションを選ぶべきかを簡単に計算できるだろう。これに関しては伝統的に、それぞれのシナリオの指標を計測するのにリソースを繰り返し大幅に割かなくてはならないことが困難として立ちはだかっていた。可能性を計算するには、どのシナリオが実現するかをつねに観察していなければならないのだ。

唯一の解決策は、定期的に専門家に質問することだった。もちろん、それぞれの専門家が持っている専門知識は分野が限られている。ほとんど指標ごとに別の専門家を探し、依頼することにはかなりのコストがかかるため、可能なのは大規模なシナリオ・プロジェクトくらいだろう。さらに、専門家の数はかなり限られており、シナリオ間でバイアスが生じる危険性がある。結局、モニタリングはほぼ行われていなかった。その結果は非常に厳しいものだった。市場の条件がますます速く変化するようになっていることを考えても明らかだ。例えば、大暴落の数日前と数日後にブロックチェーンの技術に関する評価を専門家に依頼したとしよう。このテクノロジーの認識に依存しているシナリオの可能性はこの数日で劇的に変化するだろう。こうしたシナリオの状態に関する専門家とのインタビューが——すべての専門家を集めるコストのため——わずか6カ月から12カ月に1度しか行われないということを考慮すると、かなり困難な事態になることがわかるだろう。そのうえ、シナリオ・モニタリングには可能性に影響を与えるたくさんの指標が存在する。

ここではAIが大いに役立つ。それはそれぞれの指標に関する情報を探し、情報にもとづいてどの帰結が実現する可能性が高まったかを判断する。データを得るためのよい情報源は報道機関、特許データ、投資の流れだ。

例えば、化学業界の仮説的なシナリオの可能性を計算するとしたら、指標のひとつはおそらく規制になるだろう。各企業は世界規模で事業を展開しており、世界的な規制のモニタリングをしている。規制に関する決定（例えばある化学物質に関する規制の厳格化）があるたびにAIはそれを認識し、統計モデルによってこの情報の重み（関係するのは小さな市場か、大きな市場か、など）を判断し、最後に、規制の厳格化が市場の成長を抑制するというプロットを持つシナリオの可能性にそれを組みこむ。

AI はリソースの節約になるため、指標の数を 100 倍に増やし、伝統的な専門家の議論にもとづく手法よりもはるかに高い正確性で、リソースへの投資を劇的に減らせる。AI があれば、シナリオの可能性をリアルタイムでアップデートすることができる。これは戦略オプションの評価（例えば風洞試験）のためにどのシナリオがやがて実現するかを計算するのに役立つだけでなく、戦略を日々実践していくうえでも重要な情報を提供する。ビジネスの世界がどう進展していくかという客観的な情報をつねに与えてくれる。以前はこうした情報を得るために必要だった時間を節約し、それをアナリティクスに使うことができる。ビジネスの進展とその原因をつねに詳しくアナリティクスすることで、意思決定に生かせるとてつもない洞察が得られる。ブロックチェーンの例を考えてみよう。実現可能性を常時モニタリングしていると、断片的な一連のニュースがつねに入ってくる。そのためアナリストは実現可能性が変化した理由を完全に理解することができる。ブロックチェーン戦略の実行チームは、最新のニュースを考慮して最善の技術的基盤を選択することができる。これまではこのように、シナリオ・プランニングのような戦略的フレームワークが直接短期的な意思決定に影響を与えることはなかった。

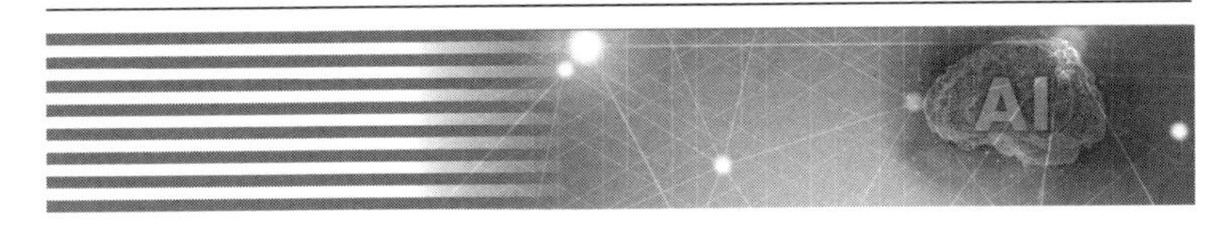


# シナリオの診断

このことは、変化の速度と作用しあうふたつの敵、複雑性と適応性との戦いにどう影響するだろうか？　シナリオが妥当であるかぎり、AI はいまやすべての変化を自動的に取り入れることができる。そのため、変化は困難というより、むしろ差別化要因になる。変化が速いほど、AI をモニタリングに利用している企業と利用していない企業の差が広がるからだ。つまり、AI を適切に利用している企業はもう変化を恐れる必要はなく、むしろ歓迎できる。変化はリスクではなく、チャンスなのだ。しかし、まだ適応性に足元をすくわれる可能性はある。市場の条件が変わり、重要な不確実性に変化が起これば、シナリオが使えなくなり、モニタリングが無意味になってしまうかもしれない。それでも、以前とは大きな違いがある。シナリオをつねにモニタリングすることで、どのシナリオが実現するかがわかるだけでなく、シナリオをいつアップデートしなければならないかが正確に判断できるのだ。これは大きな変化だ。これを、シナリオの健全さに関するリアルタイム・モニタリングと呼ぼう。

シナリオの健全さは、そのシナリオが焦点となる問題に答えを出すのに適しているかを示している。シナリオ作成直後は、100 パーセント健全だ。それから時間の経過とともに、世界はなんらかの方向へ進みつつ、変化に対して適応していく。すでに書いたとおり、世界の適応性とは、時間が経過するなかで、システムの要素間の相互関係が変化することだ。例えば意思決定者にとってテクノロジーの軸が環境の軸よりも産業の未来を記述するうえではるかに重要だとわかっているとしても、一瞬で劇的な変化をする可能性もある。

シナリオの健全さが低い場合、シナリオを作成し直さなくてはならない。そう判断しなければならないのは、「影響度が高い」かつ「不確実性が高い」と分類されるドライバーの評価が時間の経過とともに変化した場合だ。ドライバーの重要性や不確実性が低いために当初そのドライバーを考慮していなかったとすれば、それらが高まれば、シナリオ・モデリングの結果が変わってくるからだ。意思決定者は妥当性を失ったシナリオを信頼すべきではない。誤ったシナリオ・フレームワークは戦略家を誤った方向へ誘導するだろう。風洞試験の結果も無意味になる。あらゆる産業の変化速度は世界的に増加しており、シナリオの健全さを定期的に診断する必要性はさらに増している。

伝統的な手法では、新しいドライバーが関心領域に入っていないか、あるいはもともと関心領域にあったドライバーがいまもそこにあるかを、少なくとも重要性に関しては（不確実性は時間とともに自然と減少するため）、すべてのドライバーについてモニターしなければならないだろう。比較的少ない指標をモニターしてシナリオの可能性を計算することさえ手が出ないほど高額なのだから、無数のドライバーを継続的にモニターするのはコストが高すぎてまったく現実的ではない。

AIはこの過程で十分に強みを発揮する。最初にドライバーのランク付けをしたのと同じAIが、時間の経過に伴う進展のモニタリングでも利用できる。そのためには、それぞれのドライバーがAI

によって継続的にモニターされている必要がある。そうすれば、あるドライバーの重要性や不確実性を再評価しなければならないほど情報に変化が見られるかどうかを（例えばニュースから）簡単に判断することができる。さらに、継続的にモニターすることで季節的なパターンを見つけ、アナリティクスに反映させるといったことも可能だろう。

時間の経過のなかで、最も重要で不確実なドライバーについての関心領域の構成が変化したときには、シナリオの健全さもまた下がっている。それがあるレベル（これはクライアントの要求によって異なる）以下になったときには、焦点となる問題に対して新しい組み合わせのシナリオ・フレームワークをテストする。新しいシナリオ・フレームワークが古いものより有益だという結論が出れば、交換する。

また、探索を行うAIを補助的に利用し、初めから重要なドライバーを特定したり、まったく新しいドライバーを検討する必要があるかどうかを確認することができる。それらの新しいドライバーはモニタリングに特化したAIに渡され、また一定の時間が経ったあとで関心領域の構成を確認するときにも考慮される。

AIがあっても複雑性や適応性の法則は変化しないということはここで明確にしておこう。だが以前とは違って、ある変化が正確にいつシナリオの妥当性を失わせたか、あるいは失わせていないかを判断できる。このことが、現代のシナリオ思考を実践に用いるうえで、従来の手法とは大きな違いをもたらしている。従来の手法では、例えば６カ月経過したら、そのフレームワークがまだ妥当かどうかはまったくわからなかった。妥当性は100パーセントかもしれないし、あるいは10パーセントかもしれない。こうした疑問が頭にあるとしたら、シナリオを信頼することはできないだろう。何か変化が起こればそれはすべて、市場や消費者、競合他社の適応を引き起こして状況を一変させ、シナリオ・プランニングを使いものにならなくしてしまう可能性がある。AIがあれば、いつでも自分のシナリオが意思決定の有効な根拠になると考えられる。

つまり、シナリオ・プロセスでAIを利用すれば、コストを削減するだけでなく、シナリオの質を大幅に高めることができる。シナリオ・プランニングは以前から複雑なシステムをモデル化するすばらしい手法だったが、近年ではあまりに急速な変化に対処することが難しくなっていた。シナリオ・プラクティショナーはいつも、調査やモデリングの局面で時間とコストを削減することに追われていた。これによってシナリオ作成までの時間は確かに短縮されたものの、シナリオ・フレームワークへの信頼はいくぶん損なわれてしまっていた。また、ここ数年で変化速度は大幅に増したため、シナリオの健全さを6カ月から12カ月ごとにチェックするという理論的な基準では間に合わなくなっていた。

AIの発展のおかげで、変化の速度はもう恐いものではなくなった。AIはリアルタイムでどんな変化にも対処できるため、シナリオ・プラクティショナーはすべての時間を、シナリオを修正してその妥当性を維持することに使うことができる。戦略家は、AIによって性能の上がったシナリオ思考を信頼することで、複雑性と適応性というふたつの敵と効果的に戦える。それにより、人を鼓舞するような大きな戦略的目標を達成することにすべての時間を費やすことができる。

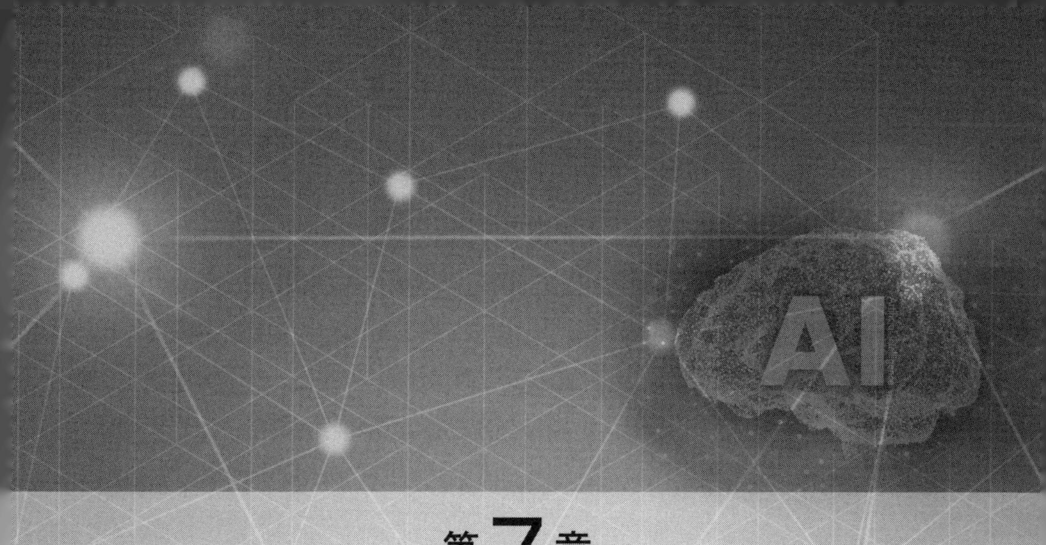


# 第7章 展望

# 3つの展望

本書では、AIによってそのときの情勢にもとづいて戦略を立てられるように、戦略的な方法論と近年の経験、そして出現しつつあるテクノロジーを結びつけてきた。そして、人間による意思決定と人工知能の境界は曖昧になりつつあると述べた。シナリオ・プランニングを例に、人間と人工知能がすでにかなり融合しているものの、統合された意思決定プロセスはまだ完成にはほど遠いことを見てきた。

機械の認識と人間の直感を結びつけて洞察を得るという可能性は、すばらしいものであると同時に恐ろしさもある。AIの能力を人間の直感に加えたとき、戦略的プランニングがどれだけ速く、確固たるものになるだろうかと感嘆する人は多い。なかにはAIが世界の真理を（まだ）告げてはくれないことに幻滅する人もいれば、映画『ターミネーター』シリーズで自らに目覚め、人類に戦いを挑んだ架空のAI、スカイネットのような方向へ進むのではないかと心配する人もいる。そのため、この最後の考察では、われわれはどこへ向かうのかを対象とする。前章まで読んだ読者にはおわかりだろうが、本書の著者3人は、AIによって可能になった戦略がどのように発展するかという予測に対する明確な答えを持ちあわせていない。わたしたちにできる最善のことは、個人的な見解として3つのもっともらしい展望を述べることだ。

まずは慎重な､実際的な見解から紹介しよう。アンドレアス･シューリーは「データドリブンな世界におけるストーリーテリング」という展望で、事実を追求する古典的な戦略的思考と、テクノロジーの発展により可能になる見解やアイデアの計測を結びつける必要があることを述べる。テクノロジーの可能性を過大評価することなく、人間の意思決定能力と技術的サポートの適切なバランスを見つける必要がある。

フロリアン・クラインは「集合的センスメイキングの未来」で、より楽天的な、人間中心の展望を語る。彼はAIによって可能になった意思決定のサポートシステムを用いて、現在の社会や経済が直面する根本的な問題のいくつかを解決する方法を述べる。リアルタイム・ストラテジーを拡大し、様々な人や社会が利用できるようにすれば、わたしたちの働き方は大きく変わるかもしれない。さらに、社会が情報を認識し、処理する方法を変える可能性すらある。

第3の見解はその正反対だ。フランク・ベッカーは「意思決定のユートピア」で、ねじれた問題には単純な答えは存在しない、と主張する。彼によれば、通常のストーリーテリング――それは現実を単純化して型にはめるという性質を持ち、時間の無駄で不正確、そして主観的だ――は意思決定のための情報提供として最善の方法ではない。未来の意思決定はストーリーではない、機械が消化できる形式のものであるべきだ。専門家はそれによって世界の状況を認識、計測し、ストーリーに頼らないでそれを意味づけする。こうした形式は未来の意思決定プロセスでさらに人間が関わることによるバイアスを減らす可能性がある。

３つの展望では、異なる観点から将来の意思決定について述べられている。ただし、３つに共通して流れる問いがある。意思決定と戦略は社会的なプロセスでありつづけ、人間はこれからもストーリーにもとづく戦略を用いて想像や交渉を行っていくだろうか？　それとも意思決定はつぎのレベルへと進化し、社会はストーリーテリングを必要とする従来の戦略プロセスを、アルゴリズムにもとづく、定性的なナラティブのない新たなプロセスへと置き換えていくのだろうか？

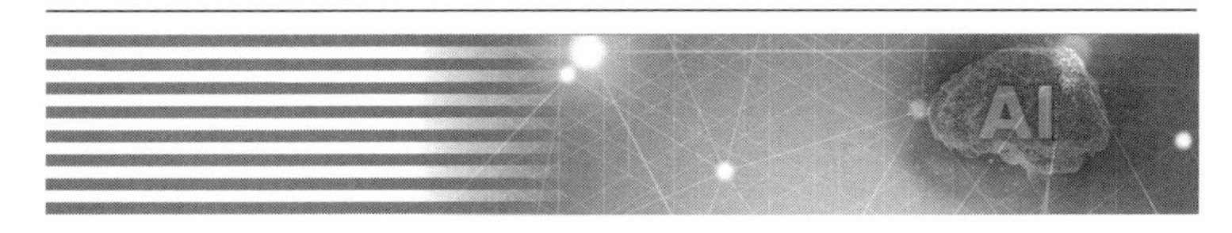


# 展望１：データドリブンな世界におけるストーリーテリング

アンドレアス・シューリー

様々な産業や地域にまたがるクライアントを観察したとき、また周囲の世界への自分の認識からも、複雑で過度につながった現在の世界で、不確実性は既定の事実だということに疑問の余地はない。わたしたちは明確な境界を持つ白と黒の世界から、境界の曖昧な50もの段階を持つ灰色の世界へと移行した。そのため今日では確実だとか既定の事実といえる状況はかなり少ない。冷戦の時代には明確なふたつの極が存在したが、いまではそれぞれが異なる関心を追求する多くの極を持った、非対称的な戦争が多発する世界へと変わっている。役割はすばやく変わっていくため、誰が味方で誰が敵かをときどき問わなくてはならない。カフェイン入り飲料の独占をめぐる、ペプシとコカコーラの古典的な長い戦いに勝者はいなかった。近ごろでは、様々な競争力ある製品が生まれ、市場をかきまわしており、エナジードリンクなどの新たなライバルが業界を揺さぶり、既存の企業にとっては高度な不確実性のもととなっている。このふたつの例だけでも、過去の明確な境界を持ったルールはもはや現在には通用せず、おそらく将来はさらにそれが進むことを示している。複雑性と不確実性のレベルを高めている曖昧な境界の例はほかにもたくさんある。特定の産業で活動してきた参加者が新たな事業に参入しており、もはや部門の厳格な区分も存在しない。かつては自動車はOEMによって生産され、保険会社は強制加入の保険を提供していたが、これはもう過去のことだ。創造的破壊者は自分の産業だけでなく隣接する産業まで変化させており、例えばテスラはポートフォリオに自動車保険も加え、(既存の製品やサービスで得た利益を投入することで）競合よりも低コストで付加的な利益を提供し、顧客を囲い込んでいる[1]。しかし、意思決定者はダチョウのように現実から目をそらしてはならない。不確実性への対処法を見つけ、複雑で困難な環境に負けず計画し行動する必要がある。自信を保ち、その姿を周囲に見せなければならない。不確実性への対処に役立つ手段を使えば、それが競争優位となり、自分と組織を強力なワシに変容させ、ダチョウのような競合他社を上から見下ろすことができる。

しかし、不確実性にも負けない競争優位をもたらす手段とはなんだろうか？　わたしにとって、その答えは単純でありながら同時に洗練されたもの、つまり技術的問題解決により高められた、シナリオにもとづく戦略的プランニング、わたしたちがリアルタイム・ストラテジーと呼ぶものだ。

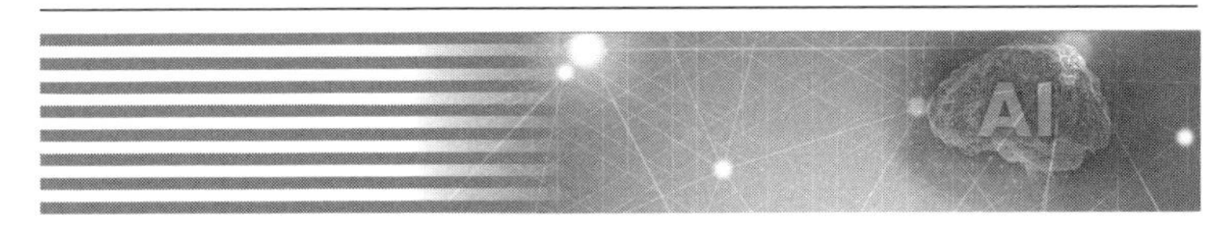


## 不確実性の存在は変えられない。では、どうすればそれを手なずけられる?

だが、そのまえに一歩退いて考えてみよう。不確実な状況での行動は様々な研究分野の関心を引く話題だ。そのため戦略の研究者も、不確実な状況で戦略が有効かを議論してきた。そしてその議論は実業界よりも、主に学問の世界で行われてきた。学問的には疑問はあるものの、実業界の議論では計画と戦略の必要性を擁護する見解が優勢だ。巨大な多国籍企業を明確な戦略がなくても運営できるという考えは、象牙の塔での知的な議論から生まれたものであり、企業の実践から出てきたものではない。実務者の観点からすれば、重要な意思決定者のその場その場の感覚のみに頼って計画を立てる大組織など想像もできない。組織は、かつての家族のようにメンバー全員が同じ育ち方をしているわけではない。多様な人材の継ぎはぎであるために様々な問題に直面する。そうした組織における戦略とは、グループをひとつにまとめ、目的を与える接着剤なのだ。それゆえ戦略は不確実な状況で組織を成功に導くものでなければならない。もし現実が単純ならば、戦略のレシピ本がすでに存在し、それを見れば材料をどう組み合わせて調理すればすばらしい（あるいは少なくとも満足できる）結果が手に入るかを知ることができるだろう。だがすでに書いたように、現実はそれほど甘くない。戦略とは芸術と科学の組み合わせであり、老人のような経験と新生児のような好奇心が必要になる。戦略と計画はすべての企業に（明確に記述されているかはともかく）存在している。問題は、組織が置かれた現実のなかで戦略を実践するのは、理想的な世界でそうすることは違うということだ。

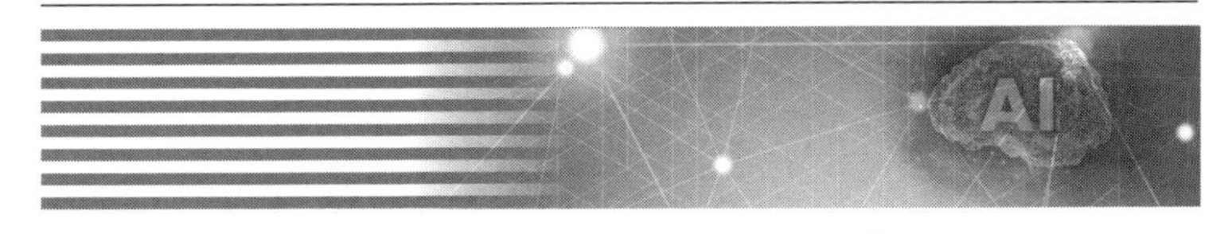


# 戦略は確実な事実にもとづく ── それは本当だろうか？

よくあるのが、実践において意思決定者がビジネススクールのカリキュラムや戦略書どおりになると期待し、ディスカウンテッド・キャッシュフローや限られた数の前提のことしか考えていないといった例だ。これは意思決定者がそのような教育を受けてきたせいで、その結果、多くの場合確実な事実にもとづく戦略が立てられる。堅牢なデータが仮説をテストする基礎となり、そこから引きだされた結論が美しいパワーポイントの資料へと姿を変える。

だが確実な事実とは、自然の法則にかなったものなのだろうか。少なくともわたしには疑問が残る。それに、こんな問いが浮かんでくる。洗練されたアナリティクスに必要とされる信頼できるデータをいつも集められているか？　また確実な事実とは、なんらかの意図による非現実的な前提にすぎないのではないか（あるいは、複雑なこの世界をいくつかの数値に還元する指標などないのではないか）？　疑問はまだある。第2章で概略を説明したとおり、数値にもとづく予測を絶対的な真理とみなすことは歴史的に繰り返されてきた失敗だ。一見有望そうに思われる組織の目標が、その背後の前提を調べてみると奇妙なものだと判明することも多い。わたしたちは、なぜ人は数字やデータを信頼するのか、と問わなくてはならない。なぜ組織は完全に妥当とはいえず、複雑なシステムや相互作用を把握することもできないいくつかの数値に将来を託すのだろう。それは単純だからだ。数値は意見やアイデアよりも把握しやすいからだ。数値は情報がより凝縮されているが、計測や取り扱いが容易だ。人が定量化を重視するもうひとつの理由は、教育制度のなかで数値に従うよう訓練されているからだ。世界中の多くの教育制度で、生徒の最終的な評価は定量的な成績によっている。例えばドイツでは、学んでいく途中で定性的評価から定量的評価に変更される。それは定性的な評価は学びはじめの子ども向けで、定量的評価こそが本物なのだ、ということを示している。児童は最初の通知表を手紙でもらうが、そこには個々の児童の長所や短所が言葉で書かれている。だが学年が上がると、ドイツの生徒は数字で成績をつけられるようになる。わたしたちは、数字こそが真の洞察を与えるという感覚のなかで育てられているのだ。そこでは定性的評価は数字を理解できない初学者のものでしかない。だが、それよりはるかに大きな意味を持っているのがKPIにもとづいたマネジメント制度や報酬体系だ。こうした昔からの制度のなかで、自らの報酬を最大化するために、意思決定者は定量的な目標を達成する必要がある。ピーター・ドラッカーのしばしば無批判に受け入れられている格言「測定できないものは管理できない」は、意思決定における数値依存をもたらしている。ならば、定量的な要因にもとづく経営者が、なぜシナリオ・プランニングの成果のような定性的なナラティブを使わなくてはならないのだろうか？　答えは簡単だ。シナリオは長期的な成績を向上させ、長い目で見れば意思決定者の報酬を高めることにつながるからだ。わたしは先に紹介したピエール・ワックに従って、有効な戦略は定性的な認識と定量的な事実の組み合わせだと考えている。この両者のぶつかり合いは、経営者だけにわかるものではない。ほかの様々な分野でも、定性的な思考と定量的な思考は戦っている。

とりわけ不確実で混乱した時代に勝利をもたらし、市場を席巻するためには、戦略は動的である必要がある。勝つためには、定性的な側面と定量的な側面を併せ持つ戦略であるべきだ。定性的な側面によって、（信頼できるデータがないか、アナリティクス不能であるため）いくつかの数値で表現するのが難しい相互作用を記述する一方、定量的な要因によって情報を凝縮し、現実世界から得た証拠によって主張をサポートして意思決定の基礎とする。動的な戦略の基礎となるシナリオ・プランニングは純粋に定性的なツールで、数多くの優位性をもたらす。そのことは本書で示したとおりだ。だが、定性的なシナリオ・プランニングによる優位性とその前提を定量的なモデルと組み合わせることで、両者を最大限に生かすことができる。この組み合わせは簡単ではなく、かなり柔軟な思考を必要とする。実現しそうないくつもの世界のデータをもとに考え、語らなくてはならないからだ。この作業には人間の能力だけでなく環境の助けも不可欠だ。大量のデータに加え、アルゴリズムやハードウェアなどの分析ツールが必要になるためだ。シナリオはローテクでも簡単に行えるが、この組み合わせにはテクノロジーのサポートが欠かせない。4つのシナリオのための「ローテク」なエクセルのモデルは役に立つが、動的な対応をするだけの能力はない。エクセルでできるのは現在をスナップショットに写し取ることだけで、起こりつつある発展を組みこんだり、将来起こる進展に対応することはできない。動的な戦略をしっかりとサポートし、エクセルモデルの欠点を克服するテクノロジーについては、AIとビッグデータのおかげで、ここ10年で飛躍的に進歩している。とはいえAIというと、わたしたちはSF小説や、代わりに意思決定をしてくれる機械のことを考えがちだが、まだそこには到達していない。そして人類の未来にとって、残された最後の純粋に人間的な領域である意思決定で、テクノロジーが人間に取って代わるのは望ましいことではない。テクノロジーの役割とは不可能を可能にすることだというのがわたしの考えだが、人間のなすべきことがすべて取りのぞかれたら、人間の存在価値への疑問が生まれてしまう。これは現代のテクノロジーが無駄なものだというのではなく、それは歩くことを学びはじめた子どものようなもので、まだ経験豊かな職人の域には達していないということだ。しかし、美はそれを見る者の目のなかにある、といわれるように、テクノロジーは動的な戦略を高めるのに役立つ。動的な戦略の扱いや、妥当性や適応性に関するテストには慎重さが求められる。技術的な解決策は便利で、疑問や業務への答えを与え、機械はすべてを知る真理の源とみなすことができる。しかし、思考する種であるわたしたち人間は、疑問を投げかけなければならない。その結果は信頼できるものなのか？　機械の意思決定の過程を理解できるだろうか？　残念ながら、多くの問いへの答えは否定的なものになると思われる。わたしたちはアルゴリズムの製作者を信頼しなければならない。よって、テクノロジーの能力と、その倫理性という、ふたつの点が問題になる。

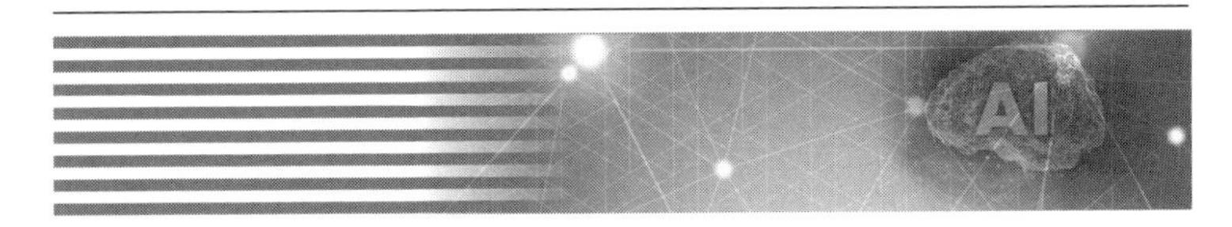


# 倫理を超えた戦略

複雑なテクノロジーはつねに信頼を要求する。わたしたちは自分の車の緊急通報システムがきちんと作動するか、あるいは自宅や職場の建物が安全な使用に必要となる基準に沿って適切に建てられているかを確認することはできない。製造者の能力と倫理を信頼しなければならない。近年では、倫理は利益よりも重要でないとみなされることもある。例えば世界的に車（規制違反）、飛行機（ソフトウェアの不具合による墜落）、建物（基準を満たしていなかったため焼失した）などの大規模な問題が起こっている。テクノロジーに関するニュースもそうした疑問を裏づけている。2016年に、マイクロソフトはAIによるチャットボット、Tayのサービスを公開16時間後に停止しなければならなかった。周囲の環境から学習したTayは扇動的で攻撃的なツイートを投稿する人種差別主義者になってしまったのだ[2]。その3年後、AIの研究所OpenAIは、「危険すぎる」として新開発のAIシステムGPT-2を一般公開をしなかった。フェイクニュースやソーシャルメディアのスパムを作成してしまう危険があると判断し、「限定版」のみの公開になった[3]。透明性や信頼性の問題に直面していることを示す例はまだほかにもある。AIが完全に機能するには、適切で信頼できるアルゴリズムのほかに、訓練のための十分なデータセットとその使用、きちんとした訓練と設定が欠かせない。透明性と信頼性を証明するという責任はかなり重い。そのため、AI を意思決定のツールとして使うには、なんらかの普遍的で客観的な AI の認定あるいは監査が必要だ。そしてこれがつぎの困難を生む。その基準を誰が定めるのか？　善悪に関する倫理的な基準や見解は人それぞれ異なっている。それらは文化や教育、人生経験によって形成されるものだ。人間は欠点を持つ。その人間が AI を製作しているのに、なぜ AI には完全さが求められるのか？

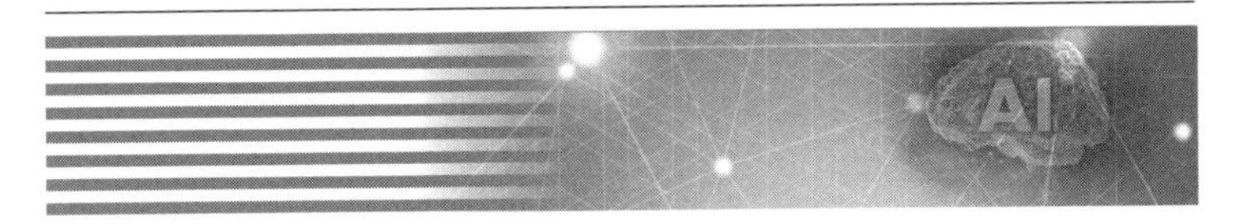


# 疑問を持ちつづける

人類の歴史上、テクノロジーは生活の様々な面を向上させてきたが、それは必ずしもすべての問題に対する最善の解決策だったわけではない。未来を知るために覗きこみ、見えたものを数値化できるような水晶球は存在しない。テクノロジーの力が与えられていても、多くの問題や出来事には人間の判断が必要になる。そのため、第１章で紹介したアントワーヌ・レオナール・トーマスの疑問を忘れてはならない。テクノロジーの普遍性についての疑問は、その発展を促す。わたしの意見では、テクノロジーによって意思決定の質は向上するが、結局決めるのは人間であり、人間に影響を与えるのは戦略だ。

# 戦略におけるナラティブの妥当性はなくならない

人間は説得され、動機づけられ、関与されることを必要とする。ただの数値は戦略のなかで機能しないが、ナラティブは、戦略のもたらす変化が大きいときにはとくに、それをすべての関係者が受け入れるのに役立つ。人はストーリーによって心を動かされ、思考を広げる。幸運なことに、ナラティブにはまだ未来がある。意思決定者はそれによって「what if」と問うマインドセットを持ち、それをすべての関係者や出資者に伝える。しかし、そうしたストーリーはアルゴリズムによって精度を高める必要があるし、意思決定は最大限の情報を得たうえで行われなければならない。つまり戦略には、データとテクノロジーによる解決策でサポートされたナラティブや古典的なストーリーが欠かせないのだ。だが、テクノロジーから自動的に生まれる結果に対する疑いと問いは持ちつづける必要がある。テクノロジーやアルゴリズムを盲信することはやめ、人間に残された最後の領域である熟慮されたナラティブによる意思決定を改善していかなくてはならない。

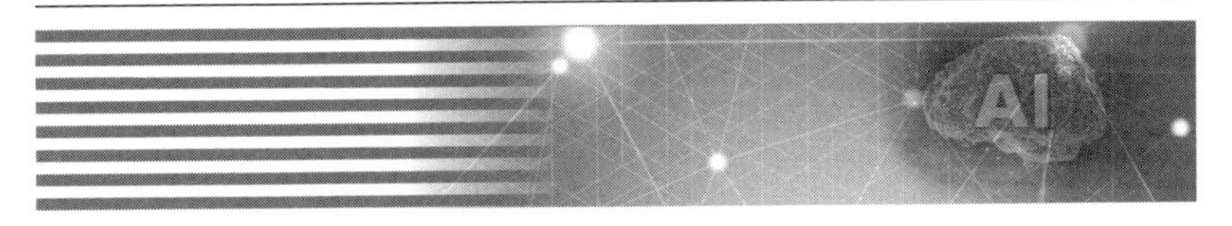

# 展望2：集合的センスメイキングの未来

フローリアン・クライン

過去数年の戦略プロジェクトで、わたしは逆説的なトレンドを目にしてきた。AIというツールがより包括的になり洗練されるにつれ、実際に人を集めて行うワークショップの必要性が増しているのだ。これはもちろんすぐには理解しにくいことだ。機械学習の能力が高まるほど、意思決定における人間的な要素は減るように思われるからだ。だが、現実にはまったくその逆のことが起こっている。

ビックデータにより、未来のトレンドを調査する能力は格段に上がり、アイデアや意見を調べ、追跡し、モニターする新しい手段がもたらされた。その結果、データをまとめるのに必要な時間は大幅に短縮された。たった5年前でも、ある市場のドライバーに関する事実をまとめるのに、熟練のコンサルタント4人で2、3週間はかかっていた。だが今日の進化したツールを使えば、アナリストひとりが数日で同じことを行える。しかも、このツールから得た証拠はより客観的で包括的で、戦略的な論点にも深く関わっているのだ。

しかしこれによって、戦略的見解について検討するという仕事が楽になったわけではない――むしろまったく逆だ。世界で起こっていることをより速く、より正確に認識できるようになり、「その結果どうなるのか」を考える時間は増えた。だが同時に、戦略ワークショップの品質への要求ははるかに高まっている。プロジェクトの調査段階でAIによってもたらされた速度と透明性が、戦略家に求められる基準を数段階上げている。まず、シナリオ・プロジェクトにおいてドライバーの1次リストをまとめるとき、クラウドソーシングによって無数の人々からアイデアを得ているため、戦略家にはより開かれた心構えが必要になる。今日、シナリオ・ワークショップの参加者は多くの要因が列挙された1次リストを検討する必要がある。その多くは、部外者によって挙げられたものであるため、彼らには「奇妙」に思えるだろう。つぎに、作成したシナリオをのちにAIシステムがモニターするときに使う論理モデルを組み立てるために、ワークショップの参加者はできるだけ思考の透明性を確保しなければならない。今日、ワークショップでの時間のかなりの部分は、背後にある前提を捉え、仮説を説明し、ほかの参加者がそれらを考慮するよう促すことに費やされる。つまり、AIというツールによってすでに、専門家が協力し、伝達するときの脳の使い方は変化しているのだ。人間とAIの統合された知的活動に参加する権利を失わないためには、より多くのアイデアを許容し、より深く考え、より効果的に意思伝達しなければならないだろう。

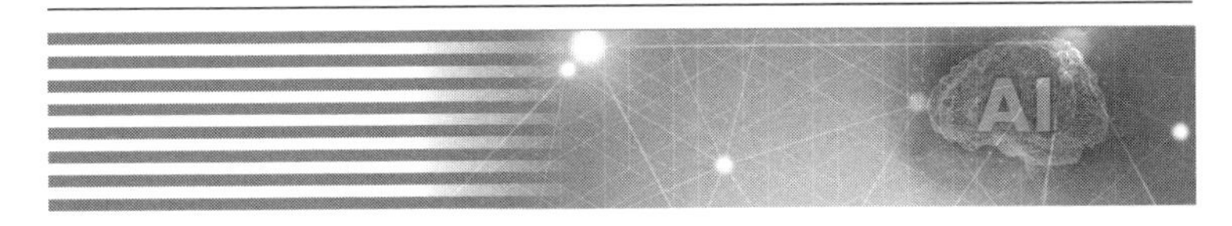


## 集合的思考への強制アップグレード

こうした思考と議論の文化に対するアップグレードの重圧こそが、わたしが人間とAIの統合された意思決定システムは好ましい影響を与えると楽観視している理由だ。このことを説明するために、このシステムがごく当たり前になった世界を想像してみよう。

この世界では、戦略プロセスの最初から最後までAIツールが利用される。最初の段階では、AIは市場や問題となっているトピックのリアルタイムの状況をすぐに評価する。この評価でははじめ、それ以前の実践において類似の戦略的問題に対して重要だと認められたいくつかの指標が利用される。時間の経過とともに同じことが繰り返され、指標は増加していく。

今後、AIツールはわたしたちの発想のあらゆる重要な側面を捉え、計測し、モニターし、記録するようになるだろう。重要な議論すべてに関わるだろう。多様な見解を、今日知られているどんなシステムよりも客観的に、包括的に記録するようになるだろう。新しい発想と、それに関与した人を発見するだろう。新しく登場したトピックを見つけ、それを自動的に、つねに増加する指標の集積に加えるだろう。AIシステムは人間の進化する発想の地図を書きとめていくだろう。

SF小説のように感じられるかもしれないが、デジタルデータが着実に蓄積され、先進的なデータ分析ツールが増加したことで、すでにこの雪崩のような動きは始まっている。それに気づいていないとしたら、その主な理由はデータとツールの利用に不均衡があるからだ。現在、それを利用できるのは少数の企業や組織のみなのだが、こうした状況になっている理由はふたつある。ひとつはコストと、組織内でAIを利用する能力の問題であり、もうひとつは膨大なデータの蓄積にAIを用いることへの社会的な受容の問題だ。しかしそのどちらも、わたしは時間とともにハードルが下がってくると考えている。アルゴリズムのコストは下がりつつあり、同時に多くの人が利用できるようになっているため、すでに明白にAIは民主化に向かっている。2番目の問題は今後も議論が続くだろう。しかし、AIの利用をめぐる規則が社会によって定められ、規制者もより効果的にそれを執行するようになるというのがわたしの考えだ。

では人間の発想に関するリアルタイムの地図が誰にでも利用できるとしたらどうなるかを想像してみよう。人々はブラウザーでそれを見て、どんなトピックでもその文脈や、そのトピック内の見解の幅を理解することができる。またどのトピックでもすぐにズームインやズームアウトができる。誰もがどんな知的領域でも、関連する情報やその構造をすぐに見つけられるため、専門家のようになれる。全員がAIによって、発想の宇宙を航海し、利用できるという世界を想像してみよう。そうした知識の地図はほとんどの専門家としての教育を不要にしてくれるだけでなく、集合的な記憶としても利用することができる。そこには集合的な発想と、わたしたちがそれを理解するために取った見解がすべて記録されることになる。

これが今日のインターネットとどう違うのかと疑問を抱く人

もいるだろう。デジタル機器を通じてわたしたちが現在受けとっている情報は、(少なくとも多くの例で）現実を反映したものではなく、バイアスがかかっており、たいていはすべてを網羅しているわけでもない。だが、AI が可能にする発想の地図は構造化され、整理され、ダイナミックで、多次元だ。人や AI が選んだどのような情報でも提供されるようになるだろう。

だが、このすばらしい約束を実現するにはコストがかかる。知識の地図を使うには、「表面的な」初級の情報では不十分だ。ユーザーは知識の地図を批判的に読む必要があり、そのためにはメタデータを考慮する能力が求められる。第1に、知識の地図のユーザーは自分が見ているトピックの文脈を考慮しなければならない。第2に、以前にそのトピックを検討した人々が取った様々な見解を理解し、評価しなければならない。第3に、問題のトピックをめぐる発想の堅牢性を判断し、自分の見解を打ちたてなければならない。

つまり、動的な地図は理論上、ユーザーを「即席専門家」に変える力を持っているが、それにはクリティカル・シンキングを使いこなせることが必要だ。そのため、AI が可能にするこの発想のワンダーランドに参加するには、数多くの基礎的なスキルが求められる。その基礎的なスキルとは？　すでにおわかりかもしれないが、他者の発想を認め、考慮することができるという基本的な資質、構造的に、文脈に沿った思考ができるだけの規律正しさ、未来のユーザーに自分の発想を伝えるための効果的な伝達のスキルだ。そうした世界では、ただ AI のあとをレミングのようについていけばいいというわけではないのだ。

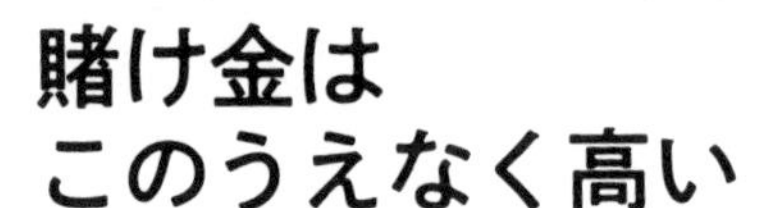

# 賭け金は
# このうえなく高い

もちろん、この人間中心のユートピアがいかにも荒唐無稽に思われるだろうということはわかっている。それには、無知とフェイクニュース、両極化、イデオロギーがはびこるこの世界でクリティカル・シンキングを行き渡らせる第2の啓蒙時代が到来しなくてはならないだろう。しかし、希望の芽はある。過去数十年に世界的な教育レベルが着実に上昇していること、さらに世界の人口の残り半分もインターネットへの接続を達成しつつあることを考えれば、さほど悲観することはないように思える。さらに、クリティカル・シンキングの能力には極端に高いレベルの知性や訓練は要求されず、子どもに教えられる程度のレベルがあればいい。その価値観は、わたしたちがデータドリブンな世界で生きていくのに欠かせないものになるだろう。

そこから最後の論点が生じる。人間とAIの統合されたシステムをクリティカル・シンキングと結びつけて促進することは、リベラルな人間中心の社会を求めるあらゆる人々の関心を引くはずだ。このシステムは、社会の分断とフェイクニュースの害悪を中和するための、最も現実的で望ましい解毒剤になる。また、人間とAIの統合されたシステムは、早い解決が求められる気候変動などの大きな問題を理解し、アナリティクスし、解決への交渉を進める力になるだろう。

最後に、人間とAIの統合されたシステムを促進することには、より不吉な理由もある。人間が意思決定プロセスに関与しつづけるには、これしか方法がないということだ。AI を使って集合的な意思決定プロセスを高める方法を見つけることができなければ、このプロセスから人間が排除される危険は高くなる。この見解が誇張だと思われるなら、つぎの展望を読んでほしい。

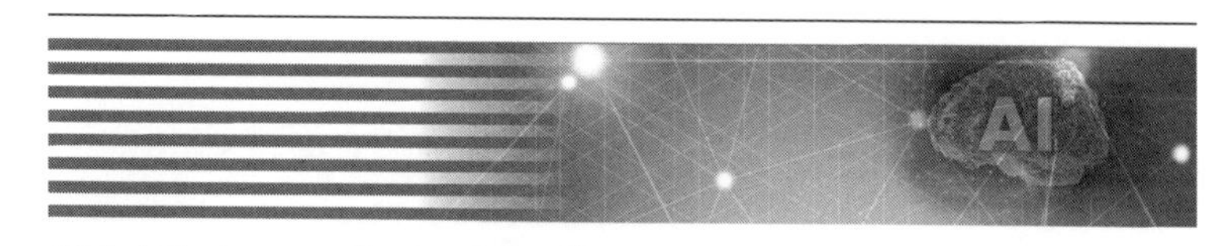


# 展望3：意思決定のユートピア

フランク・ベッカー

まず、この重要な問いについて考えてほしい。結果と、それを達成する方法のどちらが重要か？　直感的には、「もちろん結果だ」という答えが出てくるだろう。それでは、自分が人間の上司ではなく、AIから任務を与えられる世界を想像してみよう。この世界のビジネスでは、オフィスで人間の同僚と協力して仕事をすることもない。さらに、オフィスが完全に消えてしまったとしたらどうだろう。あなたは自宅で席に着き、アルゴリズムが組み立てた任務のリストに従って仕事をする。ほかの「人的資源」——つまりかつての同僚たちも、その点では変わらない。

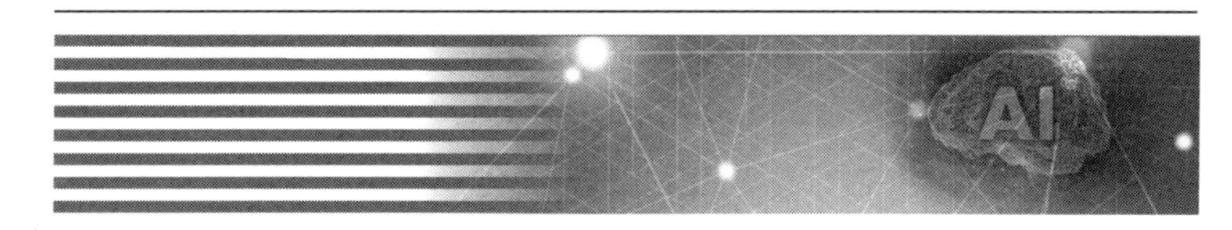


# ストーリーテリングのストーリー

この意思決定のユートピアでは、アルゴリズムが組織の指揮者であり、高度に自動化された、恐ろしいまでに効率的な情報交換を担当している。そのため、もはやオフィスのあちこちで情報を交換する必要も、リーダーが士気を高めるためのスピーチをする必要もない。人間的な観点からは、こうした労働条件は冷たく思われるかもしれないが、これこそ最善の結果をもたらす環境ではないだろうか？　注意をそらすものはない。ただ純粋な情報だけがやり取りされる。効率性は感情に優る。優秀さは「楽しく過ごす」ことより大切だ。わたしたちは選択をしなければならない。相互につながった今日の世界では、ひとつの誤った判断が経済全体を下降させる。そのためリーダーには、最適な選択が求められる。したがって問題は、快適なものがそろっていて人間に優しいが、結果は芳しくない職場と、困難に対して最適な解決が与えられる、無味乾燥なアルゴリズムにもとづく世界のどちらを求めるか、ということだ。わたしとしては、後者に１票を投じることになる。わたしの見解では、カフェスペースがある伝統的な最高の職場よりも、この環境ははるかに人間的なのだ。

こうした環境が必要とされる理由をもっとよく説明するために、まずは組織が直面している様々な困難を確認しよう。西洋の社会では、組織は価値を創出する重要な拠点だ。そのため、組織のリーダーは社会の幸福に責任を負っている。つまり、社会の困難はリーダーの困難でもあるのだ。直接的ではないにせよ、少なくとも間接的には。確かに、出資者重視でKPI志向の現在のシステムでは、ステークホルダーの観点は十分に取り入れられていない。しかし、リーダーの意識の変化は見てとれる。大企業の大がかりなキャンペーンでも、リーダーの私的な議論でも、社会問題や企業をとりまく環境は意思決定に影響を与えている。どんな企業も市場が不安定ではビジネスを成功させることはできないからだ。企業はビジネスそのものだけでなく重要な社会的問題への対応でも重要な役割を担っている。

さて、人口動態の変化や社会の混迷、気候変動など、わたしたちが直面している主な困難はどれも非常に解決が難しい。それが複雑で適応的なシステムの性質だ。ジャングルのメンタルモデルで説明したように、複雑性と適応性のなかでは、最適な意思決定は困難になる。そのため、組織が確実に生き延び、利益を上げつつ、同時に社会的な問題の解決に貢献するには、かなり賢明な行動をしなければならない。社会全体の状況を整備するのは政治家の役目だが、多くの場合、時代が抱える問題への創造的な解決策を考案するのは個人や大企業だ。例えばエネルギーと、環境に配慮した解決策の両方を必要としているというトレードオフを考えてみよう。エネルギー供給方法のうちあるものを禁止したり、環境的な基準を定めるのは政治家だが、政治的な課題を解決する持続可能な方法を考えるのは科学者や起業家、組織だ。

今世紀に入り、企業やその意思決定者が直面している問題の範囲や複雑性、そして変化の速度と適応性は増大している。だが残念なことに、意思決定者に与えられたツールやプロセスは30年あるいはそれ以上の間変わっていない。例えば典型的なツールであるパワーポイントは1982年に基本的な形ができたが、本質的には単なる古典的なプロジェクターの電子版にすぎないし、あるいはデータアナリティクス用のエクセルは1985年から変わっていない[4]。どちらも現在まで、ビジネスの世界で結果や現状を報告する最大のツールとして使われている。

ツールセットとプロセスを改善することなく、ますます困難になる問題への解決策を意思決定者に要求することはできない。新世代の問題を解決するには、新世代の意思決定が求められる。わたしが思うに、毎日、自分の武器が鈍いため大きな問題をほとんど解くことはできないと思いながら目を覚ますのは意思決定者にとって残酷なことだ。来る日も、来る日もそれは続く。それなのに、ステークホルダーや出資者の期待はずっと高いままなのだ。もちろん、これは高い地位にある意思決定者だけではなく、重要な問題に日々直面しているすべての人に関係していることだ。だからこそ、こう問う必要がある。快適なカフェスペースに、意気消沈して疲れきった人々ばかりがいる光景は、本当にわたしたちが求めているものなのだろうか？

AIのアルゴリズムを意思決定に組みこむという本書の提案は、始まりにすぎない。この超能力によって意思決定者の能力は高まり、とても難しい問題に賢明な答えを見つけるための環境は相当に改善されている。だが残念ながら、これは押し寄せてくる困難に直面したときには必要最低限のものでしかない。

AIのアルゴリズムを手に入れることは、まだコインの片面にすぎない。もうひとつの面は、最も効果的なその適用だ――そのためには、人間の関与を減らす必要がある。

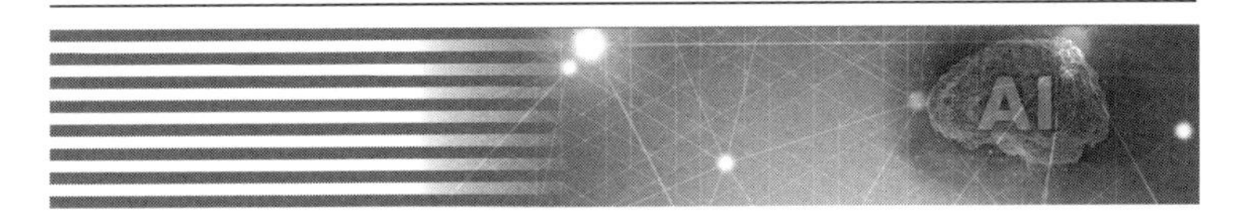


# 興味深い問題には単純な答えは存在しない

例を挙げよう。わたしたちはよく、コンサルティング案件の成果をパワーポイントのスライドでクライアントに伝える。パワーポイントは読みやすく説得力のあるナラティブを作成するのに優秀なツールだ。この読みやすさに対しては、かなり高い「対価」が支払われている。アナリティクス自体は複数の要因を取り入れ、スマートなモデリングを多用するため包括的だが、それを伝えるためにストーリーに変換するときには、得られた洞察を単純化しているからだ。ストーリー化するとは、洞察を「消化しやすい」形式とナラティブに変換することを意味する。単純化の典型的な例は、広く使われている視覚化の形式である「XY グラフ」だ。XY グラフは非常に頻繁に利用される分析ツールで、X 軸には例えば R&D への投資といった要因を、Y 軸には売上などの抽出される示唆を取る。このとき実際に行われているのは、ひとつのグラフにつきひとつかふたつの要因（例えば R&D への投資）を取り入れ、Y 座標の要因（例えば売上）との相関関係を調べるというだけのことにすぎない。ここでの制限要因は、グラフは最大でも３次元までだということで、これは真理へのぼうとくだし危険なことでもある。確かに、色づけや個別のプロットによってさらに詳細な情報を取り入れることはある程度は可能だ。また、分析結果をより包括的に伝えるために複数のグラフを作成することもできる。だが残念ながら、情報を加えることで、適切な時間内で理解できる結果を生みだすという必要性を満たせなくなる。これはどんなグラフやナラティブでも同じことだ。まとめると、モデルのなかでは通常、なんらかの役割を担っている複数の要因が扱われているという単純な事実が、ストーリーテリングの限界を意味する。この限界は要因が追加されるのに比例して影響を増していくが、その成果を伝達する際には、指数関数的に増加した、はるかに大きな危険に直面することになる。

成果の伝達について考える前にアナリティクスについて見てみよう。XY グラフで説明される典型的なアナリティクスは回帰分析だ。多くの回帰分析は、レベル１の相互作用までしか分析しない。レベル１というのは、出力（Y）はひとつの入力（X１）のみによって決まり、ほかの入力要素（例えばX２）には影響されないことを意味する。混乱を避けるために、正確に説明しよう。ここで述べているのは（以前のように）影響を与える要素の数ではなく、相関性についてだ。ジャングルのメンタルモデル同様、障害が問題になるのはそれらがたがいに影響しあっているときだ。残念なことに、こうして「たがいに影響しあう」ことで、ジャングルからの脱出だけでなく、家に帰ったあとでストーリーを語ることも難しくなる。つぎに、レベル２の相互作用においては、出力とX１の相関関係がX１の状態だけでなく、同時にX２の状態によって決まる。残念ながら、世界は複雑なため、複雑で適応的なシステム（例えば市場や企業、気候システム）のなかに、「レベル１」の相互作用のものはひとつとして存在しない。影響しあう要因がわからないことさえある。実際に、もたらされた結果（Y）を決めるのはつねに複数の入力要素であり、しかも同時に、それらはたがいに影響しあっているのだ。

例えば、R&Dへの投資と売上の間に正の相関関係があるグラフがあるなら、それは間違いなく単純化されている。実際にはこの関係は、産業や地理など、おそらく数百もの要因に影響されているはずだ。市場によってはイノベーションへの受容性が高く、より多くを支払うため、投資した企業の売上を増加させることもある。だがこれは相関関係の方向性を決めるだけ(投資と売上の関係は、市場の地理的条件とは独立して正の相関関係を維持するだろう）で、ほかの要因が影響を与えることで相関関係を別の方向へ向かせることは容易に想像がつく。もしR&Dだけに集中し、保守への意識を欠いていたら、R&Dへの投資によって売上が減少する可能性すらある。もし保守の不備によって生産施設が止まってしまったら、イノベーションへの投資はすべて無駄になる。ここでは、保守への投資が、影響があるにもかかわらず見落とされている要因になっている。イノベーションへの投資と売上の相関関係が正になるのは、保守への投資がある値を超えているときだけだ。そうでないときは負の相関関係になる。こうした相互作用の数はあまりに多いため、XYグラフの形でストーリーを組み立てることはできない。その理由は、それぞれの相互作用がほかの要素間の相関関係に変化をもたらしており、それぞれのグラフを作成しなければならず、結果として数百ものグラフが必要になるためだ。簡単にいうと、数個のXYグラフによるストーリーは過度の単純化に陥っており、そのため多数の前提や限定によって補足しなければならない。

XYグラフはひとつの例にすぎない。洞察をストーリーの形で伝達するときはいつも、「過度の単純化」のリスクを冒している。受け入れるのはたやすいことではないが、ストーリーは完全に排除しなくてはならない——それはむしろ障害なのだ。ストーリーは理解しやすくて面白く、ときには説得力さえあるが、複雑で適応的なシステムを記述するときにはほぼつねに間違っているのだ。

さらに詳しく説明すると、ストーリー（例えば、投資がいかに売上に影響を与えるかというストーリー）を世界のある部分のモデルとして見ているなら、そのストーリーには本質的に欠陥がある。ストーリーはたいてい、「理解しやすくする」、「説得力を持たせる」、「合理的にする」といった仕組みに従っている。

だが対照的に、現実はストーリーのようにシナリオに沿って展開するわけではない。これが危険なところだ。現実はいたって複雑で、理解しにくい。現実の姿は、要素Ｘ１のＹへの影響はＸ２、Ｘ３、Ｘ４、Ｘ５、Ｘ６・・・・・・によって決まるが、Ｘ７、Ｘ８、Ｘ９のみが・・・・・・や・・・・・・で、またＸ４がＸ５よりも高い値のときには様相は一変する、といった形を取る。ジャングルのメンタルモデルを思いだそう。現実はときに圧倒的なほど説明しづらく複雑だ。現実を正しく写した像は、普通は人間的な基準では面白いものではない。それでもわたしたちは、大きな問題を解決するには、扱いやすいというだけの理由で単純化をしてはならない。

言い換えると、複雑で適応的なシステムに関する問題には単純な答え（例えばストーリー）は存在しない。さらに厳しいことに、人はしばしば大きな野望を持つが、ストーリーに依拠して選択を行うと悲惨な結果になることがある。そのため、こう自問しなければならない。R&Dと売上の関係を、それ以外のすべてを除外したまま説得力ある有望なストーリーにすることは役に立つのか？　もちろん、優秀なコンサルタントはつねに、消化しにくいアナリティクス結果とそのメッセージを聞き手に伝えることの間でうまいバランスを取る。だが残念なことに、現代の問題を前にしたとき、伝統的で、ほとんど古典的といえるストーリーテリングの手法では正しいバランスを見つけるのはますます難しくなっている。また、洞察を読みやすいストーリーへと変換することはさらに時間がかかるようになっている。そして意思決定者には多くの場合、十分な時間や資源は与えられていない。そのためわたしたちはさらにアナリティクスするか、ある程度のところで「まとめる」かで決定不可能なトレードオフに直面する。ビジネスや社会の困難を目の前にして、無駄にするような時間はまったくない。

先の章で述べたように、時間という資源は長期的な目標を達成するための強みとなる。ストーリーテリングのためにそれを無駄にするのではなく、大目標を達成するために使わなくてはならない。また、自分の経験を観察し、そこから学ぶことも同じくらい重要だ。複雑で適応的なシステムを記述し、理解するのは簡単なことではない。そのため、それについて手に入るすべての知識を蓄積し、今後の研究や適用のために再利用できることはさらに重要だ。意外と思われるかもしれないが、ストーリーテリングの第２の大きな弱点は、知識の伝達にある。ストーリーは知識を蓄積するよい方法ではないからだ。例えば、コンサルティングの際には、以前のプロジェクトからできるだけのことを学び、それを未来のプロジェクトで円滑に再利用しなければならない。一見、これはまったく単純明快なことに思える。適切な方法が見つかったなら、それをもう一度行うことでコストが節約でき、成功の可能性を高められるからだ。だが実際には、これを実行するのはきわめて難しい。まず、クライアントのプロジェクトの間での排他性と匿名性に関して厳しい制限に耐えなくてはならない。そのほかにも、クライアントごとに状況はかなり異なっている。しかし、わたしたちは匿名化された、複雑なデータセットよりも過去のストーリーを使う。問題は、それらのストーリーがたいてい、特定の状況をターゲットにしたものであることだ。データによるアナリティクスから得られた洞察はつぎのプロジェクトでも利用可能だが、その結果を保存する形式はたいていはストーリーだ——あるいはデータにしても、少なくともかなり簡略化されている。

コンサルティング案件の最終報告書のように、意思決定の助言となる文書はステークホルダーの特殊な状況を織り込み、それに合わせてかなり修正されたストーリーになっている。そのためつぎのプロジェクトでは単純にその知識をもとにして進めることはできない。匿名であることに加えて、洞察が複雑なデータセットのなかに埋没してしまっているからだ。仮定や相互作用による効果などに関する最も重要なデータはそれよりもはるかに手に入れにくい。おそらくそのデータから価値あるものを引きだせるのは、最初にそのアナリティクスをした専門家のみだろう。残念ながら、そのデータは当初そのアナリティクスを行ったときのクライアントの役に立つだけで、通常はそこから価値あるものは引きだせないのだ。もちろん、コンサルティング業界のこの例はどの企業にもあてはまる。複雑なデータ分析よりも読みやすいストーリーを好むという点ではどこも変わらないからだ。

要約すると、記憶に留まり、簡単に情報を圧縮できるストーリーは、単純化されており、すべての洞察を含んでいないため、別の状況では使いものにならない。気楽に読める単純なストーリーには、複雑なすべての知識を蓄積することはできないのだ。

## 新しい意思決定の文化を提案する

そこで、大胆だが必要な方法を提案したい。ストーリーを通じて意思決定するという必要性をすべてなくすべきだ。それにはあまりに多くの時間がかかり、しかも利益よりも多くの損害をもたらす。それが複雑な定量的なモデルであろうと、興味を引く定性的なナラティブであろうと同じことだ。結局、それらは予測可能な入力と出力の関係を提示するという点で、ストーリーであることに変わりはない。短期的にはそうした関係は正しいかもしれないが、いったん複雑性と適応性が入りこめば、すべての関係は確実ではなくなってしまう。

意思決定においては、現実の客観的で包括的な記述とアナリティクスのみを使うべきだ。これは、複雑で適合的なシステムと、それに付随する困難への基本的な理解について合意していることを意味する。全体像はつねにかなり複雑で、簡単には理解することも説明することもできない。影響を評価することができるのは、訓練を受け、知識を持つごく少数の専門家だけだ。そのため、わたしたちはシナリオ・プランニングでしているように、不確実性を受け入れなければならない。それらもストーリーではあるが、少なくともひとつではなく複数あることで、そのなかに現実に近いものがある可能性は高い。しかし、シナリオ・プランニングでも、すべての不確実性を解決することはできず、情報を圧縮する必要がある。すべてのドライバーとその潜在的な影響を含んだ説得力ある4つのストーリーを作るのは難しいという制約がある。そのため、ストーリーの制約を捨て、より高次のシナリオ・プランニングへと進むべきだというのがわたしの提案だ。シナリオ・マインドセットを使い、潜在的な影響を考慮することは同じだが、機械によって無数のシナリオを作り、世界がどう進んでいるかを早く予測するためにモニタリングを行うのだ。

AIのおかげで、決定のあと、時間の経過のなかで集まった知識やその効果を機械に取り入れ、未来の意思決定の質を高めることができる。従業員は離れるかもしれないが、以前とは異なり暗黙知は残されていく。もしR&Dへの投資はある条件下では負の効果をもたらすと気づいた専門家がいれば、意思決定者たちがそのことに気づいていないとしても、この知識はアルゴリズムに組みこまれる。いったんシステムに取り入れられれば、この知識は未来の状況にも適用することができる。そのため、知識の交換をするために同じ場所にいる必要性はますますなくなっている。知識はAIのなかに「ストーリーでない」形で生きており、類似した状況に簡単に用いることができる。AIは過去の知識に簡単にアクセスし、適用でき、それを状況に合わせて修正することさえできる。

わたしたちは複雑性と適応性というふたつの敵を長期的な意思決定で完全に打ち負かすことはできないが、時間とともに学び、進化する機械を使うことで、より適切な情報を得て、リアルタイムで反応していくことはできる。前もって氷河の全貌を知ることは不可能だ。だが、AIのおかげで、氷河がいつ目の前に現れるか、そしてどうすれば適切に進路を修正できるかは知ることができるだろう。また、時間のかかるストーリーを使って全員に進路修正の理由を説明する間に手遅れになってしまうこともない――それはAIがしてくれる。必要なのは信頼だけだ。いちばん面白いストーリーを語る人が関心を集める、暖炉を囲んだ会話を（少なくともビジネスに関しては）諦めよう。その代わりに、非人間的に思えるが、より人間的な場所を作るのに役立つアルゴリズムを信頼しよう。

わたしが思い描いているのは、高度な訓練を受けた専門家がAIのアルゴリズムによって能力を高められ、できるかぎり真実に迫り、賢明な意思決定を行うという世界だ。この世界では、面白いが気を散らせるストーリーはもう必要ない。ではなぜ、その社会的な意味はより大きいといえるのだろうか？　ビジネスの世界には、ビジネスと社会における大問題に対処し、解決する大きな力があるからだ。また同時に、AIが改善を続けることで、わたしたちは時間を節約し、友人や家族と過ごすプライベートの時間を取り戻せるからだ。わたしはこれを意思決定のユートピアと呼んでいる。それは勝ちとるだけの――少なくともこの本を書いて推進するだけの価値のあることだ。

# 注

## 第1章　不確実性を受け入れよう

**1**　基本的な必要を満たすための苦闘はいまも残っているということは記しておくべきだろう。WHOによれば、2017年には、8億2,000万人以上（全人口の9人に1人）が飢餓に苦しんでおり、1億5,100万人の5歳未満の子どもが栄養不足のために低身長だ。World Health Organization (2018)　新しい国連報告書によれば、飢餓は世界的に増加を続けている。https://www.who.int/news-room/detail/11-09-2018-global-hunger-continues-to-rise---new-un-report-says

**2**　厄介な問題はそれぞれ独特で、解決は非常に困難であるか、そもそも不可能だ。どこまで問題を探究すべきかもわからないし、正しいにせよ間違っているにせよ解決策は存在しない。そこには技術的に、あるいは社会的に、様々な複雑性が絡みあっている。Camillus, J. C. (2008). Strategy as a Wicked Problem. Harvard Business Review. Retrieved from: https://hbr.org/2008/05/strategy-as-a-wicked-problem

**3**　以下を参照のこと。Meadows, D.H. ; Meadows, D.L. , Randers, J.; Behrens, W.W. III. (1972)　The Limits to growth: A report for the Club of Rome's Project on the Predicament of Mankind. New York: Universe Books.

**4**　コンコルドは現代の飛行機としては燃料効率が悪く、ロンドン・ニューヨーク間のフライトで100トン以上の燃料を必要とした。それに対してボーイング777型機はおよそ44トンだ。さらなる情報は以下を参照のこと。Bramson, D. (2015). Supersonic Airplanes and the Age of Irrational Technology. The Atlantic. Retrieved from https://www.theatlantic.com/technology/archive/2015/07/supersonic-airplanes-concorde/396698/

あるいは、Interesting Engineering (2017). Concorde:The Real Reason Why the Supersonic Passenger Jet Failed. Retrieved from: https://interestingengineering.com/concorde-the-real-reason-why-the-supersonic-passengerjet-failed

**5** エアバス社は2019年に、航空会社がより小型の、効率のよい飛行機を求めるようになり、顧客のニーズが変化したため、エアバスA380型機の製造を2021年に停止すると発表した。さらなる情報は以下を参照のこと。Jolly, J. (2019). A380: Airbus to stop making superjumbo as orders dry up. The Guardian. Retrieved from: https://www.theguardian.com/business/2019/feb/14/a380-airbus-to-end-production-of-superjumbo
あるいは、Flottau, J. (2019): Die wohl größte Fehleinschätzung in der Geschichte der Luftfahrt. Süddeutsche Zeitung. Retrieved from https://www.sueddeutsche.de/wirtschaft/airbus-a380-aus-produktion-1.4329816

**6** Decartes, R. (1853). The Meditations and Selections from the Principles of Philosophy (p. 115). Edinburgh: Sutherland and Knox.

**7** Störig, H. J. (2006). Kleine Weltgeschichte der Philosophie (p. 355ff). Frankfurt am Main: Fischer Taschenbuch.

**8** Thomas, A. L. (1765). Éloge de René Descartes. Whitefish, Mont: Kessinger Publishing.

**9** プリンシパル・エージェント理論に関して、さらなる情報は以下を参照のこと。Eisenhardt, K. (1989). "Agency theory: An assessment and review". Academy of Management Review. 14 (1): 57–74 or Rees, R., 1985. "The Theory of Principal and Agent—Part I". Bulletin of

Economic Research, 37(1), 3–26 and Rees, R., 1985. "The Theory of Principal and Agent—Part II". Bulletin of Economic Research, 37(2), 75–97.

**10** ダイムラー・クライスラーの失敗についてさらなる情報は以下を参照のこと。Watkins, M.D. (2007). Why DaimlerChrysler Never Got into Gear. Harvard Business Review, retrieved from: https://hbr.org/2007/05/why-the-daimlerchrysler-merger or Wearden, G. (2007). From $35bn to $7.4bn in nine years. The Guradian. Retrieved from: https://www.theguardian.com/business/2007/may/14/motoring.lifeandhealth or Süddeutsche Zeitung (2010). Hochzeit des Grauens. Retrieved from: https://www.sueddeutsche.de/wirtschaft/daimler-und-chrysler-hochzeit-des-grauens-1.464777

**11** Mui, C. (2012). How Kodak failed. Retrieved from https://www.forbes.com/sites/chunkamui/2012/01/18/how-kodak-failed/3/#6c6f293e4a97

**12** Hern, A. (2016). Nokia returns to the phone market as Microsoft sells brand. Retrieved from https://www.theguardian.com/technology/2016/may/18/nokia-returns-phone-market-microsoft-sells-brand-hmd-foxconn.

**13** Hungenberg, H. (2014). Strategisches Management in Unternehmen (p. 5). Ziele-Prozesse-Verfahren. 8. Auflage. Wiesbaden. Springer-Verlage.

**14** Lafley, A. G., & Martin, R. L. (2013). Playing to win: How strategy really works. Harvard Business Press.

**15** Porter, M. E. (1980). Competitive strategy: Techniques for analyzing industries and competitors. Free Press.（『競争の戦略』M・E・ポーター、土岐坤・中辻萬治・服部照夫訳、ダイヤモンド社）

## 第2章　伝統的なシナリオ・プランニングの妥当性

**1** Bill, G., Myhrvold, N. & Rinearson, P. (1996). The Road Ahead (p. 316). New York, NY: Penguin Books.

**2** Sharpe, B., & van der Heijden, K. (Eds.). (2007). Scenarios for success: Turning insights in to action (Oxford Futures Forum) (p. 28). Chichester: Wiley.

**3** Varum, C. A. & Melo, C. (2010). Directions in Scenario Planning Literature: A Review of the Past Decades. Futures, 42(4), 356.

**4** Wack, P. (1985a). Scenarios: Shooting the rapids. Harvard Business Review, 63(6), 140.

**5** Kahn, H., & Wiener, A. J. (1967). The year 2000: A framework for speculation on the next thirty-three years (p. 6). New York, NY: Macmillan.

**6** モニター・グループは、ハーバード・ビジネススクールとの強い関係のもと、1983年にマイケル・ポーター、マーク・フラー、マイケル・ベル、マーク・トーマス、そしてトーマス・クレイグによって設立された。目的は企業経営におけるマイケル・ポーターの仕事の理論的な側面を確立することだった。2013年にデロイトに買収され、現在はモニター デロイトと呼ばれている。

**7** マイケル・E・ポーターはハーバード・ビジネススクールのウィリアム・ローレンス司教講座教授を務めている。さらなる情報は以下を参照のこと。https://www.hbs.edu/faculty/Pages/profile.aspx?facId=6532.

**8** Porter, M. E. (1985). Competitive advantage (p. 63). New York, NY: Free Press.（『競争優位の戦略―いかに高業績を持続させるか』M・E・ポーター、土岐坤訳、ダイヤモンド社）

**9** Schwartz, P. (1991). The art of the long view: Planning for the future in an uncertain world (p. 45). New York, NY: Doubleday.（『シナリオ・プランニングの技法』ピーター・シュワルツ、垰本 一雄・池田啓宏訳、東洋経済新報社）

**10** Garreau, J. (1994). Conspiracy of Heretics. Retrieved from: https://www. wired.com/1994/11/gbn/.

**11** Einstein, A. (1954 [1982]). Ideas and opinions (p. 47). New York, NY: Three Rivers Press.

**12** Kahneman, D., & Tversky, A. (1979). Prospect theory: An analysis of decision under risk. Econometrica, 47(2), 263–291.

**13** 詳しくは以下を参照のこと。Hunger, J.D. & Wheelen, T. L. (2011). Essentials for Strategic Management. New Jersey: Pearson Education, pp. 47ff; pp. 88ff.

**14** BBC. (2016). Science fact: Sci-fi inventions that became reality.

Retrieved from http://www.bbc.com/news/health-38026393

**15** Sterling, B. (2002). Tomorrow now: Envisioning the next fifty years (p. XII). New York, NY: Random House.

**16** Jones, G. H. (2013). Pythia. Ancient History Encyclopedia. Retrieved from: https://www.ancient.eu/Pythia/.

**17** Schoemaker, P. J. (1993). Multiple scenario development: Its conceptual and behavioral foundation. Strategic management journal, 14(3), 194.

**18** ムーアの法則とは、1965年にインテルの共同創業者ゴードン・ムーアが唱えた予測で、それによればコンピュータの集積回路の上のトランジスタは毎年2倍になる。彼は1975年に数字を修正し、2年ごとに2倍になるとした。計算能力が高まる一方、コンピュータの価格は下がっていく。Simonite, T. (2016). Moore's Law is Dead. Now What? Technology Review. Retrieved from:
https://www.technologyreview. com/s/601441/moores-law-is-dead-now-what/

**19** 量子コンピュータは古典的なコンピュータのように0と1を用いるのではなく、まだ測定されていない粒子をもとに計算を行う。それによって、従来のコンピュータと比べて得られる情報量は指数関数的に増大する。Sciencealert (n.d.). How Do Quantum Computers Work. Retrieved from:
https://www.sciencealert.com/quantum-computers

**20** Reddish, T. (2016). Science and Christianity: Foundations and frameworks for moving forward in faith (p. 92). Wipf and Stock Publishers.

**21** Wack, P. (1985b, September–October). Scenarios: Uncharted waters ahead: How Royal Dutch/Shell developed a planning technique that teaches managers to think about an uncertain future. Harvard Business Review, 74.

**22** Mencher, A. G. (1971). IV. On the Social Deployment of Science. Bulletin of the Atomic Scientists, 27(10), 37.

**23** Szczerba, R. J. (2015). 15 Worst tech predictions of all time. Retrieved from：https://www.forbes.com/sites/robertszczerba/2015/01/05/15-worst-tech-predictionsof- all-time/#6417b1ba1299

**24** 同上

**25** The Economist. (1999). A survey of telecommunications: Cutting the cord. Retrieved from：https://www.economist.com/node/246152

**26** Malkiel, B.G. (2007). A random walk down Wall Street (9th ed., p. 24). New York: North & Company.（『ウォール街のランダム・ウォーカー』バートン・マルキール、井出正介訳、日本経済新聞出版）

**27** Krämer, W. (2012). Die Affen sind die besten Anleger. Frankfurter Allgemeine Zeitung. Retrieved from: https://www.faz.net/aktuell/finanzen/meine-finanzen/2.2465/denkfehler-die-uns-geld-kosten-9-die-affen-sind-die-bestenanleger-11711132.html

**28** Clare, A., Motson, N., & Thomas, S. (2013). An evaluation of alternative equity indices Part 2: Fundamental Weighting Schemes. Cass Business School.

**29** Plato (380 bc). Laches, or Courage [Translated by Jowett, B.]. Retrieved
from:
http://classics.mit.edu/Plato/laches.html（『ラケス』プラトン、三嶋輝夫訳、講談社学術文庫）

**30** Plato (2016). The Republic. Translated by Jowett, B. Digireads.（『国家』上下　プラトン、藤沢令夫訳、岩波文庫）

**31** More, T. (2003). Utopia. Translated by Turner, B. 2nd Edition. London: Penguin.（『ユートピア』トマス・モア、平井正穂訳、岩波文庫）

**32** Orwell, G. (1961). 1984. New York: Signet Classics.（『一九八四年』ジョージ・オーウェル、高橋和久訳、早川 epi 文庫）

**33** von Clausewitz, C. (1989). Translated by Howard, M. & Paret, P. Princeton: Princeton University Press.

**34** Hughes, D. J. (1983). Moltke on the Art of War - selected writings. New York: Random House.

**35** von Reibnitz, U., & Hammond, P. (1988). Scenario techniques. McGraw-Hill Hamburg.

**36** Süddeutsche Zeitung. (2010a). Airbus: Pannenflieger A400M:

Pleiten, Pech und Peinlichkeiten. Retrieved from http://www.sueddeutsche.de/wirtschaft/airbus-pannenflieger-iami-pleiten-pech-und-peinlichkeiten-1.65920

**37** Rescher, N. (1998). Predicting the future: An introduction to the theory of forecasting. SUNY Press.

**38** Bradfield, R., Wright, G., Burt, G., Cairns, G., & Van Der Heijden, K. (2005). The origins and evolution of scenario techniques in long range business planning. Futures, 37(8), 795–812.

**39** Kahn, H. (1961). On Thermonuclear War (2nd ed.). Princeton: Princeton University Press.

**40** Bradfield, R., Wright, G., Burt, G., Cairns, G., & Van Der Heijden, K. (2005). The origins and evolution of scenario techniques in long range business planning. Futures, 37(8), 795–812; Chermack, T. J. (2003). A theory of scenario planning. University of Minnesota; Millett, S. M. (2003). The future of scenarios: challenges and opportunities. Strategy & Leadership, 31(2), 16–24.

**41** Ringland, G. (1998). Scenario planning: Managing for the future (pp. 11–28). Chichester: John Wiley and Sons.

**42** Bradfield, R., Wright, G., Burt, G., Cairns, G., & Van Der Heijden, K. (2005). The origins and evolution of scenario techniques in long range business planning. Futures, 37(8), 795–812; Chermack, T. J. (2003). A theory of scenario planning (pp. 8–9). University of Minnesota.

**43** Wack, P. (1985b, September–October). Scenarios: Uncharted waters ahead: How Royal Dutch/Shell developed a planning technique that teaches managers to think about an uncertain future. Harvard Business Review, 73–89.

**44** Jefferson, M. (2012). Shell scenarios: What really happened in the 1970s and what may be learned for current world prospects. Technological Forecasting and Social Change, 79(1), 186–197.

**45** Jefferson, M. (2012). Shell scenarios: What really happened in the 1970s and what may be learned for current world prospects. Technological Forecasting and Social Change, 79(1), 186–197; Kahane, A. (2012). Working Together to Change the Future: Transformative Scenario Planning. Oakland: Berrett-Koehler.

**46** Bradfield, R., Wright, G., Burt, G., Cairns, G., & Van Der Heijden, K (2005). The origins and evolution of scenario techniques in long range business planning. Futures, 37(8), 795–812; Chermack, T. J. (2003). A theory of scenario planning (pp. 8–9). University of Minnesota.

**47** Linneman, R. E., & Klein, H. E. (1983). The use of multiple scenarios by US industrial companies: a comparison study, 1977–1981. Long Range Planning, 16(6), 94–101.

**48** Norris, G. (2005). Creating a titan. Retrieved from：
https://www.flightglobal. com/news/articles/creating-a-titan-199071/; Singapore Airlines. (2013). Singapore airlines – Our history. Retrieved from https://web.archive.org/web/20130209040833/http://www. singaporeair.com/en_UK/about-us/sia-history/ ; Süddeutsche Zeitung.

(2010b). Die Geschichte von Airbus: Erfolgsgeschichte mit Problemen. Retrieved from：http://www.sueddeutsche.de/wirtschaft/die-geschichte-von-airbuserfolgsgeschichte-mit-problemen-1.516776

**49** Linneman, R. E., & Klein, H. E. (1983). The use of multiple scenarios by US industrial companies: A comparison study, 1977–1981. Long Range Planning, 16(6), 94–101.

**50** Chermack, T. J. (2017). Foundations of scenario planning: The story of Pierre Wack (pp. 109–129). Taylor & Francis.

**51** Knight, M. (1999). 2020 Visionary. Rensselaer Alumni Magazine. Rensselaer Polytechnic Institute. Retrieved from：https://www.rpi.edu/dept/NewsComm/Magazine/dec99/visionary1.html; Wilkinson, A., & Kupers, R. (2013, May).Living in the Futures. Harvard Business Review. Retrieved from：https://hbr.org/2013/05/living-in-the-futures.

**52** Garber, J. R. (1998). What if … ? Retrieved from：https://www.forbes.com/forbes/1998/1102/6210076a.html#270aa2902995

**53** Global Business Network. (2010). Where we started. Retrieved from: https://web.archive.org/web/20100105183523/http://gbn.com/about/started.php

**54** Schwartz, P. (1996). The Art of the Long View. New York: Doubleday.（『シナリオ・プランニングの技法』ピーター・シュワルツ、垰本 一雄・池田啓宏訳、東洋経済新報社）

**55** Crainer, S., & Dearlove, D. (2004). Business, the universe and everything: Conversations with the World' s greatest management thinkers (pp. 37–42). John Wiley & Sons.

**56** Global Business Network. (2010). Where we started. Retrieved from: https://web.archive.org/web/20100105183523/http://gbn.com/about/started.php

**57** Wired (2012): Inside Minority Report' s 'Idea Summit,' Visionaries Saw the Future. Retrieved from:
https://www.wired.com/2012/06/minority-report-idea-summit/;
Lohr, S. (1998). Long Boom or Bust; A Leading Futurist Risks His Reputation With Ideas on Growth And High Technology. The New York Times. Retrieved from: https://www.nytimes.com/1998/06/01/business/long-boom-bust-leading-futuristrisks-his-reputation-with-ideas-growth-high.html?scp=10&sq=%22Global+Business+Network%22&st=nyt.

**58** Tuna, C. (2009). Pendulum is swinging back on "Scenario Planning": JDS Uniphase prepares responses for a range of business situations, helping company react quickly to change. Retrieved from : http://online.wsj.com/article/SB124683295589397615.html

**59** McKinsey. (2008). How companies act on global trends: A McKinsey Global Survey. The McKinsey Quarterly

**60** McKinsey. (2010). Global forces: An introduction.

**61** Millett, S. M. (1988). How scenarios trigger strategic thinking. Long

Range Planning, 21(5), 61-68.

**62** Ringland, G. (1998). Scenario planning: Managing for the future. Chichester: John Wiley and Sons.

**63** Lindgren, M., & Bandfold, H. (2003). Scenario planning: The Link between future and industry. London: Palgrave Macmillan.

**64** Chermack, T. J., & van der Merwe, L. (2003). The role of constructivist learning in scenario planning. Futures, 35(5), 445-460.

**65** Mulherin, J. H., & Boone, A. L. (2000). Comparing acquisitions and divestitures. Journal of Corporate Finance, 6(2), 117-139.

**66** Moeller, S. B., Schlingemann, F. P., & Stulz, R. M. (2005). Wealth destruction on a massive scale? A study of acquiring-firm returns in the recent merger wave. The Journal of Finance, 60(2), 757-782.

**67** Schühly, A., Vieten, N., Weiß, J., & Niggeloh, S. (2019). Braving the wind of change – resilient portfolio strategy. Munich: Monitor Deloitte.

**68** de Geus, A. P. (1988). Planning as learning. Harvard Business Review, 66(2).

**69** Chermack, T. J. (2003). A theory of scenario planning (p. 27). University of Minnesota.

**70** Esgate, A.; Groome, D. (2005). An Introduction to Applied Cognitive Psychology. Psychology Press. p. 201.

**71** Schwartz, P. (1991). The art of the long view: Planning for the future in an uncertain world. New York, NY: Doubleday

**72** Kahane, A. (2012). Working Together to Change the Future: Transformative Scenario Planning. Oakland: Berrett-Koehle; Global Business Network. (2003). The Mont Fleur scenarios: What will South Africa be like in the year 2002? Deeper News, 7(1).

**73** Wack, P. (1985a). Scenarios: Shooting the rapids. Harvard Business Review, 63(6), 139–150.

**74** Berandino, M. (2012). Mike Tyson explains one of his most famous quotes. Deerfield Beach, FL: Sun Sentinel.

**75** Plato (n.d.). Apology. Translated by Jowett, B. Retrieved from: http://classics. mit.edu/Plato/apology.html（『ソクラテスの弁明・クリトン』プラトン、久保勉訳、岩波文庫）

**76** Hagel, J. (2017). Crafting corporate narratives: Zoom out, zoom in. Retrieved from：http://edgeperspectives.typepad.com/edge_perspectives/2017/08/crafting-corporate-narratives-zoom-out-zoom-in.html

**77** Wack, P. (1985a). Scenarios: Shooting the rapids. Harvard Business Review, 63(6), 146.

**78** Chermack, T. J., Lynham, S. A., & Ruona, W. E. (2001). A review of scenario planning literature. Futures Research Quarterly, 17(2), 24.

**79** Schwartz, P. (1991). The art of the long view: Planning for the future in an uncertain world. New York, NY: Doubleday.

**80** Gilchrist, A. L., Cowan, N., & Naveh-Benjamin, M. (2008). Working memory capacity for spoken sentences decreases with adult ageing: Recall of fewer but not smaller chunks in older adults. Memory, 16(7), 773–787.

**81** Schwartz, P. (1991). The art of the long view: Planning for the future in an uncertain world (p. XIII). New York, NY: Doubleday.

## 第3章　伝統的なシナリオ・プランニング・プロセス

**1** Millett, S. M. (2003). The future of scenarios: challenges and opportunities. Strategy & Leadership, 31(2), 16–24.

**2** Varum, C. A. & Melo, C. (2010). Directions in Scenario Planning Literature: A Review of the Past Decades. Futures, 42(4), 356.

**3** Scearce, D., & Fulton, K. (2004). What if? The art of scenario thinking for nonprofits (p. 22). Emeryville, CA: Global Business Network.

**4** Paul, R.; Elder, L. (1996). Foundation For Critical Thinking. Retrieved from：https://www.criticalthinking.org/resources/articles/critical-mind.shtml

**5** Levitt, T. (1960). Marketing Myopia. Harvard Business Review, 38, 45–56.

**6** Klein, F., Bansal, M., Wohlers, J. (2017). Beyond the noise: The megatrends of tomorrow' s world. Munich: Deloitte Consulting.

**7** Von Clausewitz, C. (1976). On War. Translated and Edited by Howard, M. & Paret, P. Princeton, NJ: Princeton University Press.(『戦争論』カール・フォン・クラウゼヴィッツ、清水多吉訳、中公文庫)

**8** Business Standard. (2012). Kodak files for bankruptcy, plans biz overhaul. Retrieved from：
http://www.business-standard.com/article/international/kodak-filesfor-bankruptcy-plans-biz-overhaul-112011900119_1.html

**9** Deutsch, C. H. (2008). At Kodak, some old things are new again. Retrieved from：https://www.nytimes.com/2008/05/02/technology/02kodak.html

**10** Mui, C. (2012). How Kodak failed. Retrieved from：https://www.forbes.com/sites/chunkamui/2012/01/18/how-kodak-failed/3/#6c6f293e4a97

**11** Wainwright, M. (2005). Emails 'pose threat to IQ'. Retrieved from：https://www.theguardian.com/technology/2005/apr/22/money.workandcareers

**12** Hemp, P. (2009). Death by information overload. Retrieved from：https://hbr.org/2009/09/death-by-information-overload

**13** Spira, J. B. (2008). Information overload: Now $900 billion – What is your organization's exposure? Retrieved from：http://www.basexblog.

com/2008/12/19/information-overload-now-900-billion-what-is-your-organizations-exposure/

**14** Roberts, L. (2010). Analysis paralysis: A case of terminological inexactitude. Defense AT&L, January-February, p. 18–22.

**15** さらなる情報は以下を参照のこと。Taleb, N.N. (2010). The Black Swan: the impact of the highly improbable (2nd ed.). London: Penguin.（『ブラック・スワン　不確実性とリスクの本質』ナシーム・ニコラス・タレブ、望月衛訳、ダイヤモンド社）

**16** Wulf, T., Meissner, P., & Stubner, S. (2010). A scenario-based approach to strategic planning–integrating planning and process perspective of strategy. Leipzig: Leipzig Graduate School of Management.

**17** DeHaan, R. L. (2011). Teaching creative science thinking. Science, 334(6062), 1499.

**18** de Geus, A. (1997). The living company: Growth, learning and longevity in business. London: Nicholas Brealey Publishing.（『企業生命力』アリー・デ・グース、堀出一郎訳、日経ＢＰ社）

**19** Ogilvy, J., & Schwartz, P. (2004). Plotting your scenarios. Emeryville, CA: Global Business Network.

**20** Schwartz, P. (1991). The art of the long view: Planning for the future in an uncertain world. New York, NY: Doubleday; See Ogilvy, J., & Schwartz, P. (2004). Plotting your scenarios. Emeryville, CA.（『シナリ

オ・プランニングの技法』ピーター・シュワルツ、垰本 一雄・池田啓宏訳、東洋経済新報社）

**21** Theiss, E. (2009). Parable of a Chinese farmer: How an ancient story resonates in today's hard times. Retrieved from：https://www.cleveland.com/living/2009/02/parable_of_a_chinese_farmer_ho.html.

**22** Schwartz, P. (1991). The art of the long view: Planning for the future in an uncertain world. New York, NY: Doubleday（『シナリオ・プランニングの技法』ピーター・シュワルツ、垰本 一雄・池田啓宏訳、東洋経済新報社）; Ogilvy, J., & Schwartz, P. (2004). Plotting your scenarios. Emeryville, CA: Global Business Network.

**23** 「ピッグ・サイクル」とは経済学用語で、需要と供給の修正にタイムラグがあることで需要と供給が周期的に乱高下することを指す。そのため市場はおおむね過小あるいは過大供給となり、滅多に平衡に達しない。この用語は家畜市場の調査から生まれたものだ。Deutsches Institut für Wirtschaftsforschung (2015). Meilensteine aus 90 Jahren DIW Berlin. Retrieved from: https://www.diw.de/documents/publikationen/73/diw_01.c.359465.de/gelehrtenrepublik_und_denkfabrik_2015.pdf

**24** Lafley, A. G., & Martin, R. L. (2013). Playing to win: How strategy really works. Boston, MA: Harvard Business Press.（『P&G式「勝つために戦う」戦略』A・G・ラフリー、ロジャー・マーティン、酒井泰介訳、朝日新聞出版）

**25** Scearce, D., & Fulton, K. (2004). What if? The art of scenario thinking for nonprofits. Emeryville, CA: Global Business Network

**26** ジニ係数は1912年にイタリアの統計学者コッラド・ジニが開発した所得の統計的な分布を示す指標で、不平等や富の分配を計算するために用いられる。ジニ係数は0から1の間の数値を示し、0は完全な平等を、1は完全な不平等を表す。所得や資産がマイナスの数値になることで係数が1を超えることも理論上ありうる。Investopedia (2019): Gini Index. Retrieved from:
https://www.investopedia.com/terms/g/gini-index.asp

**27** Shen, L. (2016). Warren Buffett just unloaded $195 million worth of these 'weapons of mass destruction'. Retrieved from：
http://fortune.com/2016/08/08/mass-destruction-buffett-derivatives/

**28** Frieden, J. A. (2011). The financial crisis was foreseeable and preventable. The New York Times. Retrieved from：
https://www.nytimes.com/roomfordebate/2011/01/30/was-the-financial-crisis-avoidable/the-financial-crisis-was-foreseeableand-preventable

**29** Farber, D. (2014). When iPhone met world, 7 years ago today. Retrieved from：https://www.cnet.com/news/when-iphone-met-world-7-years-ago-today/

**30** Hern, A. (2016). Nokia returns to the phone market as Microsoft sells brand. Retrieved from：
https://www.theguardian.com/technology/2016/may/18/nokia-returnsphone-market-microsoft-sells-brand-hmd-foxconn

## 第4章　変化しつつあるシナリオ作成プロセス

**1**　Longitude Prize. (n.d.). The history. Retrieved from：https://longitudeprize.org/about-us/history

**2**　Grady, J. (2015). Matthew Fontaine Maury, Father of Oceanography: A Biography, 1806–1873. Jefferson, NC: McFarland & Company.

**3**　Gilliver, P. (2012). 'Your dictionary needs you'：A brief history of the OED's appeals to the public. Retrieved from：https://public.oed.com/the-oed-appeals/history-of-the-appeals/

**4**　Peterson, K. (2007). Microstock photography represents a new business model. Retrieved from：http://old.seattletimes.com/html/businesstechnology/2003724590_istockphoto28.html

**5**　Wikipedia. (n.d.). History of Wikipedia. Retrieved from：https://en.wikipedia.org/wiki/History_of_Wikipedia

**6**　Tucholsky, K (1975). Gesammelte Werke in zehn Bänden (p. 197). Band 3. Hamburg: Rowohlt.

**7**　Todd, A. (2016). Stories through the Ages. An examination of the evolution of storytelling through time. Retrieved from: https://landt.co/2016/06/storytellingthrough-time-evolution/

**8**　Bal, P. M., Veltkamp, M. (2013). How Does Fiction Reading Influence Empathy? An Experimental Investigation on the Role of Emotional Transportation. PLoS ONE, 8(1).

**9** Chua, K. (2014). Fiction Teaches Students Empathy, Research Shows. Retrieved from:
http://blogs.edweek.org/teachers/teaching_now/2014/09/study-fiction-teaches-students-empathy.html

**10** Borreli, L. (2015). Human attention span shortens to 8 seconds due to digital technology: 3 ways to stay focused. Retrieved from: https://www.medicaldaily.com/human-attention-span-shortens-8-seconds-due-digital-technology-3-ways-stayfocused-333474

## 第５章　戦略家にとっての新しい武器

**1** Kiechel, W. (1982). Corporate strategists under fire. Fortune, December, 106(13), 34–39; Kiechel, W. (1984). Sniping at strategic planning. Planning Review, May, 8–11; Gray, D. H. (1986). Uses and misuses of strategic planning. Harvard Business Review, 64(1), 89–97; Nutt, P. C. (1987). Identifying and appraising how managers install strategy. Strategic Management Journal, 8(1), 1–14; Kaplan, R. S. and Norton, D. P. (2001). The Strategy-Focused Organization–How Balanced Scorecard Companies Thrive in the New Business Environment. Boston, MA: Harvard Business School Press; Sirkin, H. L., Keenan, P. and Jackson, A. (2005). The hard side of change management. Harvard Business Review, 83(10), 109–118.

**2** Cândido, C. J., & Santos, S. P. (2015). Strategy implementation: What is the failure rate? Journal of Management & Organization, 21(2), 237–262.

**3** Consultancy.uk. (2017). Digital transformation market booms to $23

billion. Retrieved from：
https://www.consultancy.uk/news/13489/digital-transformationconsulting-market-booms-to-23-billion

**4** Vermeulen, F. (2017). Many strategies fail because they're not actually strategies. Retrieved from：
https://hbr.org/2017/11/many-strategies-fail-because-theyre-notactually-strategies

**5** Garber, P. M. (1989). Tulipmania. Journal of Political Economy, 97(3), 535–60; Garber, P. M. (1990). Famous First Bubbles. The Journal of Economic Perspectives, 4(2), 35–54.

**6** Cohan, P. (2014). Why Stack Ranking Worked Better at GE Than Microsoft. Forbes. Retrieved October 2, 2014. Retrieved from: https://www.forbes.com/sites/petercohan/2012/07/13/why-stack-ranking-worked-better-at-ge-thanmicrosoft/#207dd0823236

**7** Colegrove, M. B. (2005). Distant Voices: Listening to the Leadership Lessons of the Past (p. 31). Lincoln, NB: iUniverse.

**8** Kvint, V. (2016). Strategy for the global market: Theory and practical applications (p. 264). Routledge.

**9** Musk, E. (2006). The Secret Tesla Motors master plan (just between you and me). Retrieved from：
https://www.tesla.com/blog/secret-tesla-motors-master-planjust-between-you-and-me

**10** Kimmorley, S. (2018). Here's how 12 successful CEOs set their goals for the year. Retrieved from：
https://www.businessinsider.com.au/how-ceos-set-goals-2018-1#3m5fQJAHt6euf8Fm.99

**11** Friedman, Z. (2018). Here Are 10 Genius Quotes From Warren Buffett. Retrieved from：
https://www.forbes.com/sites/zackfriedman/2018/10/04/warrenbuffett-best-quotes/#10af74494261

**12** Barton, D. Manyika, J., Koller, T., Palter, R., Godsall, J., & Zoffer, J. (2017). Where companies with a long-term view outperform their peers. Retrieved from：
https://www.mckinsey.com/featured-insights/long-term-capitalism/where-companieswith-a-long-term-view-outperform-their-peers

**13** Flammer, C., & Bansal, P. (2017). Does a long-term orientation create value? Evidence from a regression discontinuity. Strategic Management Journal, 38(9), 1827–1847.

**14** Brochet, F., Loumioti, M., & Serafeim, G. (2012). Short-termism, investor clientele, and firm risk. Boston, MA: Harvard Business School.

**15** Sonnenfeld, J. (2015). CEO exit schedules: A season to stay, a season to go. Retrieved from:
https://fortune.com/2015/05/06/ceo-tenure-cisco/

**16** Becker, F. (2014). Simulation in der Marketingforschung auf Basis der NKMethodik: Eine Evaluation und Illustration von

Anwendungspotenzialen. WiGIM.

**17** Von Clausewitz, C. (1976). On war (p. 119). Princeton University Press.（『戦争論』カール・フォン・クラウゼヴィッツ、清水多吉訳、中公文庫）

**18** Cheval, B., Tipura, E., Burra, N., Frossard, J., Chanal, J., Orsholits, D., … Boisgontier, M. P. (2018). Avoiding sedentary behaviors requires more cortical resources than avoiding physical activity: An EEG study. Neuropsychologia, 119, 68–80.

**19** Perlitz, M. (1993). Why most strategies fail to-day: The need for strategyinnovations. European Management Journal.

**20** Wery, R., & Waco, M. (2004). Why good strategies fail. In Handbook of business strategy.

**21** Finkelstein, S. (2005). When bad things happen to good companies: Strategy failure and flawed executives. Journal of Business Strategy.

**22** Vermeulen, F. (2017). Many strategies fail because they're not actually strategies. Harvard Business Review.

**23** von Bertalanffy, L. (1968). General system theory: Foundations, development, applications. New York, NY: George Braziller.

**24** Rumsfeld, D. (2002). DoD News Briefing – – Secretary Rumsfeld and Gen. Myers. Retrieved from：
https://archive.defense.gov/Transcripts/Transcript.aspx?

TranscriptID=2636

**25** Perlitz, M. (1993). Why most strategies fail to-day: The need for strategyinnovations. European Management Journal; Gowers, T., & Barrow-Green, J. (2010). The Princeton companion to mathematics, the three-body problem. Princeton University Press.

**26** Forrester, J. W. (1961). Industrial dynamics. The MIT Press.

**27** Featherston, C., & Doolan, M. (2012). A critical review of the criticisms of system dynamics. Retrieved from：https://www.researchgate.net/publication/271827939_A_Critical_Review_of_the_Criticisms_of_System_Dynamics

**28** Von Neumann, J., Morgenstern, O., & Kuhn, H. W. (2007). Theory of games and economic behavior (commemorative edition). Princeton University Press.（『ゲーム理論と経済行動』ジョン・フォン・ノイマン、オスカー・モルゲンシュテルン著、武藤滋夫、中山幹夫訳、勁草書房）

**29** ポチョムキン村の名は、18世紀のロシアの政治家グリゴリー・ポチョムキンに由来する。彼はエカテリーナ女帝が帝国の南部を視察する際に、そこが豊かな地域であるという印象を与えるために壮麗な偽の村を建設したとされる。ポチョムキン村は今日では、不快な事実や状況を隠すための精巧な見せかけや展示を意味する。Montefiore, S.S. (2001). Prince of Princes: the life of Potemkin. London: Weidenfeld & Nicolson, 379–383.

**30** Taulli, T. (2019). AI (artificial intelligence) words you need to know. Retrieved from https://www.forbes.com/sites/tomtaulli/2019/09/07/

ai-artificia l-intelligence-words-you-need-to-know#74f47ba77f11

**31** Simon, H. A. (1965). Via: AI: The tumultuous search for artificial intelligence (Crevier, 1993). NY: Basic Books.

**32** Gunderson, K. (1964). Descartes, La Mettrie, Language and Machines. Philosophy, 39, 193–222.

**33** Dormehl, L. (2017). Thinking machines: The quest for artificial intelligence and where it is taking us next. TarcherPerigee.

**34** Warwick, K., & Shah, H. (2016). Turing's imitation game: Conversations with the unknown. Cambridge University Press.

**35** Brown, P., Cocke, J., Pietra, S. D., Pietra, V. D., Jelinek, F., Mercer, R. L., Roossin, P. (1988). A statistical approach to language translation. Coling' 88. Association for Computational Linguistics, 1, 71–76.

**36** IBM (n.d.). DeepBlue. Retrieved from: https://www.ibm.com/ibm/history/ibm100/us/en/icons/deepblue/; Teicher, J. (2018). Garry Kasparov: it's time for humans and machines to work together. IBM. Retrieved from: https://www.ibm.com/blogs/industries/garry-kasparov-its-time-for-humans-and-machines-to-work-together/

**37** Metz, C. (2016). In Two Moves, AlphaGo and Lee Sedol Redefined the Future. Wired. Retrieved from: https://www.wired.com/2016/03/two-moves-alphago-lee-sedol-redefined-future/

## 第7章 展　望


**1** O' Kane, S. (2019). Tesla launches car insurance offering in California. Retrieved from：
https://www.theverge.com/2019/8/28/20837265/tesla-carinsurance-california-autopilot-discount

**2** Vincent, J. (2016). Twitter taught Microsoft' s AI chatbot to be a racist asshole in less than a day. Retrieved from：
https://www.theverge.com/2016/3/24/11297050/tay-microsoft-chatbot-racist

**3** Wakefield, J. (2019). 'Dangerous'ß AI offers to write fake news. Retrieved from：https://www.bbc.com/news/technology-49446729

**4** Wikipedia (2020). Microsoft Excel. Retrieved from: https://en.wikipedia.org/wiki/Microsoft_Excel#Early_history

# 訳者略歴

【監訳】

**モニター　デロイト**

モニター　デロイトは、クライアントが明確かつタイムリー、そしてインスピレーションに満ちた決断を下すことをサポートし、混沌とした世界情勢の中から一歩抜き出て確かな成長を遂げられるよう、パートナーとして確固たる将来へと導きます。

1983年に設立された戦略コンサルティング・ファーム「Monitor Group」はマイケル・ポーター、マーク・B・フラーといったハーバード大学ビジネス・スクールの教授陣と共に、ロジャー・マーティンやラリー・キーリーのような現在のコンサルティングの礎を築いてきたようなメンバーによって創設され、VC、インキュベーション、投資銀行機能といった独自のグループ展開とフラットな組織を特徴とし、設立当時からグローバル展開をしていました。

そして2013年にデロイト グループに統合された後、グループが持つ広範囲にわたるサービスとインダストリーにおける深い知見、そしてMonitorの従来の強みを掛け合わせたサービス提供に向けて熟考を重ね、日本でもモニター　デロイトとして、多くの日本企業のパートナーとなっています。

【監訳者】

**中村　真司（なかむら・しんじ）**

モニター　デロイト　　パートナー

消費財、小売、家電、金融、ヘルスケア領域、総合商社、PEファンドなど幅広い業界のクライアントに対して20年以上のコンサルティング経験を有する。シナリオ・プランニングに基づく全社長期戦略、海外事業戦略、マーケティング戦略、新規事業開発、M&Aなど、企業の成長にかかわる戦略立案プロジェクトを数多く手がけている。戦略を立案するだけではなく、実行支援、組織能力向上に関するサポートの経験も豊富。

**三室　彩亜（みむろ・さいあ）**

モニター　デロイト　　ディレクター

長期的な環境変化「メガトレンド」を起点としたビジョンや経営戦略、事業計画、新規事業等の立案、リスクマネジメントなどのコンサルティングを専門とする。未来洞察のみに終わらず、シナリオ・プランニングやモニタリングにより、柔軟で実効性ある戦略とすることを重視する。さらに、組織のケイパビリティを高めるため、インテリジェンス機能の設計や、リーダー育成等にも広げている。

**吉沢　雄介（よしざわ・ゆうすけ）**

モニター　デロイト　　ディレクター

データサイエンティスト職を経て現職。自動車、消費財、EC、商社、広告業界を中心にアナリティクスやデータ、デジタルを活用した戦略策定から実行支援に強みを持つ。近年はデータ駆動型経済を見据えたDX戦略及び全社改革支援を中心に活動。企業活動における意思決定にサイエンスを適用する活動の中心メンバー。

**Ariel Daniel（アリエル・ダニエル）**

モニター　デロイト　　マネジャー

大手日本メーカーのオペレーション改革部・ビジネス変革部を経て現職。消費財・EC・サービス・製造業界を中心に、アナリティクスやデータ、デジタルを活用した戦略策定から実行支援に強みを持つ。近年は消費者調査やソーシャルアナリティクスを活用し、外資系企業の国内戦略立案や、日系企業の海外戦略・市場参入戦略立案中心に活動。

【翻訳者】

**岩崎　晋也（いわさき・しんや）**

訳書に『アメリカン・ベースボール革命：データ・テクノロジーが野球の常識を変える』（化学同人）、『もうモノは売らない「恋をさせる」マーケティングが人を動かす』（東洋館出版社）、『「ひらめき」はこう生まれる クリエイティブ思考ワークブック』（CCCメディアハウス）など多数。

**リアル・タイム・ストラテジー**
**―AIと拓く動的経営戦略の可能性―**

2022年 3 月22日　初版第 1 刷発行

著　者　アンドレアス・シューリー、フランク・ベッカー、アリエル・ダニエル
監　訳　モニター デロイト
（中村真司、三室彩亜、吉沢雄介、藤田光児）
翻　訳　岩崎晋也
発行者　中野進介

発行所　株式会社ビジネス教育出版社
〒102-0074　東京都千代田区九段南 4 - 7 - 13
TEL 03(3221)5361(代表)／FAX 03(3222)7878
E-mail ▶ info@bks.co.jp URL ▶ https://www.bks.co.jp

落丁・乱丁はお取替えします。

装丁・DTP／有留　寛
印刷・製本／シナノ印刷株式会社

ISBN 978-4-8283-0934-7　C0034